あさ出版パートナーズ
PARTNERS

まえがき

「フィクションを信じる力」がホモ・サピエンスの特徴であり、これこそが、ホモ・サピエンスよりも脳が大きく、力が強かったネアンデルタール人を駆逐し、ホモ・サピエンスが生き残った最大の要素であると、歴史学者のユヴァル・ノア・ハラリ氏は言っています（注①）。

ホモ・サピエンスは、例えば、ライオンは私たちの守護霊だというフィクションを考え出し、この物語をみんなで共有できました。こうした様々なフィクションを創り出し、集団で共有し、協力して何かを成し遂げられるようになったといいます。

人類の歴史を俯瞰して辿ってみると、人類が創り出したものはみな、この「フィクションを信じる力」から生まれたものだということがわかってきます。法律、流通システム、国家、会社、正義、神までもフィクションということになります。こうした様々なフィクションを創り出し、みんなが同じ物語を信じて、同じルールに従って生きることで、秩序を保ったり、幸福を追求することができるようになりました。フィクションである「物語」には、こうした意義があることがわかります。私がなぜ「物語」に惹かれるのか、ハラリ氏の洞察を知って納得できました。

民俗学用語の「共同幻想」という言葉も、概念はこれと同じだと思います。「共同幻想」については、私の二冊目の本である『物語を旅する―夢物語と妖怪物語―』（注②）の中で取り上げましたが、もう一度簡単に紹介しますと、大脳が発達して想像力を獲得した人間は、人間存在をはるかに超えたものが統御・支配している世界の存在を想像し、その想像を具象化し、現実社会に想像世界を投影した世界を構築してきました。自然現象、神や精霊、妖精、悪魔、妖怪等を擬人化することで、人類は豊かな「心象風景」を構築し続けてきました。こうした世界像は「共同幻想」ですが、そのおかげで、人々は豊かな心を獲得し、世界に秩序と幸福をもたらしました。

森鷗外も同じテーマを『かのように』（注③）の中で展開しています。ベルリン留学から帰った主人公五条秀麿は、友人にいろいろな例を示して自分が到達した世界観「かのように」を語ります。

点と線は存在せず、意識した嘘である、なぜなら、点と線があるかのように考えないと、幾何学は成り立たないからだと言うのです。自由、霊魂不滅、義務も存在しないけれど、あるかのように考えないと倫理が成り立たないからだと言います。神もいますが如く畏れ、敬い、先祖の霊もあるかのように祭るのだと言います。つまり、すべての土台に「かのように」があると秀麿は考えています。だからといって、秀麿は好き勝手に生きることはしません。人生のあらゆる価値あるものは、「かのように」を中心にしていることを認識した上で、祖先の霊を敬い、人間としての義務を果たしていくと言い、そこに人間の将来の光明を見ています。秀麿は、小説も嘘だが、そこには価値があるとも言っています。どんな価値なのでしょうか。私なりに想像してみました。

それは多分、思い込みや先入観といった囚われから私たちを解放し、視点を変え、発想の転換をもたらしてくれるという価値があるということなのではないでしょうか。ここに、物語の意義があると思います。

私が様々な物語を紹介して、これが三冊目の本になります。本書の第一部では、ＬＧＢＴについて考え、ＬＧＢＴは個性の一つであるという認識を得ました。第二部では、金子みすゞの詩を取り上げ、「みんなちがって、みんないい」の視点をみんなで共有できたら、世界は平和になるという展望を持ちました。第三部では、『赤毛のアン』を精読し、アンの生き方に希望を見出しました。第四部では、「松本清張と万葉集」というタイトルで、清張の広くて深い世界を堪能し、様々な発見をしました。

一見すると、脈絡のない作品を雑多に取り上げているだけのような印象があるかもしれませんが、全体は、「人生の選択」が基調になっています。

読んでくださる皆様の琴線に少しでも触れることができれば、幸いに思います。

二〇一九年九月

佐藤義隆

◎注

①ユヴァル・ノア・ハラリ『サピエンス全史』上・下、河出書房新社、二〇一六年

②佐藤義隆『物語を旅する―夢物語と妖怪物語―』あさ出版パートナーズ、二〇一八年

③『筑摩現代文学大系４　森　鷗外集』筑摩書房、一九七六年

第一部　『弟の夫』と金子みすゞの詩

第二部 金子みすゞの世界

第一章 中島潔と金子みすゞ

第二章 矢崎節夫と金子みすゞ

第三部　『赤毛のアン』が伝えるもの

第四章 松本侑子と『赤毛のアン』

第五章 モンゴメリと『赤毛のアン』

第四部　松本清張と『万葉集』

第一章　『万葉集』の世界

第一部

『弟の夫』と金子みすゞの詩

『弟の夫』(注①)は、日本人男性とカナダ人男性の結婚を描いた、田亀源五郎の漫画です。インターネット上に、優れた本や埋もれた本を紹介するホンシェルジュというコーナーがありますが、そこでも『弟の夫』は、「LGBT漫画の傑作が問いかける愛のかたち」として紹介されています。

この作品は二〇一五年に、第十九回文化庁メディア芸術祭マンガ部門優秀賞を受賞し、二〇一八年三月には、NHKBSプレミアムのプレミアムドラマとして、テレビドラマ化もされました。同性(結)婚の国際結婚がテーマの作品で、読む側としても、いろいろなことを考えさせられます。日本では同性婚は認められていません。それで『弟の夫』の主人公の弟も、同性婚が認められているカナダへ渡り、カナダ人男性と同性結婚したのです。

同性婚に対する偏見や差別はどうして生まれたのでしょうか?

それを知るには、歴史的に辿ってみるしかありませんし、そもそも結婚の定義も勉強し直す必要があります。『弟の夫』を通して、そうしたことの勉強の機会にしたいと思います。

手順として、まず『弟の夫』のあらすじを読み、この作品の全体を知り、そのあと、結婚という言葉について考えたり、多様な結婚のかたちについて勉強してみたいと思います。

そして最後に、同性婚を理解するカギは、金子みすゞの詩にあるのではないかという地点に到りたいと思います。

第一章　『弟の夫』のあらすじ

主人公折口弥一《おりぐちやいち》は、二年ほど前に妻と離婚し、現在は自分の手だけで娘の夏菜《かな》を育てています。弥一は、高校生の時に、両親が乗っていたバスが高速道路で事故を起こし、一度に両親を失い、両親が残してくれたアパートの管理人をしながら、小学三年生の娘の夏菜と暮らしているのです。

弥一の双子の弟・涼二《りょうじ》はゲイ（男性同性愛者）で、十年前に、同性婚が認められているカナダへ渡り、カナダ人のマイクという男性と同性結婚をしました。しかし、涼二は、何らかの理由で亡くなります。理由は原作には書いてありませんが、テレビドラマでは癌でなくなったことになっています。生きていた時に涼二は、いつか二人で日本へ行き、兄の弥一にマイクを自分の家族として紹介したいと言っていました。その涼二の思いを叶えるために、弟の夫・マイクが弥一のもとへやってきたのです。

初めて玄関で弥一とマイクが顔を合わせた時、弥一が涼二とあまりに似ているので、マイクは思わず弥一を抱きしめてしまいます。巨漢のマイクに抱きつかれ、弥一は心の中で思わず怒鳴りつけていました。

「てめー、このやろー、何だ！　放せホモ！」と。

テレビドラマでは弥一を佐藤隆太が、マイクを元大関の把瑠都が好演していました。

弥一の心の中の言葉は、ゲイというものについて、よく知ることも、考えることもしてこなかったことを意味しています。この時点での弥一は、多くの日本人のゲイに対する認識を代表しています。しかし、マイクの態度や人柄を知っていくにつれて、弥一のマイクに対する態度が少しずつ変わっていきます。特に、娘の夏菜のマイクに対する、そしてゲイに対する物事の捉え方や言動が、弥一を変える大きな原動力になっていきます。

夏菜は、明朗快活、好奇心旺盛、素直で、いい意味で常識を持っていません。世の中にある、根拠がどこにあるのかわからない常識をまだ知る前です。だから、そのようなものに囚われることなく、新奇なものに接することができます。

因みに、芥川龍之介は、『侏儒の言葉』の中で、常識を危険思想として捉えています。常識は、常識以外のことを排除するからです。

夏菜は、マイクがもたらした新しい視点をどんどん受け入れ、吸収していきます。常識という目隠しや思い込みという遮蔽物に邪魔されることなく、マイクを受け容れました。

そして弥一も、自らも考えるということをするうちに、持ち続けてきた偏見がなくなっていき、むしろゲイの側に寄り添った考え方ができるようになっていきます。

そして他の人々にも、「マイクは私の弟の夫で、娘の叔父です」と言えるようになるのです。

マイクの滞在は三週間でしたが、別れ際、弥一はマイクに、「さよならのハグしていいかな？」と言います。最初、玄関で、心の中でマイクに毒づいた弥一が、三週間でこんなに変わった姿を見せて、作者はこの物語を終わらせています。

第二章 「結婚」という言葉を巡って

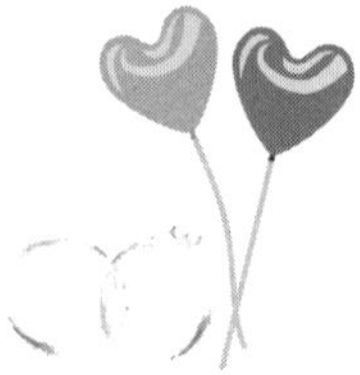

涼二とマイクは同性結婚をしましたが、そもそも「結婚」という言葉はいつから使われ始め、また、異性間だけに限定されるものなのでしょうか？　ここではそうしたことを考えてみたいと思います。

「結婚」という言葉がいつから使われ始めたのかを、小学館の『日本国語大辞典』（注②）で調べてみましたら、次のように書いてあります。

「『婚姻』と同様、漢籍に典拠を持つ語で、日本ではともに平安時代から用いられていたが、『結婚』は一般的ではなかったと見え、古辞書類に登録されているのは『婚姻』だけであった。『結婚』の使用例が多く現れるようになるのは、明治時代以降である」

どうして明治時代に、「婚姻」という言葉と「結婚」という言葉の使われ方の逆転が起こったのでしょうか？　このことについては『日本国語大辞典』にも書いてありませんので、他の資料で調べてみましたら、英語の marry の訳語として「結婚」という言葉の方が使われたからだということがわかってきました。

一神教の国では、夫婦になる時は、神の許しの儀式が必要となります。神との誓約を行い、認められた者が夫婦になるという意味合いが marry という言葉にはありますが、それまでの日本人の結婚にあたる言葉には、一神教の国の意味合いでの神との誓約という概念は含まれていませんでしたので、それまであった夫婦になることを示す言葉としての婚姻・婚礼・祝言などは、marry の訳語としては相応しくなく、訳語に頭を痛めていたのです。

幸い、それまで使われてきていなかった「結婚」という言葉があったので、苦肉の策としてこの言葉に marry のニュアンスを持たせて使うようにしたということでした。

とはいっても、明治時代はまだまだ婚姻という言葉の方が勢力が強く、結婚式というより婚姻式ということとの方が多かったようです。しかしだんだん結婚という言葉を使うことが多くなっていき、現在のような状況になり、婚姻という言葉は、婚姻届という言葉があるように、主に法律用語として使われるようになったのです。

しかし、江戸時代までは婚姻という言葉が主流だったとはいえ、それは文章の中で表現される時のことであり、話し言葉で結婚にあたる言葉としては、祝言をあげるとか、所帯を持つとか、めおとになる、などと言っていたことはよく知られていることですね。

ＮＨＫの『龍馬伝』でも時代考証がなされていて、龍馬はお竜に、「めおとになるがじゃ」と土佐弁で言っていましたね。

1 「結婚」という言葉の日英比較

結婚という言葉は、marry の訳語として明治以降使われ始めたことを先程見ましたが、結婚という言葉も marry という言葉も、外来語として日本語と英語の中に入ってきたものなのです。多くの言語が、もともとある古来語に、他から言葉を借りて自国語化した外来語によって自国語の語彙を増やしてきました。日本語の結婚も婚姻も中国から入ってきた外来語で、「契り」「結び」が古来語にあたります。

英語の marry は一三〇〇年頃英語に入ってきた外来語を英語化して造られた単語で、具体的に言えば、古いフランス語の結婚するを意味する marier《マリエ》 や、ラテン語の結婚するを意味する maritare《マリターレ》 を英語化したものです。英語の「結婚する」の古来語は wed《ウエッド》 です。wed は古い言葉なので、日常会話ではあまり使われず、主に結婚式という意味の wedding《ウエディング》 として使われています。

英語は、多くの外来語が流入して語彙を豊かにしてきましたので、「結婚」を表す単語は、marriage や wedding 以外にもあります。matrimony《ミャトゥリモニ》 は一三〇〇年頃フランス語やラテン語から入ってきましたし、union《ユニオン》 は一四二五年頃フランス語やラテン語から入ってきました。nuptial《ナプシャル》 は一四九〇年頃ラテン語から入ってきた単語で、「豪華な結婚式」のニュアンスが強く、celebrate the nuptials は「華燭の典を挙げる」と訳されています。

フランス語やラテン語からの流入が多いのは、イギリスは、一〇六六年のノーマン・コンクェストでフランスの支配が三〇〇年ほど続いたので、上流階級の話し言葉の公用語がフランス語だったことと、文章の公用語はラテン語だったことによります。

身近な例を少し挙げますと、cow, pig は古来語で、beef, pork はフランス語の boeuf《ブフ》 や porc《ポル》 を英語化した外来語系の単語ということになります。「同性婚」を表す英語表現にも、same-sex marriage や same-sex union があります。

因みに、現代英語の語彙の内訳は、古来語が一割、外来語を英語化したものが九割です。中学校では古来語を中心に教えています。

2 古来語と外来語系の言葉の使われ方の比較

日本語の中の古来語は大和言葉で、外来語の中心は漢語になります。

日本語の訓読みで読む言葉が大和言葉で、音読みで読む言葉が外来語である漢語ですね。くちづけというと大和言葉になり、接吻というと外来語の一つである漢語になります。キスというと外来語の一つである英語になります。

このように、私たち日本人は、大和言葉と外来語を交ぜて使っています。英語もこれと同じことをしていると思えばよくわかると思います。

また、大和言葉は情緒的な言葉遣いの時に多く使われます。例えば、和歌・短歌とか、俳句とか、歌の歌詞とかは、大和言葉を多く使います。歴史書とか公文書等、知的な文章には漢語やその他の外来語が多く使われます。こうしたことが英語の言葉遣いにもあるということです。一つだけ例としてロバート・スチーブンソンが自分の墓用に作った墓碑銘を見てみましょう。

Under the wide and starry sky,
Dig the grave and let me die.
Glad did I live and gladly die,
And I laid me down with a will.
This be the verse you grave for me:
Here he lies where he longed to be;
Home is the sailor, home from sea,
And the hunter home from the hill.

この墓碑銘には一つも外来語がなく、全て古英語で書かれています。これに合わせて、片山伸氏はこの訳を全て大和言葉で訳しています。

星くづきらめく大空の下、
墓場をほりてわれはねむらん、
たのしく住みし世たのしく逝きて

わが身はうれしく墓場にねむる。
わが墓に彫る歌はかくあれー
自から求めし茲にぞ彼は眠る、
舟子は帰りぬ、海よりかへりぬ、
猟夫《さつお》は帰りぬ、山よりかへりぬ

スチーブンソンの墓碑銘を読んでわかることは、中学生でもわかる単語が多いということです。古英語は英語の基本語彙であり、日常会話に使われる基本語彙一〇〇〇語のうち、七割が古来語であるゲルマン語系の語彙なのです。中学では主にこの基本語彙を中心に教えています。主なゲルマン語系の基本動詞には、get, give, have, take, make, do 等があります。

しかし、辞書なしで英語で書かれた小説や論文を読むには、二万語の語彙が必要だと言われていますが、この中に含まれる古来語は一割の二〇〇〇語ほどで、九割が外来語系ということになります。また、英語の会話表現では、古来語の動詞とラテン語系の名詞を組み合わせて使う方が、より自然な会話表現だと言われています。

「予約する」と言う時も、I reserve ～と言うよりも、I make a reservation ～と言った方がより自然だということです。日本語の和漢混交文のようなものですね。

今まで述べてきました、古来語と外来語系の言葉の使われ方の比較等が、詳しく、面白く書かれているのが、講談社から出ている渡部昇一《わたなべしょういち》氏の『日本語のこころ』（注③）です。

第三章

国際結婚をした日本人のいくつかの例

1 多様な結婚のかたちについて

資料で結婚について調べますと、分類の項目が出てきます。結婚にはどのようなかたちがあるのかということが必ず書いてあります。一夫一婦制とか一夫多妻制という言葉は誰もが知っていますが、内婚とか外婚というと、何のことだろうと思ってしまいます。

内婚というのは、同一の地域・氏族・民族の者の間でなされる結婚のことで、日本人が日本人と結婚すれば、それは内婚ということになります。外婚というのは、異なる地域・氏族・民族等の間でなされる結婚のことで、国際結婚は外婚ということになります。

夫の死後に、夫の兄弟と婚姻関係を結ぶ制度は順縁婚といい、妻の死後に妻の姉妹と婚姻関係を結ぶ制度は逆縁婚と呼ばれているそうです。同類婚という分類もあります。

これは、職業・階層・教育・趣味等の点で、同一ないし類似の社会・文化的属性を有する者同士の結婚のことで、異なる社会に生きる者や異なる文化的属性を有する者同士の結婚は異類婚というそうです。また、足入れ婚というのもあります。

これは、六〇〇頁を超す宮部みゆきの長編小説『理由』にも出てきますが、婚家になじめたら正式に嫁にするが、なじめなかったら実家に帰すというものです。この足入れ婚は昭和二十年代まであったそうです。

タンザニアには、愛情からではなく、経済的見地から行う「女性同士の結婚」という風習が残っています。「ムクングス」と呼ばれるこの結婚風習には、経済的な目的があり、未亡人女性、子どもが授からなかった女性、娘が全て嫁いでしまった独居女性に限り、若い女性を妻として迎え、自分の男性親族との間に子どもをもうけてもらうことによって、家名を残し、財産を守るものです。タンザニアを含め、アフリカ諸国の大半では、同性愛は不当に忌み嫌われていて、愛情による同性婚はありえないのですが、「ムクングス」はあくまで経済的見地からのものであるので、タンザニア政府は、「ムクングス」は違法とされる同性婚とは違うものとして容認しています。

他にもまだまだ多様な結婚のかたちはあるのですが、その一つひとつを紹介していくのは趣旨ではありませんので、ここでは、『弟の夫』と関係の深い、国際結婚と愛情による同性（結）婚に絞って見てみたいと思います。

2 国際結婚第一号　南貞助とイライザ・ピットマン

明治六年（一八七三）に明治政府が、日本最初の国際結婚に関する法律である「内外人婚姻規則」（太政官布告第一〇三号）を公布しました。公布以来、明治三十年までの二十四年間に、日本政府が許可した国際結婚の数は二六五件ほどと推計されています。現在、日本では、国際結婚は年間二万組以上あるそうで、三十組に一組の割合になるそうです。

この法律の適用を受け、日本で最初に国際結婚したのは、長州藩イギリス留学生南貞助とイギリス人女性イライザ・ピットマンでした。結婚したのが明治六年三月十四日でしたので、現在、日本では三月十四日が国際結婚の日となっています。

高杉晋作の従兄弟・南貞助は、留学先のイギリスでイライザと出会い、結婚しましたが、結婚理由は、イライザの方は、南が金持ちだと誤解したからであり、南の方は、日英の混血の子が欲しかったからである、と言われています。お互いの動機が不純なのが気になりますね。南は明治六年に帰国し、明治十六年（一八八三）に結婚十年目で離婚しています。国際離婚の第一号でもあったわけです。離婚理由は、イライザによる家庭内暴力であったと言われています。貞助をはじめ、父、母、兄弟、おじへも暴力を振るい、どんどんエスカレートして、日本刀で切りかかるようになり、それで離婚に至り、彼女の希望で、横浜からイギリスへ帰りました。

イライザの暴力の原因は、南の会社が倒産して生活が苦しくなったことによるストレスが原因だったと言われていますが、イライザは日本の慣習に溶け込む努力もせず、日頃から夫婦仲も悪かったと言われています。二人の間には子どもはなく、南はのちに日本人女性と再婚して二男三女を授かっています。

国際結婚に限らず、結婚には相互理解と忍耐が欠かせず、克服しなければならない障害が待ち構えていることを覚悟しておく必要があるのに、二人には、そうしたことが欠けていたように思われます。フランスの劇作家アルマン・サラクルー（一八九九―一九八九）の名言に、「人間は判断力の欠如によって結婚し、忍耐力の欠如によって離婚し、記憶力の欠如によって再婚する」という言葉がありますが、南夫妻の場合はあてはまるのかもしれませんね。

3 新渡戸稲造とメアリー・エルキントン

新渡戸稲造（一八六二―一九三三）は、岩手県盛岡市生まれで、国際連盟の事務次長を務め、国際平和に尽力した人です。新渡戸とメアリーはフィラデルフィアで出会い、明治二十四年（一八九一）にアメリカで結婚しています。メアリーは日本名で万里子と名乗りました。札幌で長男を産み、稲造の親友トーマス・エジソンから名をとって、遠益《とうます》と名付けましたが、生後八日で亡くなりました。

因みに、稲造の親友のトーマス・エジソンというのは、あの発明家のエジソンのことです。エジソン（一八四七―一九三一）は、新渡戸稲造の書いた有名な本『武士道』の愛読者で、それが縁で、交友関係を結んでいました。エジソンは日本との関わりも深く、多くの日本人がエジソンから学ぼうとしていました。エジソンには岡部芳郎という日本人の助手もいましたし、岩垂邦彦《いわだれくにひこ》という人はエジソンに学んだ後、NECを創設しています。エジソンと交流した有名人には、稲造の他に、渋沢栄一やSF作家・星新一のお父さんで、星製薬社長を務め、星薬科大学を創立した星一《はじめ》や、真珠の御木本幸吉などがいます。エジソンが白熱電球のフィラメントに石清水八幡宮の真竹《またけ》という竹を使ったこともよく知られています。トーマスという名前は、キリストの十二使徒のうちの一人の名前で、多くの両親が男の子の名前につけます。機関車の名前にもなっています。トーマスの愛称がトムです。

話を万里子さんに戻しますと、万里子さんは長男の遠益が亡くなった後、体調を崩し、一時アメリカへ帰国しますが、再び来日し、私財を投じて貧しい少年たちのために夜学校を設立し、校長を務めました。また、日本人道会も設立し、動物愛護運動の先駆的役割を果たしました。

彼女は、昭和十三年（一九三八）に心臓病のため軽井沢で亡くなりました。享年八十一歳でした。

4 青山光子とクーデンホーフ伯爵

青山光子が十七歳の時、父の営む骨董店で店番をしていたら、そこへ、骨董好きの三十三歳のオーストリア=ハンガリー帝国の外交官・ハインリッヒ・クーデンホーフ=カレルギー伯爵が立ち寄り、光子に一目惚れし、結婚することになったのです。明治二十五年のことです。

結婚して四年間は日本にいて、その間に、長男と次男も生まれたのですが、夫の父が亡くなり、相続の手続きのため夫の郷里チェコのロンスペルクへ行きます。

三年ほどで日本へ戻る予定だったのですが、夫の領地を管理していた支配人の不正が発覚し、夫が領地を管理することになり、帰れなくなります。絶望的なホームシックにかかっても、そのことは口に出さず、七人の子の母として、忙しい毎日を送りました。

ところが、夫が四十六歳で心臓発作のため急死します。明治三十九年（一九〇六）、光子三十一歳の時でした。日本へ帰国する道もあったのですが、帰国しない道を光子は選択しました。

理由は二つありました。一つは、夫との愛の結晶である子どもたちを自分の手で育て上げたかったことと、もう一つは、子どもたちの後見人の地位を欲しがる夫の親族たちと裁判で闘うためでした。法律の勉強をし、領地経営の勉強もして三年に及ぶ裁判に勝利します。

厳しく育てた甲斐があって、七人の子どものうち三人は博士号も取り、二人は作家になりました。第一次世界大戦後、次男リヒャルトは、民族紛争がきっかけで起こったこの戦争の反省から、パン・ヨーロッパ主義を提唱しました。これはEUの礎となったもので、ノーベル平和賞に何度もノミネートされました。しかし、価値観の違いから、子どもたちとの間には深刻な亀裂も生じました。

晩年はウィーン郊外に移り住み、次女のオルガと二人だけでひっそり暮らしました。

一九四一年に二度目の脳卒中の発作を起こし、そのまま亡くなりました。享年六十七歳でした。棺は日の丸で包んでほしいと言い残していました。心は母国にあったのですね。今は、ウィーン郊外にあるクーデンホーフ家の墓に眠っています。

後で取り上げる、イスラムの男性と国際結婚した柳田美子さんも、カブールで暮らしていた時、たまに見ることのできた日本大使館の日の丸を見ることが心の支えだったと言っておられました。

川端康成の短編に「母国語の祈禱」という作品があります。主人公が、言語学の本を読んでいて、アメリカのフィラデルフィア南部に住む、年とったスウェーデン人たちは、移住後五十～六十年経ち、英語で暮らしていましたが、息を引き取る時、母国語のスウェーデン語で祈禱する話を知る場面が出てきます。

私は、クーデンホーフ光子さんが、自分の棺を日の丸で包ませた話を知った時、川端康成の「母国語の祈禱」のこの場面を思い出したのです。国際結婚した人は、死ぬ時母国を思うのですね。

5 竹鶴政孝とリタ(ジェシー・ロバータ・カウン)

国際結婚というと、私たちがすぐに思い浮かべるのは『マッサン』ではないでしょうか？

平成三十年にも再放送がありました。あのドラマは、ニッカウィスキー創業者の竹鶴政孝とスコットランド人妻リタ（正式名はジェシー・ロバータ・カウン）の生涯を、リタの視点で描いたタイトルでNHKの連続テレビ小説です。リタが政孝のことをマッサンと呼んでいたことからつけられたタイトルですね。ドラマでは、竹鶴政孝は亀山政春という名前になっていて、リタはエリーになっています。

エリーは最初マサハルと呼んでいましたが、日本では夫を呼び捨てにしないとたしなめられて、マサハルさんと呼ぶようにしましたが、言いにくいのでマッサンと呼ぶようになったのでしたね。

エリーは父から、「人生は冒険旅行」という言葉を貰っていて、それを人生の指針にしていました。

そして、スコットランドへウィスキーの勉強に来ていたマッサンと出会い、マッサンと生きていきたいと思うようになったのです。その強い思いが、中島みゆきさん作詞・作曲の主題歌「麦のうた」に表されています。全てを捨ててでも、愛しい人と人生をともにし、悔いのない人生にしたいという思いが溢れています。

エリーの病弱や流産はリタの史実を踏まえたもので、養女は、エリーとマッサンの頭文字からエマとしました。エリーは「人生は冒険旅行」という指針から、家族に過干渉にならず、子どもにとっても人生は冒険旅行なのだからと、いろいろ詮索しないで、わが子を見守る姿勢をとるようにしていましたね。立派でした。

因みに、テレビでよく見かけるさかなクンも、小学生の頃、勉強せずに魚の絵ばかり描いていたので、そのことを担任の先生がさかなクンのお母さんに知らせると、お母さんは、「それでいいです」と言って、さかなクンを自由に泳がせてくれたといいます。それでさかなクンになれたのですね。さかなクンのお母さんもさかなクンも、立派ですね。

6 柳田美子《よしこ》とアーメッド・シディク

イスラム教では、複婚（複数の配偶者を同時に持つことが認められている婚姻形態で、一夫多妻婚と一妻多夫婚があります）の一夫多妻が認められていて、一人の男性が四人まで妻を持つことが許されています。これは、戦争などで夫が死んだ場合、残された妻子の面倒を見るために、そのようになったようです。

このことを知らずに、イスラムの男性を好きになり、結婚したら他にも妻がいて、子どもも四人いることがわかり、波乱万丈の人生を送った日本人女性が、柳田美子さんです。泉久恵著『国際結婚　イスラームの花嫁』(注④)は、アフガニスタンのカブール大学でペルシャ文学を専攻された児童文学者である泉さんが、柳田さんから話を聞いて、まとめた本です。

柳田さんは昭和二十九年（一九五四）に国際都市神戸で働くアフガニスタンの青年実業家・アーメッド・シディク氏と恋に落ち、イスラム教に改宗し、国際結婚しました。名前もイスラムの名前に改名しました。昭和三十一年にはアフガニスタンの首都カブールで、夫の実家の大家族と共同生活をし、昭和六十年（一九八五）には、ソ連侵攻後に生じた内戦を逃れパキスタンへ脱出し、昭和六十二年にニューヨークへ移住します。夫の死後は第一夫人とニューヨークのアパートで穏やかな晩年を過ごされました。

柳田さんは、見知らぬ国で、孤独や困難を感じ、いやな思いも沢山されましたが、そういう道を選んだ自分への意地もあって、常に前向きに生きられたといいます。でも、いつも故国日本への思いがあったことは、前に触れた通りです。

柳田さんとの関連事項として、『いなかっぺ大将』と「和製英語」にも触れておきたいと思います。

『いなかっぺ大将』と複婚

『いなかっぺ大将』は川崎のぼるの少年漫画で、テレビアニメ化もされ、昭和四十年代にヒットした作品です。あの頃私は十代で、青春真っただ中でしたが、あれから五十年以上が経ち、もう七十歳（平成三十年）になりました。サミュエル・ウルマンは、気持ちの持ち方が若いことが青春だと言っていますので、私は今も青春真っただ中と言えるのかもしれません。

そんな頃に流行った『いなかっぺ大将』は、青森から上京してきた大ちゃんこと、風大左衛門《かぜだいざえもん》が、一流の柔道家を目指す物語です。『いなかっぺ大将』の最終回では、主人公の風大左衛門は二人の女性と結婚します。重婚ですね。重婚相手は下宿の娘キクちゃんと田舎の幼馴染花ちゃんです。大左衛門は二人と結婚式を挙げ、柔道普及のためアメリカへ旅立って行きます。大ちゃんの二人との結婚は重婚と言いましたが、正確には重婚ではなく複婚になります。重婚というのは、配偶者のある者がそれを隠して重ねて婚姻をすることで、大ちゃんは堂々と二人と同時に結婚していますので複婚になります。

しかし、複婚というのは、複数の配偶者を持つことが認められている婚姻形態ですから、日本ではそれは認められていませんので、現実では大ちゃんのような結婚ができないのは私たちも知っています。フィクションだからできるのです。大ちゃんがしたような、二人の同性と一人の異性による婚姻関係を三人婚といいます。国が認めれば三人婚は可能で、二〇一二年にブラジルで、女性二人、男性一人の三人婚の届け出が受理されています。人によって異なる願望があることを認めることが必要だという見解に達したからだそうで、粋な計らいですね。ですから、大ちゃんがしたことも、まんざら現実離れしているわけではなく、法律が整えば現実になるのですね。

複数の異性と結婚式を挙げて物語を終わらせるやり方を、和製英語でハーレムエンドといいます。

日本では民法第七三二条で、重婚や一夫多妻は禁じられていますが、物語では、フィクションと割り切って、ハッピーエンドの一つとして、ハーレムエンドになることがあるのですね。因みに、ハッピーエンドという言葉も和製英語で、正しい英語表現ではハッピーエンディングですが、日本では和製英語の方が定着してしまっています。ハッピーエンドを英語として見ると、ハッピーが終わるというニュアンスになりますが、もともと和製英語というのは英語ではなく、英語っぽく作られた、日本人のためのコミュニケーション・ツールとして創り出された日本語なのです。

和製英語

横道にそれますが、和製英語は本当に沢山あり、知識としても面白いので、少し触れておきたいと思います。

電気配線から電流を取るためにプラグを差し込む器具のことをコンセントといいますが、これは和製英語で、英語では outlet といいます。そしてこれはアメリカ英語で、イギリスでは power point といいます。outlet には出口という意味と売店という意味があり、電気の出口という意味で使われています。

有名人に「サインしてください」と言う時がありますが、サインは書類に署名することですので、これも和製英語で、英語で表現したい時は、May I have your autograph? と言います。autograph は自筆のことです。

コインランドリーも和製英語で、これも英米で違う表現になっています。

イギリスでは laund(e)rette《ローンドレット》といい、アメリカでは laundromat《ローンドロマット》といいます。ローンドレットは、イギリスのドラマ『刑事モース』を見ている時に出てきました。コインランドリーを英語的に解釈すると、「硬貨を洗うところ」という意味になり、お金を洗うと金運がよくなるという銭洗い弁天などはまさにコインランドリーといえます。

スポーツ用語には和製英語が多く、きりがありませんが、野球の例で少しいえば、ナイターは night game のことですし、デッドボールは hit by a pitch のことです。ペーパードライバーも和製英語で、しかも、これに該当する英語表現はなく、ペーパードライバーは和製英語の真打のようなものですね。

和製英語は、日本人のクリエイティヴィティ（創造性）の豊かさから生まれたものであることがわかります。

7 長井長義とテレーゼ・シューマッハ

日本薬学の父長井長義（一八四五―一九二九）は、徳島城下で、阿波藩の医者の家に生まれました。十四歳の元服時に、直安《ちょくあん》という医者らしい名前を与えられ、医者を継ぐことを期待されていましたが、二十一歳の時、医学修業で行った長崎で、高杉晋作や坂本龍馬の写真を撮ったことでも有名な上野彦馬の写真館に住み込み、舎密《せいみ》（化学）の知識を学び、物質を混ぜて新たな物質をつくりだす化学の楽しさに目覚め、とりこになっていきました。明治二年（一八六九）、二十四歳の時に、大学東校（東大の前身）で医学を学ばされますが、自分の夢に向かうには、目の前の道で得られることを着実に利用していくしかないと考え、医学の勉強に励みました。そして、休日になると化学の勉強をし、時を待ちました。

やがてチャンスが訪れます。大学東校が長井をドイツに留学させたのです。明治五年（一八七二）、二十七歳の時に、ベルリン大学へ入学し、世界的化学者ヴィルヘルム・ホフマンに弟子入りしました。そして、明治九年（一八七六）、三十一歳の時、父に手紙を書き、化学への熱意と改名したことを伝えます。直安から長義に改名し、医学の道を断ち切ることを宣言しました。

明治十九年（一八八六）、四十一歳の時に、十七歳年下のドイツ人女性・テレーゼ・シューマッハと結婚しました。旅先で泊まっていたフランクフルトのホテルで出会い、長井の一目惚れでした。一目見て、春に遇ったような気分になったといいます。デートに誘ったり、テレーゼの故郷へ行ったり、猛アタックして、受け入れてもらいました。長井はドイツに滞在して、ずっと化学の研究を続けたかったのですが、日本人の近代的な薬の研究者が必要だった日本政府は懇願して、長井に帰国を乞います。こうして長井は帰国し、日本の薬学研究の第一人者になっていきます。

帰国に伴い、テレーゼも一緒に日本へ来ます。テレーゼの両親は、遠い異国の地で娘が生活することに反対するのですが、その時テレーゼが両親に言った言葉が、長井の教え子緒方章の本『一粒の麦』に記録されています。

「私は日本という国を知りません。しかし、あの人の眼を信じます。あの人の眼には誠実が輝いています。あの人の眼を信じて私は世界のどこへでも行きます」

東京でテレーゼは積極的に日本人と交流し、言葉や風習を習得しました。国際交流の意欲に満ちたテレーゼや、かつてドイツの大学で熱心に学ぶ女子学生を見てきた長井は、日本の女性ももっと社会に出るべきだと考えるようになります。明治三十年（一八九七）、長井五十二歳の時、語学塾・双葉会の創設に参加し、校長を務めました。海外との交流が増えていく中、女性に向けた外国語の教育を実施し、テレーゼもドイツ語を教えました。フタバアオイは、一本の茎の先に二枚の葉をつけます。そのフタバアオイのように、語学の勉強を通して、日本とヨーロッパの女性が深い友情で結ばれてほしいという願いを込めての塾名でした。双葉会はやがて、女子教育の名門双葉学園となり、全国各地に姉妹校も作られました。

明治三十四年（一九〇一）に日本女子大学が創設されると、長井は校長から依頼され、化学を教えます。良妻賢母が目標とされ、専門知識を学ぶ機会の少なかった女子学生のために、長井は、男性と並ぶ教育に力を入れました。

日本女子大内に「香雪化学館」を作り、本格的なドイツ式設備のもとで、指導しました。化学の実験は、やり方が同じなら、男でも女でも同じ結果が出る、人間には絶対に曲げられない自然法則を、自ら実感する喜びを学生たちは体験しました。明治の日本社会に縛られる若き女性たちに、新たな価値観が芽生えていきました。失敗してもいい、挑戦することが大切だと長井は教えました。習ってないのでできないという学生には、習わねばできないというのは日本人のよくないところだ、どんどん挑戦し、どんどん失敗しなさいと教えました。自分で考え、試し、失敗からも自然の法則を学ぶ、という長井の指導のもとに、女性研究者の先駆者たちが巣立っていきました。

学生たちは、長井夫妻を憧れの目で見ていました。昭和四年（一九二九）に、長井は八十三歳で亡くなりましたが、二人の人生を振り返ると、愛に国境はない、愛はすべてを超えるという思いに至ります。こういう愛が世界に行き渡りますようにと願わずにはいられません。

同性愛も、愛は全てを超えるという、愛の本質を示す多様なかたちの一つだと思います。井原西鶴も、同性愛を、打算を超えた最も純粋な愛のかたちとして描いています。

次は、こうした同性愛について、考えを深めたいと思います。

第四章　同性婚について

1 同性婚の合法化に向けて

現在は、多くの国や地域で同性婚は合法化されていますが、それでも世界全体で見ると、同性婚の合法化に反対している国や地域は多くあります。中東、アフリカ、南アジア地域を中心に、七十か国以上で、同性愛は犯罪とされ、処罰されています。中には、死刑にしている国もあります。現在は同性婚を合法化している国々でも、以前は犯罪としていた国々が多くあります。

例えばイギリスでは、一五三三年に同性愛が死刑と決められて以来、一八八四年まで続きました。三百五十年以上も続いたことになります。一八八五年に、死刑から懲役二年に変わりました。『幸福の王子』という童話を書いたオスカー・ワイルドも、この刑の適用を受け、一八九五年から二年間投獄されました。二十世紀になってもイギリスではまだ違法で、天才数学者で、第二次世界大戦中に、ドイツ軍の暗号解読に貢献し、コンピューター科学の父とも言われているアラン・チューリングは、同性愛で有罪判決を受け、女性ホルモンを投与されるなどの屈辱を受け、一九五四年に服毒自殺しています。五十五年後の二〇〇九年に、ブラウン英首相は、彼への処置は全く不当であったと、謝罪の声明文を出しました。

歴史上、こうした不当な扱いを受けた人たちは、星の数ほどいたことでしょうし、現在でも多く見られます。これは、異性愛が当然のことと思われ、それに囚われ、縛られていて、そうした偏見から抜け出せずにいるためのように思われます。それでも、長年の努力で広く知られるようになり、認識され、受け容れられるようになってきています。

二〇〇八年に作られた大学用の英語のテキストに、*The Changing Face of Marriage and Family*（注⑤）というのがあります。この中でも同性婚の合法化の問題が取り上げられておりまして、私もこのテキストを使って授業をしたことがあります。この本は、学生たちに、英語を学びながら結婚や家族についての長い歴史と発展・展開の足跡を辿り、自分自身の結婚観や家族観を養ってもらう目的で書かれたもので、社会人にとっても、そうした問題を今一度考えてみるのに役立つ本だと思います。この本の第二章では、多様化が進む結婚・家族の問題が取り上げられていて、ユニット1では、同性婚の合法化について考えるようになっています。その内容を補足を加えながら紹介したいと思います。

二〇〇四年に、アメリカのマサチューセッツ州最高裁は、州レベルとして全米で初めて同性婚を法的に認めました。

「同性と結婚するという理由だけで、個人としての政治的権利を認めないのは、州憲法に反する。

州政府はこれまでの姿勢を改め、同性婚を認める適切な措置をとるべきである」と判断を下したのでした。こうして同性同士の結婚に、異性間の結婚と同じ権利が認められました。

同じ年に、サンフランシスコ市はすでに同性婚への結婚証明書を発行し始めていましたので、同年の大統領選にも大きな影響を与えました。

宗教保守派から集票しようとするブッシュ候補は、同性婚に反対する断固たる態度を表明しました。アメリカの大統領選でいつも大きな争点になるのは、宗教問題、妊娠中絶、銃、そして同性愛、等です。『聖書』には、妊娠中絶と同性愛についてははっきりとは書かれていませんが、キリスト教原理主義者は、ソドムという町は、同性愛者が多かったために神に滅ぼされたことから、神がそのことを否定していると解釈しました。「創世記」には、産めよ、増えよ、地に満ちよ、と書いてあるのだから、中絶はいけないと解釈しています。

ケンタッキー州の「創造博物館」では、キリスト教原理主義の考え方に基づく展示がされています。中心は「創造論」で、これは、神による創造をはじめ、『聖書』に書かれていることを全て信じるという立場です。「創造論」を信じている家庭の子どもたちは学校へ行かせず、自宅で教育（ホームスクール）することが認められています。米国南部（アーカンソー・アラバマ・ウェストバージニア・オクラホマ・ケンタッキー・サウスカロライナ・ジョージア・テキサス・テネシー・ノースカロライナ・バージニア・フロリダ・ミシシッピー・メリーランド・ルイジアナ）、中西部（アイオワ・イリノイ・インディアナ・ウィスコンシン・オハイオ・カンザス・サウスダコタ・ネブラスカ・ノースダコタ・ミシガン・ミズーリ・ミネソタ）は「聖書地帯」と呼ばれ、原理主義が強く信奉されている地域です。ブッシュの属した共和党は原理主義者に同調し、票の獲得を目指したのです。

この時の対立候補の民主党のケリーは、「結婚が男女間のものであることには同意するが、ゲイやレズビアンに対する差別には強く反対する」と反論して戦ったのですが、結果はブッシュの二期目の当選となりました。

テキストでは、シルクハットが二つ並んだ同性婚用のウエディングカードがスーパーマーケットで売られていることに言及していますが、それだけ需要があるということですね。性的少数者を表す総称としてＬＧＢＴという言葉がありますが、アメリカのＬＧＢＴ市場は八十兆円を超えているといわれています。因みに、イギリスは十五兆円、日本は六兆円だそうです。日本は平成三十年現在で人口の約五％がＬＧＢＴの人々だそうです。

またテキストには、社会主義国ベトナムでも、同性愛をテーマにしたドラマが国営テレビで放映されていることに触れ、社会主義社会も時代とともに動き始めたと書いてあります。それで調べてみましたら、ベトナムでは、二〇一五年に婚姻家族法を改定し、同性婚禁止を撤廃したとありました。ただし、同性婚をやめさせたり、罰金をとったりしなくなっただけで、法的権利保障はないということです。でも、ここまできたのですから、ベトナムはやがて法的権利保障もしていくのではないかと思われます。

社会主義国では原則として同性愛及び同性婚は禁止されています。家族は国家のためにあるという考え方だからです。国家に対して、次世代を担う子を産み、育てるという義務を国民は課せられています。中国は徹底していて、子を残せない者は結婚するなという方針ですので、不妊症の人にも結婚は認めていません。旧ソ連崩壊後のロシアでは、形の上では政治は民主主義、経済は資本主義になりましたが、実質は社会主義色を感じさせます。プーチン政権は、二〇一三年に、「同性愛宣伝禁止法」を作りました。ロシア正教会を中心に、伝統的な価値観による国づくりを理念とし、欧米から流入するリベラルな思想は害悪であるとしています。ロシアのＬＧＢＴへの弾圧が強まっているという記事が二〇一八年三月十四日の中日新聞に載っていました。

2 世界の同性婚の現状

大学のテキストで学んだ同性婚の状況は二〇〇四年時点のものでしたが、あれから十四年経った二〇一八年時点での現状を見てみたいと思います。二〇〇一年にオランダが初めて同性婚を合法化して以来、二〇一八年までに二十四か国（オランダ・ベルギー・スペイン・カナダ・南アフリカ・ノルウェー・スウェーデン・ポルトガル・アルゼンチン・アイスランド・デンマーク・ブラジル・フランス・ウルグアイ・ニュージーランド・英国（北アイルランドを除く）・ルクセンブルク・米国・アイルランド・コロンビア・フィンランド・マルタ・ドイツ・オーストラリア）が合法化しています。このうちのいくつかの国について少し触れたいと思います。

二〇〇九年に合法化したノルウェーでは、同性愛への関心の高まりの一つとして、他の動物の同性愛の実状を調べ、二〇〇六年に、オスロ自然史博物館で、「生物の同性愛展」が開かれました。同性愛的行動が確認された動物は、一五〇〇種以上にのぼるといいます。関連事項として、以前、ゲイのペンギンが、見捨てられた子ペンギンを育てているニュースが報じられたことがあります。

二〇一〇年に合法化したアイスランドのヨハンナ・シグルザルドッティルさんはレズビアンで、二〇〇九年に首相に就任し、同性愛者であることを公にした世界初の国家首脳です。二〇一〇年に、女性脚本家と結婚し、同性婚をした世界初の国家首脳となりました。二〇一三年に合法化したブラジルのサンパウロで毎年開かれるゲイパレードは世界有数の規模ですが、その一方で、ブラジルはカトリックの国なので、同性愛者に対する差別・暴力・殺人なども際立って高いといいます。同じく二〇一三年に合法化したフランスもカトリックの国なので、同性婚への反対は根強く、抗議のため、二〇一三年にフランス人作家がノートルダム寺院で自殺しています。二〇一四年に合法化した英国は、先程触れましたように、苛酷な歴史上の犠牲の上に、やっと今の姿になりました。米国は、二〇一五年に連邦最高裁が、「法の下の平等」を定めた「アメリカ合衆国憲法修正十四条」を根拠に、合衆国全ての州での同性婚を認める判決を下し、全州での同性婚合法化が達成されました。アイルランドは、二〇一五年に国民投票で同性婚が合法化されました。台湾では、二〇一九年に合法化され、アジア初となりました。

3　日本における性的少数者の人権保障への取り組み

日本でも、パートナーの性別に関わりなく「家族」になれる平等な結婚、同性婚が認められる社会を目指して活動している団体があります。二〇一四年に設立されたNPO法人「E《い》M《ー》A《ま》日本《にっぽん》」です。ＥＭＡとは、Equal Marriage Alliance（平等な結婚同盟）の頭文字をとったものです。

二〇一七年には、中日新聞が、日曜版の「世界と日本大図解シリーズ」で、「動き始めた性的少数者の人権保障」というタイトルで取り上げていることを少し見てみたいと思います。

性的少数者の総称としてＬＧＢＴＩＱが取り上げられています。

Ｌ＝レズビアン（女性の同性愛者）
Ｇ＝ゲイ（男性の同性愛者）
Ｂ＝バイセクシュアル（両性愛者）
Ｔ＝トランスジェンダー（性自認が身体の性と一致しない人）
Ｉ＝インターセックス（性別として身体的特徴が明確ではない人）
Ｑ＝クエスチョニング（性自認や性的指向が定まっていない人）

そして、最近は、国際的な人権議論から、ＬＧＢＴＩではなく、ＳＯＧＩ《ソジ》が使われ始めたとしています。ＳＯＧＩについて少し説明します。

二〇一八年二月一日に、ＮＨＫのＥテレで、「ＬＧＢＴをめぐる新しい動き」という番組が放送されました。そこではまず、ＬＧＢＴという言葉が二〇一八年の『広辞苑』に載ったことが取り上げられ、時代が変わったというポジティブなニュースとして広まりましたが、定義が間違っていたことが指摘されました。ＬＧＢは、性的指向で、どんな人を好きになるかという言葉で、Ｔは性自認といって、自分がどんな性であるかということですが、『広辞苑』では、ＬＧＢＴ全てが性的指向に関わる言葉として説明されています。それで『広辞苑』は訂正の対応に追われました。

この一連の動きは、性的少数者に対する理解が進んだように見えて、まだ課題があることを浮き彫りにした出来事として捉えられています。

そして今新たに、ＳＯＧＩという言葉が使われ始めました。ＳＯとは、sexual orientationn（性的指向）のことで、自分が好きになる相手が異性なのか、同性なのか、異性も同性も対象になるのか、あるいは、性別を問わない、性的関心があまりない、殆どないも含まれます。ＧＩは、gender identity（性自認）のことで、自分自身を男性と認識するのか、女性と認識するのか、どちらともはっきり決められないのか、どちらでもないのかも含みます。ＬＧＢＴとＳＯＧＩの違いですが、ＬＧＢＴはＬＧＢＴの人々を一つのカテゴリーとして括りだしをするので、ＬＧＢＴの人々を特別あるいは特異な存在というふうに印象づけてしまう懸念がありました。これに対してＳＯＧＩは、全ての人々が持っているそれぞれの性的指向、及び性自認を意味するので、性に関わる問題を全ての人が自分の問題として捉えることができる側面を持っています。こうしたことを私達も知って、これらの考え方を共有し、こうした問題の理解を深めていきたいものです。

ＳＯＧＩ理解の一助として、ＮＨＫは二〇一八年に「歴史秘話ヒストリア　生きた、愛した、ありのまま～さまざまな心と体の物語～」を放送しました。この番組では、ＳＯＧＩに関するいくつかの新たな見解が紹介されていました。

その一つに、大伴家持と大伴池主の関係があります。二人はお互いを想う歌を五十首交わしています。例えば、

我が背子は　玉にもがもな　ほととぎす　こゑにあへぬき　手に巻きてゆかむ（大伴家持）

（愛しいあなたがもし装飾品だったなら、ほととぎすの声とともに手にまいてどこでも一緒に行けるのに）

うらごひし　我が背のきみは　なでしこが花にもがもな　朝な朝なみむ（大伴池主）

（愛しいあなたがもしなでしこの花だったなら、毎朝毎朝眺めるのに）

家持たちが生きていた時代は、宴席を盛り上げるために、男性が女性の視点で恋の和歌を歌いあったと考えるのが一般的で、そのため、家持と池主の関係は友情と捉える解釈が主流でしたが、相模女子大名誉教授の呉哲男氏は、二人には特別な感情があったと考えておられます。二人の十年に及ぶプラトニックな歌のやりとりは家持の和歌の才能・情熱を磨き、それが家持編集の『万葉集』の成立を促したのではないかと呉氏は考えておられます。

またこの番組では、『藤岡屋日記』に書いてあるSOGIに関係する事柄も紹介されていました。『藤岡屋日記』というのは、江戸時代末期（一八〇四―一八六八）の江戸を中心とした事件や噂などを、古書店主の須藤（藤岡屋）由蔵が詳細に記録した編年体日記をまとめたものです。藤岡屋は、これらの情報を諸藩の記録方や留守居役に提供して、閲覧料で生計を立てる情報屋の走りでした。『藤岡屋日記』には、女性同士の心中や駆け落ちのことや、男が子を産んだことが書かれています。彼の名は竹次郎といって、今の言葉で言えば、体は女性だけど心は男性のトランスジェンダーの人ということになります。内藤新宿で男性として生きていましたが、ある時、女性だと見破った者が、ばらすと言って脅し、凌辱します。その結果、男子を出産し、女性であることがみんなに知られることになります。産んだ子は死に、仕事も居場所も奪われ、盗みを繰り返し、四度目の逮捕の時、人倫を乱した罪で八丈島へ島流しにされました。一八三六年、二十三歳の時でした。島流しになったのは、男性として生きる姿勢をやめなかったことが大きく響いたためでした。江戸幕府は、心のままに生きる竹次郎を危険視しました。社会的秩序、身分秩序を壊すことにつながるからです。それは、支配層、権力者にとって許せない行為です。そういう人間は抹殺するしかないと考えたからです。

同じ江戸時代にも、そうした心のままに生きる人々の生き方を気高い生き方だと観た人がいます。井原西鶴です。この番組では、そうした井原西鶴の視点も紹介しています。

西鶴は、『男色大鑑《なんしょくおおかがみ》』（一六八七）で、男性同士のプラトニックな純愛を気高い行為として描いています。当時の男女の結びつきは、子孫を残し、家を大事にすることが第一でした。しかし、男性同士の結びつきは、生殖に関わらない純粋な愛です。そこには、人が人を愛する純粋さ、気高さがあると西鶴は思いました。男性同士のプラトニックな純愛を描くことで、社会の慣習や損得に左右されない、心の美しさを、西鶴は未来に伝えようとしたのだと思われます。

明治以降、近代化と西洋文明の流入の中、性の多様性を巡る出来事はタブー視されました。しかし、人の心と体のあり方は変わることなく、様々な形で問い続けられました。その一つとして、この番組は、昭和二十六年（一九五一）に書かれた、川端康成の『少年』を紹介しています。

これは、十代の時に親しかった少年との思い出をもとにした自伝的小説です。幼くして両親を亡くし、孤独と鬱屈の中にいた「私」は、くもりのないまなざしで自分に向き合い、弱さごと受け止めてくれる清野という少年に安らぎを覚えます。心にともった彼への想いを消すことはできませんでした。それは「私」が人生で出会った最初の愛だったからです。「私」はこの愛に温められ、清められ、救われたのでした。

4 同性婚を巡る闘いの歴史

二〇〇一年に、世界初の同性婚がオランダで認められて以降、ヨーロッパを中心として容認の流れが広まっています。それまで結婚とは、男女の間に交わされる関係とされてきたものを、オランダは、両当事者間の関係と言葉を改め、同性婚を合法的なものにしたのです。そして権利も、異性間同士の結婚と同じものにしました。

同性婚と同じような制度に、パートナーシップ制度というのがあります。パートナーシップという英語は、経済用語では共同経営という意味ですが、婚姻関係の意味として使う時は、男女の結婚とは別枠の制度として、異性結婚の夫婦に認められる権利の一部、または全てを同性カップルにも認め、保障するという意味で使われています。制度としてはこちらの方が同性婚制度よりも先にでき、この制度を最初に利用したのは一九八九年のデンマークにおいてでした。パートナーシップ制度から始めて同性婚制度へ移っていく国や地域が多く見られます。パートナーシップ制度は、義務と権利を相互に規定した民事的契約関係で、呼称や認められるものと、認められないものも、国によって様々です。イギリスやドイツは男女の結婚とほぼ同じ権利を認めています。

呼称としては、ドメスティックパートナー法とか、登録パートナーシップ法とか、シビルユニオン法とかがあります。

パートナーシップ制度の変わり種としては、フランスのPACS《パックス》法があります。「民事連帯契約法」と訳されるフランス語、Pacte civil de solidarite の頭文字をとってつけられたものです。PACS法は、当事者自身が自由に契約内容を決め、契約書を作成し、裁判所に提出して認めてもらう制度です。フランスでは婚姻や離婚に関する法律的条件が高いため、同性カップルだけではなく、異性カップルもこの制度を利用する人がとても多いと聞いています。

そして、条例から始め出したのが日本です。二〇一五年四月に東京の渋谷区と世田谷区が同性パートナーシップ証明の発行を始め、文京区や多摩市への広がりを見せました。更に、二〇一六年には、四月に三重県伊賀市、六月に兵庫県宝塚市、七月に沖縄県那覇市がこれに続きました。これからもどんどん増えていくことでしょう。これは、同性カップルを「結婚に相当する関係」と認めるものです。同性カップルがアパート入居や病院での面会を、家族ではないとして断られるケースが問題になっていることを踏まえ、住民や事業者に、証明書を持つ同性カップルを夫婦と同等に扱うよう、協力を求めます。

二〇一九年一月二十九日には、千葉市が「パートナーシップ宣誓証明書」の交付を開始しました。これは全国初の事実婚のカップルまで対象としたものです。

事実婚のカップルは、法律婚では、対等のはずの二人が、結婚するとどちらかが名字を変えなければいけなかったり、戸籍の筆頭者の下に名前が連なったりすることに違和感があると言います。事実婚のカップルは、この証明書は、男女の関係が必ずしも法律婚だけでなく、多様なあり方を認めてくれるものであると感じています。

同性愛者は有史以来から存在していて、キリスト教普及以前は、古代ギリシャ・ローマのように、同性愛は広く承認されていました。

キリスト教社会では、イギリスのところで見たように、同性愛は自然に反する罪として、嫌悪されてきた歴史があります。同性愛者の近代的婚姻について本格的に議論され始めたのは、一九八〇年代頃からだといわれていますが、その背景には、キリスト教社会が世俗化し、教会が絶対的な権威を失ったことが挙げられます。そのため、男女の恋愛関係や結婚が、宗教や家とのつながりから解放されて、個人の愛情と意志に基づくことが普通になり、同性愛者も含めて、その関係を社会的にも保障する制度が整備されるようになってきたものと思われます。

5「差別禁止法」の整備を

性的少数者の存在は以前に比べれば急速に知られるようになってきていますが、それでもまだまだ足りない面があります。

二〇一七年の中日新聞の日曜版「動き始めた性的少数者の人権保障」のところには、ＬＧＢＴ法連合会事務局長代理の綱島茜さんの「『差別禁止法』の整備を」という記事が載っています。限られた文字数故に簡潔に書かれてありますので、少し補足を交えて紹介したいと思います。

綱島氏はまず、性的少数者の存在が近年ようやく認知されてきたことに触れられています。ＬＧＢＴを受け容れる企業は年々増えていて、米国の人権団体ＨＲＣ（HUMAN RIGHTS CAMPAIGN）はＬＧＢＴに対する企業の取り組みを調査・採点しています。アメリカン航空が第一位で、全ての部署でＬＧＢＴ社員を採用し、同性パートナーも福利が受けられるようになっています。ＬＧＢＴ専門サイトを設け、団体旅行等の提案も行っています。世界最大のビジネス誌『フォーチュン』は、全米トップ五〇〇社のＬＧＢＴ受け容れ度を調査し、九割が差別根絶に成功していると発表しました。日本のゴールドマン・サックス（証券会社）は、一年以上同棲している同性愛者のカップルに通常の配偶者と同じ福利厚生を付与していますし、日本ＩＢＭは、ＬＧＢＴカップルに結婚祝い金三万円を出しています。パナソニックは、二〇一六年に、社員の同性婚を認める方針を明らかにしています。

パナソニックは、国際オリンピック委員会の最高位スポンサーに就いており、五輪憲章が性的指向による差別を禁止していることを重視し、性的少数者に配慮する姿勢を明確にしたことになります。

ＬＧＢＴの人々を受け容れた形で環境整備した方が大きな成果につながっていて、生産効率も上がっています。社会全体が変わっていくことが必要であり、ＬＧＢＴの人々を理解、支援することが、グローバル時代生き残りのスタート地点でもあるという認識が大きくなってきています。またＬＧＢＴの人々は、偏見と差別の中で自分の内面を磨いて生き残ってきた人々なので、感性豊かで、教養もあり、芸術性の高い人々が多いようです。話も面白く、ものにこだわり、消費もよくします。

上昇志向も強く、人材としても優秀です。こうしたことも認識されるようになってきました。

ＬＧＢＴの理解・支援が加速する一方で、世界的に見ると、偏見・差別はまだまだ残っています。同性パートナーを持つことそのものが犯罪という国がまだ七十六か国もあります。日本にもまだまだ根強い偏見と差別が残っています。綱島氏もそのことを「性的指向や性自認に関する困難は幼少期から始まる」と嘆いておられ、続いて次のように書いておられます。

「周囲との関係性に違和感を持ち、家族から性のあり方や、体が肯定されない等の困難を抱える。『男らしさ』『女らしさ』などのジェンダー規範にそぐわないで、指導等の対象となり、規範に沿えない自分自身を否定する、周囲から孤立してしまうなどの状況下におかれやすい。このため、メンタルヘルスの低調、自殺願望割合の高さが一部の調査で明らかになっている。自らの性のあり方に否定的な環境下においては、周囲にカミングアウトすることが難しい。多くの当事者がカミングアウトしない、できない状況下では、困難も見えづらく、対応がなされない」

ＬＧＢＴの人々は、苦悩と偏見・差別との闘いでしたし、今も続いています。二〇一八年にＮＨＫが、「多様な性をめぐる戦後史」を放映しました。この番組を通して、私は多様な性をめぐる偏見と差別のいくつかの事例を知りました。一九五一年の日本の新聞紙上の同性愛者の人生相談に対しては、医師は、同性愛は性の発達が不十分なため起こると答えています。一九六九年には「ストーンウォールの反乱」がありました。これはニューヨークのあるゲイバーへの警察の強制捜査に対して、居合わせた客たちが、不当な迫害であるとして暴動を起こし、五日間の攻防を行った事件です。

この時、彼らの拠り所となったのが「プライド」という考え方でした。自らのセクシャリティを受け容れ、明るく、誇りを持って生きようとする姿勢です。日本では、一九九〇年に「府中青年の家」事件がありました。同性愛者の団体がこの施設の利用を拒否されたのです。東京高等裁判所は一九九七年九月十六日に、「同性愛者の権利利益を十分に保護することが要請されているものというべきで、無関心であったり、知識がないということは公権力の行使に当たる者として許されないことである」という判決を下しました。二〇一六年八月五日のNHKニュースでは、LGBTであることを知られ自殺した大学院生の両親が、大学等に賠償を求めたことが報道されました。告白された人が了解なく周囲に暴露し、広めたことが原因で自殺に至ったのです。

アメリカの調査では、思春期の自殺者のうち、三〇%がLGBTの人たちだということがわかっています。

イギリスの調査では、同性愛者、両性愛者の三人に二人が鬱病等になりやすく、日本の調査でも同性愛者の六割が自殺を考えたことがあるといいます。

宗教的倫理観が同性愛への偏見・差別を助長し、同性愛を異常視し、差別するようになった歴史は古く、苛酷で、今も続いています。そうした歴史の中で、オスカー・ワイルドが二年間の投獄を受けたことや、アラン・チューリングが自殺に追い込まれたことを見ました。

また『ミルク』という映画があります。これは、サンフランシスコのゲイの市会議員ハーベイ・ミルクが、ゲイの権利を議会で認めてもらう活動中、市庁舎で暗殺された実話に基づく映画です。

こうした実状を変革するために、公民権運動では同性愛弁護の活動も行われましたし、ゲイ文学はLGBTの人々に光を当てています。そして、自己を知り、自己に誇りを持ち、世界に訴える運動の必要性を感じた人々は、次々に同性愛をカミングアウトするようになりました。

ギリシャ神話に「アポロンとヒュアキントス」という物語があります。男神アポロンが美少年ヒュアキントスを愛していることに嫉妬した男神西風の神が、アポロンが投げた円盤をヒュアキントスにあて、死なせる、という物語です。彼の血の中から咲いた花がヒアシンスであるという花の名前の起源譚にもなっている話です。美輪明宏さんは、中学生の時この物語を読み、男が男を好きになることは、古代から当たり前にあったことを知り、自分の性的指向を納得したといいます。シンガーソングライターの中村中《あたる》さんも、自分は変態扱いされたけれど、好きな歌があったので、人生を諦めずにこれたと言っておられます。このように、自己を知り、自己に誇りを持てれば、世界に訴えていくエネルギーが湧いてくると思います。

こうして、多くのＬＧＢＴの人々がカミングアウトされました。

バイセクシュアルのレディ・ガガさんは、学校でのＬＧＢＴ差別やいじめをなくすために Born This Way Foundation を設立され、ＬＧＢＴのシンボル、六色のレインボウカラー（紫・緑・橙・青・黄・赤）で呼び掛けています。

ゲイのジャーナリスト、アンダーソン・クーパー氏は、エミー賞を受賞され、「性的指向に対する偏見や暴力をなくすため私が何者であるかを示すことは意味がある」と言っています。

『ロード・オヴ・ザ・リング』のガンダルフ役で有名なイアン・マッケラン氏はゲイで、「ＬＧＢＴの権利を守るために闘っている」とおっしゃっています。

アメリカのアップルＣＥＯ（最高経営責任者）のティム・クック氏は、二〇一四年に、自らが同性愛者であることを公表する手記を書き、「同性愛者であることを誇りに思う」と書かれました。この中で氏は、「アップルのCEOが同性愛者だと聞いて、自らのあり方に苦しんでいる人が慰められ、平等を訴える人が励まされるならば、プライバシーを犠牲にする価値がある」と主張されています。そしてクック氏は、アップルがこれまでも同性愛者への差別と戦い、「全ての人の人権と平等のために努力してきた」とした上で、「全ての人の平等のために死ぬまで声を上げ続けていく」と強調されています。クック氏は、二〇一一年、病気療養中だった創業者の故スティーブ・ジョブズ氏の後を継いでCEOに就任されました。

二〇一八年には、日本文学研究者のロバート・キャンベル東京大学名誉教授が同性愛を公表されました。きっかけは、無理解な政治家の言動によるものでした。性的少数者（LGBT）を「『生産性』がない」とか「(同性愛) は趣味みたいなもの」といった政治家の発言に危機感を覚えたキャンベル氏は、こうしたことを政治家が言うことに幻滅し、危惧も感じ、何か言わなければいけないと思い、公表されました。無理解な政治家の発言に共通することは、「性的指向」への誤解であるとキャンベル氏は語っておられます。

無理解な政治家は、女子校での女性同士の恋愛を、それは「疑似恋愛」で「一過性」だから、そのままだと不幸だと言います。性的指向が努力で変えられると思っているようです。この意見は、性的指向を「矯正」しようとして、多くの人生をずたずたにした、かつての「転向療法」の論理に直結します。LGBTが不幸だとすれば、おのずからではなく、社会や教室、家庭などで、その人が出会う一つひとつの場面に人を不幸にする要因があるとキャンベル氏は言います。

キャンベル氏はゲイで、二十年近く日本人のパートナーとともに過ごしてこられました。周囲の人々には自分がゲイであることは言っておられますが、公的な言論の中では明言されませんでした。一つの属性によって片付けられたくない、規定されたくないという思いからです。

でも今回、性的指向や性自認についての大きな誤解が波及していくと感じ、自分の立場から批評することが重要だと思って公表されました。キャンベル氏は、十二、十三歳頃から自分の性的指向を自覚し、葛藤することはなかったといいます。「変えたい」とか「不幸だ」という言葉にリアリティは感じなかったといいます。自分の性的指向は、自分の中に通底する一つの芯のようなものだと思ったといいます。

パートナーの方とは、氏が二〇一一年に重い病気をしたことをきっかけに、同居するようになられたといいます。二〇一七年にアメリカの父の元で結婚式を挙げられました。お父さんはすごく喜んでくれたといいます。今回の政治家の発言は悲しい発言でしたが、私の発言も含めて、一緒に考えるきっかけになればいいと思うと結んでおられます。

レズビアンでアイスランド首相のヨハンナ・ジグルザルドッティルさんのことは前に触れました。他にも、敬称略で名前だけ挙げると、パリ市長ベルトラン・ドラノエ、ベルリン市長クラウス・ボーベライト、アンジェリーナ・ジョリー、エルトン・ジョン、ミック・ジャガー、ＩＫＫＯ、おすぎとピーコ、等です。

綱島氏は記事の最後を次のように締め括っておられます。「当事者が安心して暮らすには、その性のあり方が受容される社会、言い換えれば性のありようを周囲にカミングアウトしても安全な社会づくりが必要である。それは社会全体の人権意識が醸成されるということだ。欧米諸国では法整備により、人権を担保し、それに伴う意識の底上げを積極的に行っている。日本国内でも同様に、性的少数者の抱える困難を解消するための差別禁止法整備が求められる」

この法整備を求める運動の一環として、二〇一九年二月に集団提訴をする記事が、二〇一八年十二月二十九日の中日新聞朝刊に掲載されました。

同性婚が認められないのは、憲法で保障された婚姻の自由を侵害し、法の下の平等に違反するとして、同性カップルが全国で国家賠償を求める集団訴訟を起こすというものです。

政府は、民法の「夫婦」は男である夫と女である妻を意味するとしており、憲法二十四条の「婚姻は、両性の合意のみに基づいて成立」との規定から「同性婚の成立を認めることは想定されていない」としています。このため、現状では、戸籍上同性同士の婚姻届は受理されません。

同性カップルは、遺産相続や所得税控除などで法律上の配偶者と同等の扱いが保障されていません。また、異性間の事実婚では認められる健康保険の扶養家族など、社会保険上も配偶者として扱われていません。海外ではLGBTなど、性的少数者の権利保障の動きが広がり、現在二十か国以上が同性婚を認めています。

先進七か国（G7）で、同性カップルの権利を保障する国レベルの法制度がないのは日本だけです。弁護団は、訴訟を機に、同性婚を認める立法への動きを盛り上げていきたいと話しています。そして実際に、二〇一九年二月十四日に同性婚一斉提訴がされました。

偏見・差別は無知からくると思います。考えないから、いじめたり、差別したりするのだと思います。人を傷つける痛みがわからないからできるのだと思います。傷つく痛みを知れば、人を傷つけなくなると思います。生きるということは、無知を知に変えることだと江原啓之氏も言っておられます。

法が整備されなくても、自ら考えて、自ら意識の底上げをしていくことが理想でしょうが、法を整備することによって意識が高まることは事実ですので、私も法が整備されることを切に願います。

第五章

『弟の夫』と金子みすゞの詩

1 『弟の夫』が伝えるもの

『弟の夫』のあらすじは前に見ましたが、もう一度、同性愛について考えることを避けてきた主人公の成長物語という視点から、順を追って追体験してみたいと思います。

主人公弥一の娘夏菜は疑問に思ったことを素直な気持ちでマイクに訊きます。「どっちが旦那さんでどっちが奥さんだったの?」弥一は食べていたものを吹き出し、お前なんてことを……と言いますが、マイクは、「奥さんいません。どっちも男だからハズバンドとハズバンド」と答えます。

夜になって、弥一は布団の中で思います。どっちもハズバンドという言葉を聞いて、弥一は気持ちが楽になっていました。自分も夏菜と同じことを考えていたからです。そして弥一は、自分のこれまでの考え方を整理してみます。自分は、結婚とかカップルとかいうものを無意識の内に男と女という関係を基準に考えていて、当たり前のようにそう思い込み、全てをそこに当て嵌めて考えていたということを。弥一はマイクの言葉を聞いて、目から鱗が落ちた気になりました。「俺、何もわかっていなかったんだな」と思いました。

マイクと夏菜と弥一の三人で、弟との思い出の地を回っていると、弥一はいろいろ思い出して懐かしく感じました。子どもの頃はいつも一緒でした。大人になるにつれて、そんなこともなくなったけれど、と言うとマイクは、それは涼二のカミングアウトのせいかと訊きました。それで弥一は、涼二が自分にカミングアウトした時のことを語って聞かせました。

弥一は高校生の時に彼女ができたので、お前も早く彼女を作れよと言うと、「俺さ、ゲイだから」と答えたといいます。弥一はその時、笑いながらさらっと、「ヘエ、そうなんだ」としか言えませんでした。今まで周りにそういう人がいなかったので、どう反応したらいいのかわからなかったのです。弟はこの時のことをマイクに、兄は拒絶したりせずに、何も言わずに受け入れてくれたけれど、それきりそのことについて話すのは避けている感じだったと言っていたということでした。

夏菜の友達の小川知哉の兄、中学生の一哉もゲイで、自分の悩みをマイクに相談に来たので、弥一も一緒に聞きました。一哉は自分の気持ちや悩みを聞いてもらいます。

自分は男なのに好きになるのは男の子で、ネットで調べたら他にもそういう人が大勢いることがわかって少し安心したけど、ひどいことを書いている人もいっぱいいて、そういうの読んでいるとなんか怖くなってきて、やっぱり隠さなきゃいけないんだって、友達にも、好きでもない女の子のことをかわいいってウソついて、でもだんだんつらくなって、どうしたらいいかわからなくなって、だれかに相談したかったけど、話せる人が誰もいなくて、そんな時マイクのことを聞いて相談に来たと言います。そして一哉とマイクは友達になりました。

このことがあって弥一は、マイクも沢山悩んだのだろうと思い、そのことを訊いてみました。マイクも子どもの頃は沢山悩んだといいます。両親はリベラルな人だったけれど、カミングアウトにはとても勇気がいったといいます。どう思われるだろう。嫌われたらどうしよう。いろんなことを考えて怖くて泣きそうだったけど、十五歳の頃打ち明けたといいます。

涼二が弥一に打ち明けたのも十五歳頃で、さらっと言ったように思えたあの時も、悩みに悩んだ末、勇気を出して言ったんだろうなと思う弥一。マイクの両親は受け入れてくれたが、拒否する親もいるとマイクは言います。ゲイというだけで家を追い出される子もいるし、学校でいじめられる子もいる、日本にもそういうことがあるかとマイクは訊きます。あんまり聞いたことはないけど、どうなんだろうという弥一。涼二も、日本ではそういう差別はあまり聞いたことはないと言っていたとマイクは言います。そうだったらいいねという弥一。

しかし弥一には気になっていることがありました。夏菜が友達のユキちゃんにマイクを紹介しようとしたら、ユキちゃんのママが、悪影響があるといけないから会ってはいけないと言ったらしいことです。同性愛者というだけで、まるで性犯罪者か何かのように子どもから遠ざけるべきだと思う人がいるとしたら、とてもむごいことだと弥一は思いました。

そして、弥一を決定的に怒らせることが起こりました。笛を忘れた夏菜のところへ届けにいったマイクを見ていた担任が、弥一を呼び出し、夏菜のことを話します。夏菜がよく外国人の話をしているること。同性婚の話は小学生にはまだ早いということ。他の子と違う話をして浮いてしまい、いじめられるのではないかということ。父子家庭なのでちょっと心配だということ。これらのことを聞かされて、心中怒りで煮えくり返りましたが、冷静に対応しました。

「もしあの子に変わったところがあっても、私はそれを他人と違うからという理由で止めさせたくはありません。あの外国人は私の弟の夫で、あの子の叔父です。あの子が友達に大好きな叔父の話をするのを止める理由は私には何もありません。それでもしあの子がいじめられるようなことがあったら、できれば先生にはいじめられる子にではなく、いじめる子に注意していただければと思います」。担任も、「よくわかりました」、と答える他ありませんでした。

　マイクの帰国が近づいた晩、弥一はマイクに二人のアルバムを見せてもらいました。どの写真も涼二は幸せそうな顔をしていました。結婚式の夜、涼二は兄貴と向き合わなかったことを後悔して泣いたことをマイクは話してくれました。だからいつかきっと二人で日本へ行って、マイクを自分の新しい家族として紹介すると言っていたので、その約束を果たすために自分は来たのだとマイクは言いました。もうとっくに家族になっているよと弥一は応えます。そして両親に会わせるため、三人で墓参りをします。墓の前で弥一は考えます。一番大事なのは本人の気持ち。本人が望むことなら、ただ見守り、幸せならば祝福する。そんな単純なことだったのに俺は……。涼二、もっとお前と話をしておけばよかった。

　弥一は、いつかきっと、夏菜と一緒に涼二の墓参りにカナダへ行こうと思いました。

2『弟の夫』から学ぶ多様な愛のかたち

マイクの母国カナダも、十九世紀まではイギリスと同じように、同性愛に対して死刑がありましたが、二〇〇五年七月二十日にカナダ全土で同性婚が合法化されました。

カナダは、カナダ在住者以外でも男女を問わず正式に結婚できるので、世界中から同性愛者が集まって来ます。

因みに、バンクーバーの教育界は、トランスジェンダーの子どもたちの呼称として、新しい用語を作りました。トランスジェンダーの子どもたちは、HE でも SHE でもないので、XE《ズィー》 と呼ぶようにしました。全ての子どもたちが過ごしやすいようにという配慮からです。

このようにカナダは、性的少数者の人々に優しい国に生まれ変わっているのです。因みに日本の教育界を見てみますと、二〇一八年二月十四日に文部科学省が公表した「高校学習指導要領」の改定案には、社会的性差であるジェンダーの平等や、ＬＧＢＴ等、性の多様性への言及はありません。

異性を好きになることしか教科書に書かれていなければ、同性を好きな生徒は、自分は間違っているのかと追いつめられますし、他の生徒たちも多様性について学べなくなる憂いが出てきます。

しかし、性的少数者の人々に優しくなったカナダにも、彼らを受容しない人々もいて、ゲイとわかって家を追い出される子もいるし、学校でいじめられる子もいるとマイクは弥一に言います。

涼二は、日本ではそういう差別はあまり聞かないと言っていたということで、そうだったらいいねと弥一も言います。

弥一や涼二の言葉は、一般的に平均的日本人が漠然と思っていることですが、真相はどうなのでしょうか。確かに、海外で見られるような宗教的迫害や暴力はあまりありませんが、同性愛者やトランスジェンダーの子どもたちの多くが学校でいじめに遭い、自殺を図っていることが多くの調査で明らかになっています。依然として無知と偏見による差別意識はまだまだ根強いようです。

そのように根強い差別意識があるために、涼二もマイクも小川一哉もカミングアウトするのに、大変な勇気が必要でした。マイクの両親はリベラルな人で、マイクを受け容れてくれましたが、大抵の親は驚き、混乱して、どう考えたらいいのか結論を出すのに時間がかかるようです。自分のせいだと泣いた母親の記事を読んだことがありますし、いつか異性愛に変わることを信じたいと思う親の気持ちが書かれた記事も読みました。

こうしたことがあるので、今日でも多くのＬＧＢＴの人たちが自らの性的指向や性自認を、最も信頼する家族にすら告白できないのが実状のようです。

日本は立憲主義国家です。憲法は全ての個人の人権・自由を守るために存在しています。憲法に同性婚が明示的に規定されていないからといって同性婚が認められないのは、同性愛者を含めた全ての個人の基本的人権を守るために憲法が存在するという立憲主義の理念に反しています。

日本国憲法が同性婚を想定していないというのならば、国会が時代の要請に応じ、同性婚を法制化することが必要であると思われます。「法の下の平等」「幸福追求権」「性別に基づく差別の禁止」は憲法の重要な理念であり、同性婚を法制化する根拠と言えます。

同性婚は新しい家族の形であり、そうした多様な生き方を法律で保障する形が必要だと思われます。関西学院大学准教授の貴戸理恵氏は、「大切なのは、どのような家族のつくり方を選んだとしても、制度的な不利益も、道徳的な非難も受けない社会をつくることだ」と言っておられます。

やがてその時は満ちると私は信じています。

3 金子みすゞの詩「私と小鳥と鈴と」

『弟の夫』の主人公弥一は、弟の夫マイクに会うまではまだ同性婚に対する偏見が消えず、最初玄関でマイクにハグされた時は、心の中で「このホモ！」と毒づきましたが、三週間一緒に過ごすことによって、同性愛者に寄り添える人間に変わりました。人間は知れば変われるのですね。偏見や差別は無知から生じるといいます。前にも触れましたが、江原啓之さんは、生きるということは無知を知に変えることであるとおっしゃっておられます。私たちも、無知を知に変える生き方をしているか、反省を迫られるところですね。

同性愛は個性の一つであるという認識を持つことが大切であると思います。みんな個性があって、みんな違っているけれど、みんなそれぞれ素晴らしいと感じる心が大事だと思います。そういうことを歌った詩があります。金子みすゞさんの「私と小鳥と鈴と」です。

私と小鳥と鈴と

私が両手をひろげても、
お空はちっとも飛べないが、
飛べる小鳥は私のように、
地面《じべた》を速くは走れない。

私がからだをゆすっても、
きれいな音は出ないけど、
あの鳴る鈴は私のように
たくさんな唄は知らないよ。

鈴と、小鳥と、それから私、
みんなちがって、みんないい。

文学作品をはじめ、全ての創作されたものは、それを通して、それが伝えているものを理解し、個人を変え、地域を変え、世界を変えていくためにあるのだと思います。「みんなちがって、みんないい」という視点は、全ての関係において言えることだと思います。同性愛者のことだけでなく、異性愛者の間においても、動・植物にも当て嵌まる視点だと思います。
　よしだみどりさんは、金子みすゞの詩を世界の人々にも知ってもらおうと、みすゞの詩を英訳し、ご自身で描かれた絵も添えて、『睫毛《まつげ》の虹』（注⑥）という本を出版されました。よしださんは「私と小鳥と鈴と」を次のように英訳されています。

A Little Bird, a Bell, and Me

Even though I open my arms wide,
I still cannot fly in the sky at all.
But a little bird who can fly,
Cannot run on the ground as fast as me.

Even though I shake my body,
I still cannot make a sound as beautiful as a bell,
But that ringing bell
Does not know as many songs as me.

A bell, a little bird, and me,

We are all different and all wonderful.

金子みすゞは他にも「私と小鳥と鈴と」と同じ趣旨の詩を書いています。「みんなを好きに」です。参考のために読んでみたいと思います。

みんなを好きに

私は好きになりたいな
何でもかんでもみいんな

葱も　トマトも　おさかなも
残らず好きになりたいな

うちのおかずは　みいんな
母さまがおつくりになつたもの

私は好きになりたいな
誰でもかれでもみいんな

お医者さんでも鳥でも
残らず好きになりたいな
世界中のものはみイんな
神さまがおつくりになつたもの

小松史生子氏は、好きになりたいと繰り返すのは、好きになれていないものがあるからそのように歌うのではないかと分析されています（注⑦）。確かに、人の心には、どうしようもない好き嫌い、差別があると思います。そこが人間の悲しいところだと私も思いますが、それでもみすゞは、世界中のものはみんな神様がおつくりになったものなのだから、好きになりたい、みんなちがって、みんないい、と歌わずにはいられなかったのだと思います。

今、こうした視点は世界中に広がろうとしています。ネパールにある「ネパールみすゞ小学校」は、一九九六年に、全国のみすゞファンによる募金で建てられました。校舎の正面には、ひらがなとネパール語で刻まれた「みんなを好きに」の銅板が掲げられています。好き嫌いのない子に育つ願いが込められています。登校してきた児童はまず「みんなを好きに」を口ずさんでから授業に入るといいます（注⑧）。「みんなちがって、みんないい」の視点があれば、ＬＧＢＴの人々を理解し、受け容れることもできると思います。

ＬＧＢＴがテーマの絵本も出ています。『タンタンタンゴはパパふたり』（注⑨）にはオスペンギン同士のカップルが登場します。ロイとシロです。ロイとシロはアゴヒモペンギン（和名ヒゲペンギン）で、ニューヨークのセントラルパークの動物園で飼われていた四十二羽のうちの二羽でした。二羽がカップルであることに気づいた世話係のロブ・グラムジーさんは、家族を持ちたがっていたロイとシロに、一つの卵の世話をさせました。その卵というのは、二〇〇〇年にベティというメスペンギンが産んだ二つの卵のうちの一つでした。ベティは一回に一つの卵しか世話できないので、グラムジーさんは一つをロイとシロに世話させたのです。このおかげでロイとシロは、掛け替えのない、タンゴという家族を持つことができたのです。アゴヒモペンギンは世界に一〇〇〇万羽以上いるそうですが、その中でタンゴは、オンリーワンのペンギンになったのです。また、『王さまと王さま』（注⑩）では王子と王子が結婚します。『くまのトーマスはおんなのこ』（注⑪）は女の子になりたいテディベアを描いたものです。これらは学校教材としても使われています。『レッド』（注⑫）は、ラベルは赤でも中身は青いクレヨンが主人公の絵本です。自分がトランスジェンダーと気づいた幼い子も含めて、「ありのままでいい」というメッセージを届けることが主眼の絵本で、周囲から受け容れられるまでの混乱や、生きにくさから解放される喜びが描かれています。絵本を通して、幼い頃から自分と違う生き方に触れることによって、多様性を受容する心が育まれると思います。

性の多様性について、子どもたちが学ぶ取り組みが、一部の小学校で始まっているという記事が、二〇一八年十一月四日の「中日新聞」（朝刊）に載っていました。その趣旨には、当事者の話から、性の多様性を知り、人々の多様性に理解を広げて、自分らしさを大切にする心や、違いを認め合う心を育むのが狙い、と書いてありました。性的少数者へのいじめや差別は、無理解からくるわけですから、こうした、正しい知識を伝える取り組みが、いじめを防ぎ、当事者の人権を守ることになると思います。こうした取り組みが広がっていってほしいものですね。

「みんなちがって、みんないい」の視点は、今までにも、いろいろなところで展開されてきたと思います。その中でも、性的少数者の人たちのシンボルカラーとなった虹色の原点になったのが、一九三九年のアメリカ映画『オズの魔法使い』で歌われた「虹の彼方に」であることはよく知られています。「虹の彼方のどこかに、願えばどんな夢だってかなう土地がある」と歌うドロシー役のジュディ・ガーランドの優しい歌声が思い出されます。大嵐でカンザスからオズの国へと迷い込んだドロシーは、臆病なライオンと出会いますが、二人の交流からは、ライオンだって臆病でもいいんだ、誰かと違っていても、ありのままの自分を受け容れよう、というメッセージが伝わってきます。

この歌詞や映画の内容に励まされた性的少数者の人たちは、自らを「ドロシーの友人」と呼んでいます。

宮沢賢治の言葉に、「世界がぜんたい幸福にならないうちは個人の幸福はあり得ない」という言葉があります。世界がぜんたい幸福になるには、「みんなちがって、みんないい」の視点が欠かせないのではないでしょうか。性の多様性を知って、理解し、受容する、「みんなちがって、みんないい」の視点を身につけたいものです。私たちは、この心の進化を試されているのだと思います。「みんなちがって、みんないい」というまなざしを向けることのできた金子みすゞの世界を、もっと知りたくなりました。

第二部では、金子みすゞの世界を巡ってみたいと思います。

◎注

①田亀源五郎『弟の夫』全四巻、双葉社、二〇一五年
②『日本国語大辞典』第二版、第四巻、小学館、二〇〇一年
③渡部昇一『日本語のこころ』講談社、一九七四年
④泉久恵『国際結婚　イスラームの花嫁』海象社、二〇〇〇年
⑤大橋久利、バクスター・ブレイク共著 *The Changing Face of Marriage and Family*、成美堂、二〇〇八年
⑥よしだみどり『睫毛の虹』ＪＵＬＡ出版局、二〇〇二年
⑦詩と詩論研究会編『金子みすゞ作品鑑賞事典』勉誠出版、二〇一四年
⑧矢崎節夫監修『没後八十年　金子みすゞ～みんなちがって、みんないい。』ＪＵＬＡ出版局、二〇一〇年
⑨ジャスティン・リチャードソン『タンタンタンゴはパパふたり』ポット出版、二〇〇八年
⑩リンダ・ハーン、スターン・ナイランド『王さまと王さま』ポット出版、二〇一五年
⑪ジェシカ・ウォルトン『くまのトーマスはおんなのこ』ポット出版、二〇一六年
⑫マイケル・ホール『レッド』子どもの未来社、二〇一七年

第二部

金子みすゞの世界

第一章

中島潔と金子みすゞ

平成十三年（二〇〇一）にＮＨＫテレビで、「生命へのまなざし―中島潔が描く金子みすゞの世界―」という番組が放送されました。このテレビ番組の内容を中心に、他の資料からの情報を交えたり、余談も加えながら、金子みすゞと中島潔について述べていきたいと思います。

番組ではまず、中島氏のみすゞの詩との鮮烈な出会いとなった、みすゞの「大漁」の紹介から始まります。

大漁

朝焼小焼だ
大漁だ

大羽鰮《おおばいわし》の
大漁だ。

浜は祭りの
ようだけど
海のなかでは
何万の
鰮のとむらい
するだろう。

中島氏は金子みすゞとの出会いを『中島潔作品集　みすゞ憧憬』（注①）の中で、次のように書いておられます。

金子みすゞの詩を、あるふとしたきっかけで読んだ時の、あのじ〜んというか、ドンというショックがいまでも忘れられません。私はずっと三十年間絵を描き続けてきましたが、いままでの私の中になかったものだったのです。それは「生命」への尊厳と慈しみです。人というのはここまで優しくなれて、ここまで強くなれて、その上ここまで見つめられるのかということ、それを彼女の詩の中に感じたのです。それが私に衝撃を与えました。だから私は絵の中にそれをどうしても入れたかった、描きたかったのです。まず取り組んだのは「大漁」という作品です。みすゞの詩の世界をどのようにとらえ、描いていくか、格闘の日々の始まりでした。「大漁」の中のみすゞは、生きていくために他の生命を奪わざるを得ない人間の現実を前に、じっと押し黙っています。そしてみすゞのそばをいっきに駆け抜ける数百の鰯の群れ。その瞬間を切り取ることで、生命のほとばしり、命のしぶき、凄み、美しさを感じて欲しかったのです。大漁に群れる鰯の目を白く浮き立たせたのも、ものいわぬ「命」の凄み、壮絶さを表現したかったからです。

中島氏は、二〇一〇年には清水寺の成就院の襖絵に四作品描いておられますが、その中の一つにもみすゞの「大漁」を描いておられます。成就院の「大漁」を含めて今までに「大漁」は四作品発表されていますが、二〇〇一年のテレビ番組では二作品が紹介されています。一枚目の「大漁」の絵は、二〇〇〇年に描かれた、網を逃れて空に舞う鰯の群れの絵です。二枚目の「大漁」の絵は、二〇〇一年に描かれた、みすゞのそばをいっきに駆け抜ける鰯の群れが描かれています。

矢崎節夫氏は、中島氏の二〇〇一年の「大漁」の絵を展覧会場で見た印象を、『『大漁』の中の『いわしと私』』というタイトルで書いておられます(注②)。要約して紹介したいと思います。

矢崎氏は、中島氏の「大漁」の絵を見られた時、昭和四十一年(一九六六)に『日本童謡集』に載っていたみすゞの「大漁」を初めて読んだ時の感動を思い出されました。あの時の感動と同じだと思われました。中島氏が描かれたいわしの大群の向こう側から、こちらの自分を見ている、もう一人の自分の目を感じられたからです。中島氏がみすゞとまっすぐ向かい合い、こだまし合った結果、この「大漁」の絵が生まれたのだと思われました。中島氏も「大漁」によってまなざしを変えられたのだと感じられたのです。矢崎氏もそうでしたので。

それまでのまなざしは、自分中心、人間中心、こちら側中心で、「私といわし」「私とあなた」だったのが、「大漁」を読んで、一瞬にしてひっくり返され、「いわしと私」「あなたと私」のまなざしに変えられました。こういうまなざしがみすゞにあるので、「積もった雪」や「露」や他のみすゞ作品が生まれたのだと矢崎氏は思っておられます。

みすゞの「大漁」も中島氏の「大漁」も、すべては二つで一つだということを伝えていることがわかるといいます。浜の喜びと海の悲しみで一つ、目に見えるものと見えないもので一つ、生きることと死ぬことで一つだということ。この二つで一つをきちんと具現化するには、まず向かい合った存在を丸ごと認めて受け入れることしかないといいます。光が影を否定したら、光は光であることができないからだといいます。しかし残念なことに、二十世紀のある時から、強いことや目立つこと、がんばることだけがよいことのように私たちは駆け抜けてきた気がするといいます。まなざしや考え方を変える必要が生じてきたので、みすゞが半世紀を経て、甦ってきたのだと矢崎氏は結んでおられます。

余談ですが、ここで大羽鰮のことについて少し触れておきたいと思います。大羽鰮は、真鰮《まいわし》が一番大きく成長した段階の呼び名なのです。つまり真鰮も出世魚の一つなのです。出世魚とは、成長するに従って、名の変わる魚のことで、ボラ、スズキ、ブリ、コノシロなどと同じく真鰮も出世魚なのですね。真鰮は、三種（マイワシ、カタクチイワシ、ウルメイワシ）ある鰮の一種で、体長が五～八センチのものを「たつくち」、八～十二センチのものを「小羽鰮《こばいわし》」、十二～十五センチのものを「小中羽鰮《こちゅうばいわし》」、十五センチ～十八センチのものを「中羽鰮《ちゅうばいわし》」、十八センチ～二十センチのものを「にたり鰮」、二十センチ以上のものを「大羽鰮」といいます。

余談ですが、以前、出世魚を皮肉ったサラリーマン川柳がありました。「ブリはいい生きてるだけで出世する」。

また、鰮のことを英語ではsardine《サーディーン》といいますが、これは、イタリア領Sardinia《サーディニア》島近海で鰮が大量に獲れたことから鰮のことをsardineと呼ぶようになったものです。日本語の「いわし」は、「卑しい」とか「弱し」が転化したものだと言われています。水からあげるとすぐ死んだり、他の魚に食べられる弱い存在なので「弱し」であり、大量に獲れ、安く買える庶民の食べ物といったニュアンスから「卑しい」の意味合いも含まれて、「いわし」という名になったようです。

紫式部は、「いわし」が大好きでした。夫の留守中にいわしを焼いて食べていたら、突然夫の藤原宣孝が帰宅し、「そんな卑しいものを食べて」と叱られたといいます。この逸話からいわしのことを「紫」と呼ぶようになったといいます。いわしは動脈硬化を予防したり、中性脂肪を下げる効果のあるＩＰＡ（ＥＰＡ）やＤＨＡを豊富に含む食べ物なのに、卑しいものとされていたことを考えると、今流行の言葉で言えば、「残念な生きもの」扱いをずっとされていたことになりますが、紫式部はいわしの価値を直観的に知っていたのでしょうね。

話を元に戻しますと、二〇〇一年の中島潔と金子みすゞのテレビ番組で、次に紹介されたのは「蜂と神さま」でした。

蜂と神さま

蜂はお花のなかに
お花はお庭のなかに
お庭は土塀のなかに
土塀は町のなかに
町は日本のなかに
日本は世界のなかに
世界は神さまのなかに
さうして、さうして、神さまは
小ちゃな蜂のなかに。

中島氏が描いた「蜂と神さま」は、少女姿のみすゞと同じ大きさの花を描くことによって、生の価値は等しいということを伝えようとしています。花は夕顔で、夕方咲き、朝に凋《しぼ》みます。朝、凋もうとする花から蜜を受け取る蜂の姿によって、生命はつながりあっていることを示そうとしているのです。

余談ですがローマ法王は、みすゞの「蜂と神さま」をお聞きになった時、涙を流されたそうです。この話は、早坂暁氏と矢崎節夫氏が対談された時に出てきました（注③）。

宇宙物理学者の佐治晴夫氏がローマ法王と会われた時にみすゞの「蜂と神さま」を紹介すると、ローマ法王は涙を流して感動され、「我々の何万人の神父によっても、これだけ判りやすく、明快には伝えきれない」とおっしゃられたそうです。早坂氏も矢崎氏も、「蜂と神さま」は説教の極意で、お釈迦さまやキリストさまの言葉といってもおかしくないと、しきりに感心しておられます。言葉の並びが本当に美しく、そして最後に大ドンデン返しがくる。大きな本質をふっと手渡してくれる。道案内が天才的にうまい。みすゞ作品には宗教も科学も哲学もみんな含まれているので、世界の人々がみすゞの詩を読んで気づけることがたくさんある。

みすゞは宮沢賢治の法華経のように、何か特定の信仰を持っていたようには思われないが、直観的に本質がわかっている。みすゞはいろんな目を持っている人といえる。虫の目、鳥の目、人の目、そして自然の目。だからみすゞの言う神さまというのは、自然という生命の流れのようなものと言えるのではないか。お二人の対談は多岐にわたってさらに続いていきますので、興味を持たれた方は読まれることをお勧めします。

二〇〇一年のテレビ番組で次に取り上げられたのは、みすゞの詩「しあわせ」です。

しあわせ

桃いろお衣《べべ》のしあわせが
ひとりしくしく泣いていた。

夜更けて雨戸をたたいても
誰も知らない、さびしさに
のぞけば、暗い灯のかげに
やつれた母さん、病気の子。
かなしく次のかどに立ち
またそのさきの戸をたたき
町中まはってみたけれど
誰もいれてはくれないと
月の夜ふけの裏町で
ひとりしくしく泣いていた。

この詩は、一回読んだくらいでは理解するのが難しい詩ですね。中島氏もこれを絵にするのに大変苦心されました。これを絵にするには、みすゞの人生と自分の人生を重ね合わせてみる必要を感じられました。それで、どのように重ね合わせたかを知るために、二人の人生を簡単に見てみようと思います。

金子みすゞ

明治三十六年（一九〇三）山口県長門市仙崎に生まれる。三歳の時父が亡くなる。母はのちに再婚し、下関へ。二十二歳の時、意に添わぬ結婚をさせられる。夫は妻の詩作に理解を示さず。結婚から三年後、夫に詩作を禁じられ、三冊の手帳に今までの詩すべてを書き留める。昭和五年（一九三〇）夫と離婚。娘ふさえの親権を認められず、死をもってふさえを母に預けることを訴えた。享年二十六歳。

中島潔

昭和十八年（一九四三）旧満州に生まれる。一九四四年、両親の生まれ故郷佐賀県へ戻る。子どもの頃から絵が好きで、画家になりたかった。家族は長男の潔に駅員になってほしかった。潔がそっと夢を打ち明けた時、「それもいいね。なりな」と母は言ってくれた。その母も潔が高校三年の時病死。父はその二か月後再婚。潔は家を出て静岡県下田市の鉱山で働く。生きるために命がけで、泥まみれになって働き、くたくたに疲れて夢も諦めかけていたが、落盤事故で言葉が不自由になった少年から、いろんなことがあっても、ちゃんとやっていかなければだめだと生き方を教えられたことが人生の転機となる。この少年との出会いで中島は「悲しいしあわせ」を学んだという。辛い人生に遭遇したことは悲しいことであるが、それによって生き方がわかったのだから、そういうふうに考えれば、悲しい体験は幸せなことだったと思えるということを「悲しいしあわせ」という言葉で表そうとした。

文学の修辞法の一つにオクシモロン（矛盾語法）というのがあります。相矛盾する言葉を組み合わせて深い真理を提示する修辞法で、「悲しい」と「しあわせ」は一見すると対立する言葉の組み合わせで、矛盾しているように見えますが、先程の中島氏の体験を理解すると、深い真理があることがわかってきます。あらためて見回してみますと、オクシモロンの例は意外と身近に多くあることがわかってきます。「ありがた迷惑」とか「急がば回れ」とか「苦しみを感謝する」（星野富弘さんの言葉）とか、いろいろ浮かんできます。「急がば回れ」は英語表現でも同じで、英語では make haste slowly（ゆっくり急げ）が「急がば回れ」に相当します。

中島氏の「しあわせ」の絵の話に戻りますと、中島氏はこうした長い取材と構想を経て、「しあわせ」の絵を完成させます。

絵の左側には絡み合った綱が描かれています。人生には避けられない不条理があります。母の死、故郷との別れ、下田の少年の事故等です。これらを絡み合った綱で示そうとしました。絵の右側には、家の戸口から見える一筋の光が描かれています。光はしあわせの象徴であり、希望の象徴です。人は厳しい現実に負けず、希望を持って生きるべきだという思いが込められています。中央には、その光を見つめる宙に浮かんだみすゞの姿が描かれています。不条理に負けないよう、凛とした表情で描かれています。絵の下の方には、「悲しいしあわせ」の象徴として、下田時代に知った少女の二つに割られた下駄が描かれています。酒に酔って父親が少女の下駄を割ったのです。その少女は悲しい体験をしましたが、少女が人生を重ねていけば、父は娘の下駄を割るほど辛い思いをしたのではないかと、父を思いやれるようになる。だから、そういう体験をしたことはしあわせだったと思える日がくる。そういう思いが託されているのですね。

テレビ番組で最後に紹介されたのは、中島潔の描いたみすゞの「花のたましい」でした。

花のたましい

散ったお花のたましいは
み仏さまの花ぞのに
ひとつ残らずうまれるの。
だっておは花はやさしくて
おてんとさまが呼ぶときに
ぱっとひらいてほほゑんで
蝶々にあまい蜜をやり
人にゃ匂いをみなくれて
風がおいでとよぶときに
やはりすなおについてゆき
なきがらさえもままごとの
御飯になってくれるから。

みすゞの詩には神さまや仏さまが時々出てきますが、みすゞ自身が何か特定の信仰を持っていたというより、早坂暁氏も言っておられるように、直観的に本質がわかっている人と言えるのだと思います。

みすゞの生まれ育った仙崎は、浄土宗・浄土真宗の盛んな土地で、幼い頃みすゞの家の二階では、浄土真宗の勉強会が開かれたりもしていました。その影響は当然あると思われますが、みすゞの宗教観は、典型的な日本人の宗教観のように思われます。宗教学者の中村圭志氏は、日本人の宗教観は心の在り方に焦点を置く宗教であるとおっしゃっておられます（注④）。

日本を含む東アジアでは、信仰の基層に、多様な霊を信仰するアニミズムやシャーマニズムが生きていて、仏教的エリートが世界を無や空と観じている一方で、庶民は死者の霊の世界に生きています。僧侶もこれに応じて「葬式仏教」を演じています。位牌などは儒教の祖先祭祀の様式を取り入れたものです。

日本人は霊信仰とつながるものなら、他の宗教や思想も取り入れ、儒教や神道と共生してきました。日本人の宗教観は心の在り方に焦点を置いているので、多様な来世観があっても平気でいられます。キリスト教的に「天国」と言っても、仏教的に「浄土」と言っても、気にしません。

みすゞの宗教観はこうした典型的な日本人の宗教観だと思えば、作品中に神さまや仏さまが出てくるのも、違和感なく納得できます。

「花のたましい」を読むと、この花のように生き、死んでいけたらいいなあと誰もが思うのではないでしょうか。みすゞは、どう生きるべきかを、この花の生き方を通して教えてくれているように思えます。

やさしくあること、惜しみなく与えること、誰にでも微笑むこと、そして自然の摂理に従うこと。この花のように生きれば、永遠の命になることは約束されているように思われます。

この花とは、みすゞのことだと思えてきます。

このテレビ番組を通して、時を超えて金子みすゞと中島潔を結ぶものは、「生命を慈しむまなざし」と言えるのではないかと思いました。

第二章　矢崎節夫と金子みすゞ

1　金子みすゞの生涯

金子みすゞ関連の書籍には、大抵彼女の生涯を記した部分が出てきますが、二〇一〇年に発行された、『没後八〇年　金子みすゞ展～みんなちがって、みんないい。』の図録がわかりやすく、詳しいように思われますので、本書のみすゞの生涯についての文章は、主にこの本に拠りながら、他からの資料、例えば、矢崎節夫著『童謡詩人　金子みすゞの生涯』(注⑤)に書かれていることや私の余談も交えて、記していきたいと思います。

みすゞの故郷仙崎と少女時代

金子みすゞ、本名テルは、明治三十六年（一九〇三）四月十一日、山口県大津郡仙崎村、今の長門市仙崎に、父金子庄之助、母ミチの長女として生まれました。父母と祖母ウメ、二歳年上の兄堅助、そして二年後には弟正祐《まさすけ》が生まれました。父は石津助四郎の四男でミチと結婚して金子姓を名乗りました。渡海船《とかいせん》と呼ばれる商い船の仕事をしていましたが、ミチの妹フジの夫上山《うえやま》松蔵に頼まれて、日露戦争開戦直後の清国営口《えいこう》に設けられた下関の書店上山文英堂の清国営口支店の支店長となって大陸に渡り、明治三十九年（一九〇六）二月、その地で亡くなっています。反日感情の犠牲となって殺害されたのです。三十一歳の若さでした。その時みすゞは満二歳でした。

上山文英堂は母の妹フジの嫁ぎ先でした。店主の上山松蔵とフジには子どもがいなかったので、一年後、弟正祐は、上山家に養子にもらわれていきました。働き手の亡くなった金子家は、上山文英堂の後押しで、大津郡でただ一軒の本屋・金子文英堂を始めました。父の死と弟との別離のため四人家族となった金子家でしたが、働き者の母と祖母のおかげで、いつも温かく、明るい家庭でした。母ミチは、もの静かで、優しい声の、心の美しい賢い人でした。祖母ウメは、色白で、優しい表情をした、信仰心の厚い人だったそうです。兄堅助と妹テルは、仲がよく、二人とも言葉づかいがていねいで、近所の子どもたちの手本にされるほどだったといいます。

テルの故郷仙崎は、天然の港と豊かな漁場に恵まれた、古くからの漁師町です。江戸時代中期からは、北前船の寄港地として交易も行われ、地域の文化経済の中心地として栄えました。テルの生まれた頃は、海岸線ぎりぎりまで船屋や倉庫が建ち並び、商店が軒を連ね、とくに大羽鰮のシーズンには、港は各地の漁船でにぎわいました。

仙崎はまた、日本有数の捕鯨の基地でもありました。江戸時代の初めには、仙崎と青海島の通《かよい》に鯨組という組織がつくられ、仙崎港に入ってきたクジラを捕らえました。張り巡らせた網にクジラを追い込み、モリで仕留める「網取り式」という勇壮な捕鯨で、「クジラ一頭捕れば、七浦にぎわう」といわれた時代、クジラ捕りの町は豊かでした。明治時代の中頃になると、クジラが少なくなり、鯨組は解散し、西洋式の近代捕鯨へと、時代は移り変わっていったのです。

捕鯨の町だったからこそ、命を捕る悲しみを、だれもが深く心に留めていたのでしょうか、通の向岸寺には、クジラの位牌とクジラの過去帳が残されています。向岸寺の隠居所だった清月庵には、クジラの胎児七十八頭を埋葬した鯨墓が残されています。鯨墓には、「鯨としての命は母鯨とともに終わってしまった子鯨よ。できることならば海に帰してやりたい。しかし、海に放っても生きていけないだろう。ならばどうか人天界に宿り、仏の功徳をうけてほしい」という意味の言葉が刻まれています。春の終わりには、今も絶えることなく、鯨法会《くじらほうえ》あるいは鯨回向《くじらえこう》と呼ばれる法要が行われています。みすゞの詩に「鯨法会」があります。生きものへの申し訳なさと感謝の供養をする仙崎の優しい風土に包まれて育ったテル。それがこの詩に反映されています。

鯨法会

鯨法会は春のくれ、
海に飛魚採れるころ。

浜のお寺で鳴る鐘が、
ゆれて水面をわたるとき、

村の漁夫が羽織着て、
浜のお寺へいそぐとき、

沖で鯨の子がひとり、
その鳴る鐘をききながら、

死んだ父さま、母さまを、
こいし、こいしと泣いてます。

海のおもてを、鐘の音は、
海のどこまで、ひびくやら。

テルは明治四三年（一九一〇）四月、瀬戸崎尋常小学校、今の仙崎小学校に入学しました。一年生のときの身長は一メートル七センチ、体重十七・五キロで、クラスの中ほどの体格だったそうです。久留米絣やモスリンの着物に三尺帯をしめ、友禅模様の前かけをして、下駄をはき、毎日学校へ通いました。おさげ髪で色白で、丸顔の優しいまなざしのテルは、クラスの誰からも好かれていたといいます。成績は優秀で、六年間すべて「甲」、ずっと首席を通しました。先生からの信頼も厚く、一年から六年まで級長を務めています。いろいろなことに興味を持ち、友達と仲良く遊んだテルは、心楽しい小学生時代を過ごしました。みすゞの詩に「大泊港」があります。山の祭りの帰り道、送ってくれた伯母様と別れて峠を降りるとき、きれいな大泊の港が目に入ってきて、その光景を描写していますが、そこは、仙崎の豊かな漁港です。仙崎は、北上する対馬海流と、日本海をシベリア大陸沿いに南下するリマン海流の間にあって、豊かな漁場となっています。伯母様とは、夏みかんの発祥地とされる大日比の前田家に嫁いだミヨのことで、亡き父庄之助の姉でした。その娘リンによれば、みすゞは兄堅助と、しょっちゅう来て泊まっていたといいます。二人の寝巻が常備してあったほどです。また、リンの話によると、みすゞは子ども離れしていて、一人遊びをするか、本を読むかしていたといいます。リンの父はみすゞが来ると、「天才が来たから、また何か話してくれる」と喜んだといいます。

本の好きなテルはまた、友達と元気に外で遊ぶことも大好きでした。みすゞの童謡にうたわれている遊びは四十数種類あります。おはじき、かるた、トランプ、着せかえ、折り紙などの室内の遊びより、ぶらんこ、かくれんぼ、木登り、おにごっこ、かげふみなど、外での遊びが多いですね。

大津高等女学校時代

大正五年（一九一六）四月、テルは大津郡立大津高等女学校に入学しました。

大津高女は、明治四十四年（一九一一）、大津郡藤中原《ふんじゅうばら》（今の長門高校の場所）に、県下六番目の四年制の高等女学校として創立されました。良妻賢母を育てる教育を第一としながらも、一方では希望者に英語教育を行ったり、テニスなどのスポーツを取り入れるなど、新しい女性教育をめざす、希望に満ちた学校でした。父のいない家で、兄は中学に行かずに家業の本屋で働いていました。そんな中で進学できるしあわせを、テルは深く感じていたことでしょう。女学校まで約三キロ、歩いて四十分ほどの道を、木綿の筒袖の着物にはかまをはき、胸に安全ピンで校章を留めつけ、教科書などを包んだ風呂敷包みを抱えて、テルは毎日通いました。「女学校は、友だちがたくさんいるし、国語の時間や数学も面白いよ。土曜日には、お花の授業もあって、裏山に、使う花を採りに行ったり、とっても楽しい」と、テルは、九歳年上の従姉・前田リンさんに語っています。

大津高女には、ミサヲ会という在校生と卒業生のための同窓会があり、年一回、同窓会誌『ミサヲ』を発行していました。学校行事の報告や在校生の作品、卒業生の消息などを載せていました。テル在学中の四年間の『ミサヲ』には、作文が三回、祝辞、送辞、答辞、社会見学の報告など、テルの文章がたくさん見られます。

また、行事報告の記事の中にも、テルの名前が一番多く見られます。はつらつとした女学校時代四年間のテルの姿が、四冊の同窓会誌の中に記録されています。

テルが女学校三年の秋、病気療養のため、仙崎に戻っていた叔母上山フジが亡くなりました。テルの母ミチの気がかりは、上山家に養子にやった正祐のことだったにちがいありません。その後、夫のいないミチと妻を亡くした上山松蔵とのあいだに、再婚の話が持ちあがりました。そして翌大正八年（一九一九）八月、ミチは松蔵と再婚し、下関の上山文英堂に入りました。テル十六歳のことでした。

この再婚で、正祐の生活に変化が生まれました。養子であることを本人に知られたくなかった松蔵とフジは、正祐を仙崎から遠ざけて育ててきました。しかし、継母となったミチは、たとえ実の兄弟と明かせなくても、堅助やテルとの楽しい時間を、正祐にも持たせてやりたいと願ったのでした。当時、下関商業の学生だった正祐は、春休みや夏休みになると、里帰りと称して、仙崎にやってくるようになりました。

テルは、仙崎の豊かな自然に囲まれて育ちました。芝草、かたばみ、つばな、つゆ草、はこべ、げんげ、蟻、蚕、蝉、とんぼ、こおろぎ、きりぎりす、鯉、飛び魚、雲雀、燕、雀、とんび、のちにみすゞの作品にくり返しうたわれる植物や生き物は、小さいいのちに注がれるテルのまなざしを伝えてくれます。また、土、畑、草原、海、空、そして月や星、太陽や雲、風や雨や雪や虹、テルのまなざしは大地から空へ、そして宇宙にまで広がっていきます。草や蟻を見ては草や蟻になり、雲や空を見ては雲や空になったテル。人間と自然は別のものではなく、人間も自然の一部だという深い思いを、テルはこの仙崎での思春期に育んだものと思われます。いのちの尊さ、生かされてあることに改めて気づかせてくれる作品を書くようになるのは、テルを生んだ風土と育った環境がそうさせたと矢崎氏はおっしゃっておられます。

大正九年（一九二〇）三月二十四日、テルは大津高等女学校を卒業しました。卒業生総代として答辞を読みました。当時、女学校の教科は十八科目あり、そのうち英語と手芸は選択でした。ほとんどの生徒が手芸をとり、テルも手芸を選んでいます。テルは四年間で一度も一番になったことはなく、いつも二番か三番でしたが、総合で卒業生総代になりました。通知表によると、四年の時のテルの身長は一メートル四十七センチ、体重四十三キロでした。性格欄には、多血的神経質とあります。多血的というのは、何でも一生懸命にやるということで、神経質というのは、感情豊かで、鋭敏であることを意味しています。

女学校を卒業して、テルが家の手伝いを始めた頃から、下関にいた正祐は、休みのたびに仙崎を訪ねるようになりました。堅助、テル、正祐の三人は急速に親しくなり、「文藝サロン」と称して、毎晩遅くまで語り合いました。しかし、三人だけの楽しい「文藝サロン」は長くは続きませんでした。大正十一年（一九二二）十一月三日に堅助が結婚したため、母ミチはテルを下関の上山文英堂に呼ぶことになったからです。

童謡詩人みすゞの誕生

大正十二年（一九二三）四月十四日、テルは故郷仙崎から船に乗って、大都会下関へ移りました。当時の下関は、下関と釜山《プサン》をつなぐ関釜航路を持つ、大陸に向かって開かれた国際都市でした。東京駅に次いで日本で二番目に大きい下関駅を中心に、ホテルや劇場や映画館などが次々に建てられ、小東京の名にふさわしいにぎわいを見せていました。とくに、駅から東にのびる「山陽の浜」と呼ばれる大通りは、一晩中ガス灯や電灯がともり、台湾バナナのたたき売り、ガマの油、手品、のぞきからくりなどの夜店が並び、にぎやかな物売りの声や演歌師の歌声が聞こえ、まさに不夜城のようでした。

上山文英堂は、下関の金庫といわれた、下関市西南部町《にしなべちょう》にありました。店主、上山松蔵は兵庫県出身で、明治三十年代の初めに、ここに書店を開きました。店の看板には、書籍文具、雑誌、洋書とあり、下関の小学校の教科書も一手に引き受けていました。大正十二年頃には、本店の他に、商品館、商工館、盛商館に支店を持ち、中国の営口、大連、旅順、青島《チンタオ》にも支店を出すほどの勢いだったといいます。上山文英堂は、国際都市にふさわしく、英文併用の下関地図などの出版発行も手掛けていました。

テルが下関にやってきた大正十二年頃、日本の童謡は最も華やかな時代を迎えていました。日本の創作童謡は、大正七年（一九一八）七月創刊の童話童謡雑誌『赤い鳥』から始まっています。子どもたちのために、芸術的価値のある童話童謡の創作をめざそうとする運動の始まりでした。翌大正八年（一九一九）に『金の船』、二〇年四月に『童話』が創刊されました。童謡は、『赤い鳥』では北原白秋が、『金の船』では野口雨情が、『童話』では西條八十が、競って自作を発表し、また、童謡の投稿欄の選者として、若い投稿詩人たちを育てていこうとしていました。

そして大正期の後半には、北原白秋の「ペチカ」「この道」、西條八十の「かなりや」、野口雨情の「七つの子」「しゃぼん玉」、清水かつらの「靴がなる」、海野厚の「背くらべ」、三木露風の「赤蜻蛉」、浅原鏡村の「てるてる坊主」など、今でも歌い継がれているたくさんの童謡が次々に発表され、日本中に広がっていきました。

下関の上山文英堂に移り住んだテルは、商品館にある文英堂の支店で、たった一人の店番として働き始めました。上山文英堂から西之端の商品館までは、歩いて十分ほどの距離でした。テルは毎朝、弁当の包みを抱えて通いました。商品館は今の名店街のようなもので、小さな店が並んでいました。テルは着物の上に事務服を着て、本棚のあいだの座布団に座り、本を読みながら店番をしていました。小さな店でしたが、テルにとっては、大好きな本に囲まれた、自分だけの楽しい城でした。

五月に入ってから、テルは日記を書くように、心に浮かんだ童謡を小さい手帳に書き始めました。一か月後、本名のテルではなく、「金子みすゞ」のペンネームで、『童話』『婦人倶楽部』『婦人画報』『金の星』に投稿しました。『金の星』以外の三誌は、西條八十が選者でした。「みすゞ」というペンネームは、「信濃の国」にかかる枕詞「みすゞ刈る」が好きでつけたといいます。

投稿したみすゞの作品は、四誌すべての九月号に選ばれて載りました。とくに、「お魚」「打ち出の小槌」が載った『童話』では、選者の西條八十が、「大人の作では金子さんの『お魚』と『打ち出の小槌』に心を惹かれた。言葉の調子の扱い方にはずいぶん不満の点があるが、どこかふっくりした温かい情味が謡全体を包んでいる。この感じは、ちょうどあの英国のクリスティナ・ロゼッティ女史のそれと同じだ。閨秀の童謡詩人が皆無の今日、この調子で努力して頂きたいと思う」とほめています。みすゞも西條八十の童謡の内面性とストーリー性に惹かれて八十を師とします。大正十三年（一九二四）に入ると、みすゞの童謡は『童話』に毎号三、四編も載るようになり、みすゞはまたたく間に、日本中の投稿詩人たちの憧れの星になっていきました。

しかし、投稿詩人みすゞのしあわせは、とつぜん打ち切られます。みすゞの童謡を認め、賞賛し、励ましてきた西條八十が、フランスに留学することになったからです。『童話』の選者は大正十三年（一九二四）七月号から吉江孤雁にかわりました。孤雁は、ファンタスティックなみすゞの作風より島田忠夫の俳画風童謡を好みました。師を失ったみすゞは、情熱が失せ、しだいに『童話』への投稿を控えるようになっていきます。そして、大正十四年（一九二五）年に入ると、自選詩集『琅玕集《ろうかんしゅう》』をつくりはじめています。「琅玕」は、青あるいは緑色の半透明の宝石のことで、この宝石箱のような名前の詩集には、大正十三年（一九二四）十一月から翌年の十一月までに発行された二十数種類の雑誌や詩集から、一〇六人、一九九編の作品が書き写されています。北原白秋二十七編、西條八十十八編の他に、無名の作者の作品や子どもの詩もたくさんあります。みすゞは自選集をつくることで、内なる詩の心を大事に育てていこうとしたものと思われます。

姉と弟

下関商業学校の学生になっていた正祐にとって従姉のみすゞは、初めて出会った輝かしい存在でした。読んだ本の話、音楽の話、映画の話など、なんでも話せる仲のよい二人でした。正祐は、そんなみすゞに淡い恋心を抱いたこともあったとのちに語っています。正祐はまだ、みすゞが実の姉だとは知りませんでした。

下関商業を卒業した正祐は、みすゞが下関に出てきて約一か月後に、東京日本橋の六合館書店へ、書籍経営を学ぶために出発しました。大正十二年（一九二三）九月に関東大震災が起こると、正祐は帰関を余儀なくされました。五か月間会わないあいだに、みすゞは『童話』誌上で八十に絶賛される詩人になっていました。正祐の日記には、西條八十に認められ、次々と雑誌に作品が載るみすゞを、まぶしく見つめる姿がありました。

正祐は、家業を手伝いながら、みすゞに負けないように、音楽の勉強に励みました。大正十三年（一九二四）三月、正祐が、北原白秋の詩に曲をつけて投稿した「てんと虫」が推奨曲譜として『赤い鳥』に掲載されました。みすゞは嬉しかったことでしょう。

正祐はかねてから、自分は松蔵の実子ではないのではないかという不安を抱いていました。そしてそのことは、大正十四年（一九二五）五月十八日に来た、徴兵通知書によって明らかになりました。正祐は養子問題の悩みから、ますますみすゞと語る時間を求め、ふたりの親密度はさらに深まっていきます。正祐とみすゞがあまりにも仲が良いので、心配した松蔵とミチは秘密裏にみすゞの縁談の話を進め、みすゞも決意を固めます。正祐がみすゞの縁談の話を聞いたのは大正十五年（一九二六）の一月六日でした。すでに翌月の結婚の日取りまで決まっていました。正祐は仙崎に戻っていたみすゞに、「建白書」と題する結婚反対の手紙を送っています。正祐はこの手紙で、周りに流されるなと伝えるのですが、「流されながらも花の目は、じっと大空を見て居ましょう」とみすゞは返事を出しました。仙崎へ行った正祐は、再び涙で結婚反対を訴えましたが、かないませんでした。この時初めて、二人が実の姉弟だと聞かされました。二月二日のことでした。

みすゞと宮本啓喜との結婚式は大正十五年（一九二六）二月十七日に、上山文英堂で行われ、書店の二階で新婚生活が始まりました。しかし、結婚直後から、芸術家肌の正祐と商売上手のみすゞの夫との対立が起こり、正祐が家出をしたりして、波乱に満ちた年でしたが、童謡詩人みすゞにとっては、記念すべき年ともなりました。

まず『童話』四月号に、特別童謡募集の第一席として「露」が選ばれています。そして、七月発行の童謡詩人会編『日本童謡集一九二六年版』に、「大漁」と「お魚」が載りました。童謡詩人会は、童謡の隆盛にこたえるように、大正十四年（一九二五）、そうそうたる三十三名のメンバーを会員として発足しました。みすゞは当時一流の詩人たちと並んで、童謡詩人会の会員として認められることとなったのです。

正祐はその後、シナリオライターの道を探って、昭和三年（一九二八）に上京し、翌年一月に、文藝春秋の『映画時代』編集部に就職します。みすゞも、当時編集長だった古川緑波《ふるかわろっぱ》あてに、弟の就職後押しの手紙を送ったといいます。この頃から正祐は、上山雅輔《かみやまがすけ》を名のっています。関東では「上山」を「かみやま」と読む場合が多いため、そのように改めたといいます。

『荒城の月』の作詞者である詩人で英文学者の土井晩翠《どいばんすい》も、本当は「つちい」なのに誰も「つちい」と読んでくれなかったので、「どい」に改称したことを思い出しました。

みすゞ没後、雅輔は、喜劇人としての道を歩みはじめた古川緑波を陰で支え、脚本を書いたり、作詞をしたりして活躍しています。「お使いは自転車に乗って」「お風呂の歌」「あゝ高原を馬車は行く」などのヒット曲も生みだしました。『古川ロッパ昭和日記』（晶文社）によれば、昭和二十四年（一九四九）三月十日（みすゞの命日）に雅輔は、二十年にわたって行動をともにした緑波に決別を告げ、新たな道を踏み出しました。

母みすゞ

やがて正祐とみすゞの夫との対立が深まり、さらに夫の女性問題が起こり、激怒した松蔵は別れ話を考えるまでになりましたが、この時みすゞには新しいいのちが宿っていたのです。別れ話はなくなり、夫婦は上山文英堂を出て行くことになりました。みすゞ夫婦は現在の丸山町に引っ越し、夫は新しい仕事を探し始めました。

大正十五年（一九二六）十一月十四日、娘ふさえが生まれました。ふさえの誕生は、みすゞに生活への新しい希望を与えました。しかし、童謡は、西條八十主宰の雑誌『愛誦』に発表したり、下関の文芸雑誌『燭台』に寄せるだけになりました。

丸山町から上新地に転居した後、昭和二年（一九二七）の夏、西條八十から嬉しい電報が来ました。九州講演に行く途中、下関駅で会いたいという知らせでした。昭和六年（一九三一）になって、八十が『蝋人形』に発表した「下関の一夜―亡き金子みすゞの追憶」によると、下関駅で会ったみすゞは、ふだん着で、赤ん坊を背負い、そこらの商店のおかみさんのように見えたそうです。「しかし、彼女の容貌は端麗で、眼は黒曜石のように深くかがやいていた。『お目にかかりたさに、山を越えてまいりました。これからまた山を越えて家へ戻ります』と彼女は言った……」と書かれています。この嬉しい夏、西條八十編　小学生全集四十八巻『日本童謡集　上級用』に、「お魚」がまた掲載されています。

昭和三年（一九二八）七月、正祐はシナリオライターの道を求めて上京しました。その後夫は、みすゞに童謡を書くことと、投稿仲間との文通を禁じました。啓喜は文学を理解せず、妻の才能を喜ばず、金が全ての価値観でした。夫の女遊びで淋病をうつされ、体が弱っていたみすゞは、この頃から体調を崩していったようです。昭和四年（一九二九）夏から秋にかけて、『美しい町』『空のかあさま』『さみしい王女』の三冊の童謡集を清書し、一組を師西條八十に送り、もう一組を正祐に託しました。その後、創作することはありませんでした。第三童謡集『さみしい王女』の巻末は、「明日よりは　何を書こうぞ　さみしさよ。」（巻末手記）で終わっています。

その後みすゞは、ふさえの成長を見守ることだけを支えに生きていきました。ふさえが満三歳になる少し前の昭和四年（一九二九）十月後半から、『南京玉』と題する赤い小型の手帳に、ふさえの片言のおしゃべりを書き留めていきます。

みすゞの死

昭和五年（一九三〇）に入り、みすゞは、夫との別れを決意するまでに、心身ともに追いつめられていきました。別れる条件はただ一つ、ふさえを手元におきたいということでした。一度は条件をのんだ夫でしたが、離婚の手続きが済むとすぐ、ふさえを渡せと言ってきました。三月十日に連れに行くという手紙がきました。親権が父親にしか認められない時代でした。三月九日午後、みすゞは一人で写真を撮りにいき、帰りに桜餅を買いました。ふさえをお風呂に入れ、たくさん童謡を歌い、それからみんなで（みすゞ、ふさえ、ミチ、松蔵）桜餅を食べました。二階の自室に引きあげようとしたみすゞは、階段の中ほどで足を止め、ミチの横に眠るふさえの寝顔をのぞきこみました。「かわいい顔して寝とるね」これが最後の言葉だったといいます。

翌三月十日、三通の遺書と、写真の受取書とを残し、みすゞは二十六歳の短い生涯を閉じました。カルモチン自殺でした。カルモチンは芥川龍之介が昭和二年に自殺に使った睡眠薬で、当時は、カルモチン自殺が風潮になっていました。三月十二日付の「防長新聞」には、みすゞの自殺は、「カルモチン飲む　女の自殺　男に捨てられて」というタイトルで載りました。当時の男尊女卑の精神のため、このような誤った記事になったのです。みすゞの身内は誰もこの新聞をとっていなかったので、誰も読まずに済みました。啓喜への遺書には、「あなたがふうちゃん（ふさえ）に与えられるのはお金で、心の糧ではない。ふうちゃんを心の豊かな子に育てたいので、母に預けてほしい」とありました。それでも啓喜は自分が引き取ると主張し、長年の話し合いの結果、多額のお金を出してミチが引き取ることになりました。娘ふさえは、みすゞがいのちをかけて願ったように、みすゞの母ミチの養女となり、心豊かに育てられました。みすゞは、故郷仙崎の遍照寺に、父金子庄之助とともに眠っています。のちに、上山雅輔も分骨してここに一緒に眠っています。そしてみすゞのいのちは、ふさえからその娘に、そしてその二人の息子にまで受け継がれています。

2　矢崎節夫と金子みすゞ

埋もれた童謡詩人・金子みすゞ

みすゞの死後、時代は軍国主義へ。やがて敗戦、戦後の復興、高度経済成長と世の中は動いていきました。金子みすゞの作品は、すっかり忘れ去られてしまったかのように見えました。

しかし、昭和二十九年（一九五四）、巽聖歌編『日本幼年童話全集・七　童謡編』に「おとむらいの日」など十編が、昭和三十二年（一九五七）、与田準一編・岩波文庫『日本童謡集』に「大漁」が掲載されたことは、みすゞの詩を現代に伝えようとする一筋の流れが、確かに存在していたことを物語っています。

昭和四十一年（一九六六）、大学一年生だった矢崎節夫氏は、この『日本童謡集』にたった一編だけ載っていたみすゞの作品「大漁」に出会いました。この詩から、人間中心のまなざしをひっくり返されるほどの衝撃を受けた彼は、その後十六年にわたるみすゞ捜しの旅を始めました。

みすゞを捜して

矢崎氏は大学の行き帰りに、早稲田や神田の古本屋を捜しましたが、金子みすゞの名前も作品も見つかりません。「大漁」との衝撃的な出会いから二年後、児童書の出版社でアルバイトをしていた彼は、詩人の佐藤義美編『大正昭和初期名作二十四人選　どうよう』に収録された「露」に出会い、佐藤氏から、みすゞが下関に住む女性であったことや、当時の若い投稿詩人の憧れであったことを聞きました。さらに二年後、みすゞと同時代の投稿詩人だった壇上春清氏が、金子みすゞ童謡集『繭と墓』を発行すると、矢崎氏は三十編の作品を読むことができました。

しかしその後、みすゞ捜しは、しばらく進展がないまま、時間が過ぎていきました。

上山雅輔との出会い

昭和五十七年（一九八二）、矢崎氏は下関の友人今井夏彦氏に、『繭と墓』で知ったみすゞの住所「商品館」を手がかりに、みすゞを捜してほしいと依頼しました。すると、「みすゞを知っている人が見つかった」とすぐに知らせが入りました。みすゞの従弟にあたる花井正氏でした。花井氏と電話で話した矢崎氏は、みすゞの実弟が東京にいることを知らされたのです。

女優の音無美紀子さんも修業されたことのある劇団若草の創立者で、演出部長をしていた上山雅輔でした。

みすゞのよみがえり

矢崎氏は、手書きの三冊の童謡集『美しい町』『空のかあさま』『さみしい王女』を雅輔から託されました。他に自選詩集『琅玕集』と数葉の写真もありました。のちに、みすゞの娘ふさえから、『南京玉』も預かりました。みすゞの五百十二編の詩を読んだ矢崎氏は、すぐに全集出版のために奔走しました。

昭和五十八年（一九八三）十二月十四日、朝日新聞に、童謡詩人金子みすゞのよみがえりを告げる第一報が載っています。「半世紀ぶりに全作品が見つかり、全集が発行される」という記事でした。

そして、昭和五十九年（一九八四）二月二十八日、『金子みすゞ全集』（注⑥）はついに出版されました。みすゞの没後五十四年目の出版でした。

矢崎氏は、みすゞが残していた三冊の童謡集を彼の師である佐藤義美氏に見せてあげたかったと思います。なぜなら、佐藤氏は矢崎氏よりも前にみすゞの幻の詩集を捜して、西條八十の許を訪ねていたのですが、西條八十が預かっていたみすゞの詩集は戦災で焼けていて、見ることができなかったからです。矢崎氏のみすゞ捜しは、師である佐藤義美氏の遺志を継いだものであり、それが愛弟子によって見事に果たされたということなのです。

同年八月、全集を読んで感動した山口県教育会の人々の「子どもにも読める選集を」という依頼を受けて、金子みすゞ童謡集『わたしと小鳥とすずと』（注⑦）が出版されました。

その選集が、読んだ人から新たな読者へ、確実に手渡されて、みすゞの作品は広がっていったのです。

第三章

金子みすゞの世界

金子みすゞの師西條八十は、みすゞの「大漁」の評で、「氏には童話作家の素質として最も貴いイマジネーションの飛躍がある」と言っていますが、この言葉は、みすゞの本質を最も的確に表現した言葉だと思います。例えば、みすゞの「草山」を読んでみましょう。

草山

草山の草の中からきいていると
いろんなたのしい声がする

「けふで七日も雨ふらぬ
のどがかわいた水欲しい。」

それはお山の黒い土

「空にきれいな雲がある
お手々ひろげて掴まうか。」
それはちひさな蕨の子

「お日さん呼ぶからのぞかうか。」
「私もわたしもついてゆく。」
ぐみの芽　芝の芽　茅萱の葉
いろんなはしゃいだ声がする
春の草山にぎやかだ

平凡な人間には聞こえない声を聴き、見えないものを見ることは、詩人の共通の資質で、みすゞの詩を読むと、みすゞの耳と目を借りて、私たちも自然の声を聴き、姿を見ることができます。また、みすゞの「丘の上で」を読んでみましょう。

丘の上で

あたまの上には青い空
足のしたには青い草
お伽噺の絵でみたは
きれいなきれいな王女さま
けれども黄金の冠は
青い空よりちひさいし
きれいな黄金のあの靴も
青い草よりかたいだろ
あたまの上には青い空
足の下には青い草
丘に立ってる私こそ
もっとりっぱなおひめさま

これは負け惜しみではなく、見過ごしてしまいがちな身近な自然の美を改めて発見し、そこに新たな価値を見出した、みすゞの自然に対する想いが伝わってきます。また、みすゞの「露」では、細やかな「気づき」のやさしさが心を打ちます。誰もがなかなか気づけないものに気づき、それを読者にも気づきとして共有させてくれる、これがみすゞの詩の特徴ですね。

露

誰にもいはずにおきませう
朝のお庭のすみっこで
花がほろりと泣いたこと

もしも噂がひろがって
蜂のお耳へはいったら

わるいことでもしたやうに
蜜をかへしに行くでせう

みすゞの「積もった雪」では、上の雪、下の雪、中の雪の気持ちをうたっています。

積もった雪

上の雪
さむかろな
つめたい月がさしてゐて

下の雪
重かろな
何百人ものせてゐて

中の雪
さみしかろな
空も地面もみえないで

私たちは、雪の気持ちになって考えることはまずないのではないでしょうか。みすゞの想像力はそこまで届くのですね。わけても、中の雪にまで心を寄り添わせることは、とてもみすゞらしいと思います。ひるがえって、これを私たちの人生に置き換えてみると、何百人ものせて、重さに耐えている下の雪は、重い責任を背負っている人の姿が想像され、中の雪からは、上と下に挟まれて苦労している人々の姿が浮かんできたりします。私たちはみすゞのおかげで、想像力の翼を広げていくことができるのですね。

想像力の翼といえば、みすゞの「男の子なら」という作品があります。少し長いので、作品の掲載は省きますが、内容は、自分が男の子なら海賊になりたいというものです。みすゞの海賊のいちばん大事なお仕事は、お噺《はなし》のなかの宝を取り返すことです。宝とは、かくれ外套や魔法の洋燈、歌をうたふ木、七里靴等です。これらは、子どもの頃の私たちにとって、心をいっぱいに満たしていた宝物です。私たちには、幾つになっても、こうした想像力の素が必要なのではないでしょうか。

また、みすゞの想像力の凄さを知らされる作品として、「見えないもの」があります。

見えないもの

ねんねした間になにがある。

うすももいろの花びらが、
お床の上に降り積もり、
お目々さませば、ふと消える。

誰もみたもののないけれど、

誰がうそだといいましょう。
まばたきするまに何がある。
白い天馬が翅のべて、
白羽の矢よりもまだ早く、
青いお空をすぎてゆく。
誰もみたものないけれど、
誰がうそだといえましょう。

この「イマジネーションの飛躍」には恐れ入ります。確かに、誰もこの仮説を完全には否定できませんね。この詩によって私たちは、世界の不可知性に思いを馳せることになります。

このように、みすゞの詩を読むと、様々なことに気づかせてもらえますが、彼女がイマジネーションを駆使して紡ぎ出す作品の背後には、森羅万象に対する優しいまなざしがあるように思われます。

そのことを「お魚」と「こだまでしょうか」で見てみたいと思います。

お魚（『童話』大正十二年九月）

海の魚はかはいそう

お米は人につくられる
牛は牧場で飼はれてる
鯉もお池で麩を貰う

けれども海のお魚は
なんにも世話にならないし
いたづら一つしないのに
かうして私に食べられる

ほんとに魚はかはいそう

人が生きていくためには、他の命を食べざるを得ないのですが、この詩は、食べられる側に寄り添った見方で、「大漁」にも通じるものです。古くから捕鯨が行われていた仙崎には、捕獲した鯨に対する供養の風習がありましたが、みすゞはさらに身近で、小型の魚についても、同じような気持ちを抱いていたことがわかります。

確かに魚はかわいそうなのですが、魚が食べられる現実を変えることはできそうもありません。みすゞ自身、かわいそうと思いながらも、魚を食べています。ここが、宮沢賢治と違うところです。

では、この詩の意義はどこにあるのでしょうか。それは、魚は食材と割り切る考え方に再考を促すところにあるのではないでしょうか。魚（他の命）を食べざるを得ない私たちにできる、せめてものことは何だろう、とそこに思いを巡らせることが、読者である私たちにできるせめてものことではないでしょうか。それで私も私なりに、自分にできるせめてものことは何だろうと考えてみました。三つ浮かびました。一つ目は食べ物に感謝すること。二つ目は食べ物を残さず食べること。そして三つ目は必要なだけ収穫すること。

この三つを、少し説明を加えながら展開してみたいと思います。

一つ目の、食べ物に感謝することに関しては、「いただきます」と「ごちそうさま」という言葉が日本語にはあります。「いただきます」はフルセンテンスで言うと、「あなたの命を私の命にさせていただきます」ということで、食材への感謝の言葉であり、「ごちそうさま」は、漢字で書くと「御馳走様」で、馳走とは走り回ることです。走り回って食材を集め、料理してもてなしてくれた人への感謝の言葉ということで、日本人に、食材への感謝の言葉と、料理してもてなしてくれた人への感謝の言葉を毎食時に言う慣習があるのは素晴らしいことだと思います。習慣的に言うのではなく、心からこの言葉を言いたいものですね。

二つ目の、食べ物を残さず食べることは、現実的には難しいですね。あまり好きではない食べ物はつい残したり、ラーメンの汁まで飲んでしまうと太るので残すとか、私たちは日常的に食べ残してしまうことが多いようです。また、国によっては、食べ残すのがマナーの国もあります。韓国、スペイン、中国、ネパールなどは、そうした国だと聞いています。全て食べると、まだ足りないと思われて、次が出てくるそうです。現実的には食べ残すことも多くあると思いますが、できるかぎり、食べ残さないように意識して、食事に向き合いたいものだと思います。修行中の僧侶の方々の食事をテレビ等で見ていますと、見事に何も残さず食事を終えられ、見ていて、とても感動します。食べ物への感謝の極致だと思います。私たちも、この僧侶の方々の食事を忘れずに、常に頭に置いて日々の食事に向かい合えば、かなり変わってくると思います。

三つ目の、必要なだけ収穫するに関しては、人間にはちょっと前までは根こそぎとる傾向があって、そのために絶滅してしまった生きものもたくさんいます。

例えばアメリカのリョコウバトは、渡りの季節になると数日間切れ目のない大群が空を蔽い、地上が薄暗くなるほどたくさんいましたが、食用に大量に捕殺され、一九一四年に絶滅しました。先住民の人たちはこのことがよくわかっていて、必要なだけを、感謝の気持ちをこめて、いただいています。先住民の人たちは自然とともに生きる人々で、自然に感謝して生きているのです。

こうした視点は、想像力がないと出てこないと思います。

命の尊さ、自分たちが生かされてあることに気づくまなざしを持つことが、大切であると思います。

こだまでしょうか

「遊ぼう」っていうと
「遊ぼう」っていう。

「馬鹿」っていうと
「馬鹿」っていう。

「もう遊ばない」っていうと
「遊ばない」っていう。

そうして、あとで
さみしくなって、

「ごめんね」っていうと
「ごめんね」っていう。

こだまでしょうか、

いいえ、誰でも。

最後が難しくて、何回読んでもよくわかりません。

この詩は、東日本大震災の発生後、企業CMの大幅な自粛に伴い、ACジャパンの公共CMとして頻繁に放送されました。CMでは、「優しく話しかければ、優しく相手も答えてくれる」と、コミュニケーションの大切さを訴えるものとして紹介されていました。しかし、何かしっくりせず、違和感を感じていたら、テレビ番組、「いい旅・夢気分」の中で、「金子みすゞ記念館」の人が、この詩の意味は、相手の言葉を繰り返すことで、相手の気持ちに寄り添うことができる、それはこだまではなく、誰でもできることなんだよ、という意味だと言っていたという記事をインターネット上で見つけました。なんだかこっちの方がすっきりすると思って、矢崎節夫氏のご著書『金子みすゞこころの宇宙』(注⑧)で確認してみました。確認するとすっきりしましたので、そこに書いてあることを私なりにまとめてお伝えしたいと思います。

矢崎氏はまず、この作品で、いろいろなことに気づかせてもらっていると書いておられます。「あかちゃんが生まれた時、お父さん、お母さん、まわりのだれもが、百パーセント優しいことばがけと表情で、あかちゃんと接しました。ですから、あかちゃんからも、うれしい表情が返ってきました。あれは、『すべてはこだます』ということを、わたしたち大人は、無意識の中で、じつは気がついていたからなのでしょう」と言っておられます。しかし今は、こだましてあげることで、痛みや悲しみも半分になっていくということを忘れていることの方が多くなってきています。それどころか、子どもがころんで「痛い」と言っても、「痛くない」と言うようになりました。言う方は、励ましているつもりなのですが、励ます前に、まず、「痛いね」とこだましてあげることで、痛みは半分になるのです。

「こだまとは、現状をまるごと受け入れる」ことなのに、それを忘れているのです。

「こだまでしょうか」におけるこだまは、単なるオウム返しの言葉のくり返しではなく、相手の言葉をくり返すことで、相手の気持ちに寄り添い、相手の痛みを自分のこととして感じることであり、これは、しようと思えば、誰にでもできることだし、誰にでもしてほしい、ということを伝えようとしている詩だと思います。このように読み解けば、ここにもやはり、みすゞの相手を思いやる優しいまなざしを感じとることができます。

次に、土への優しいまなざしをうたった詩を見てみましょう。

土(『童話』大正十四年二月)

こッつん　こッつん
打たれる土は
よい畠になって
よい麦生むよ。

朝から晩まで
踏まれる土は
よい路になって
車を通すよ。

打たれぬ土は
踏まれぬ土は
要らない土か。

いえいえそれは
名のない草のお宿をするよ。

この土に対する優しいまなざしは、とてもみすゞらしいと思います。この世には、不要なものなどなく、それぞれが役割を担っていて、そこに良否はありません。みすゞは森羅万象に対して、そういうまなざしで接しています。

ところで、みすゞの「土」を西條八十の「かなりや」と比較した研究者がいます。苅田郁子《かんだいくこ》氏です。

かなりや

唄を忘れた金糸雀《かなりや》は、
後の山に棄てましょか
いえ、いえ、それはなりませぬ

唄を忘れた金糸雀は、
背戸の小藪に埋めましょか
いえ、いえ、それはなりませぬ

唄を忘れた金糸雀は、
柳の鞭でぶちましょか
いえ、いえ、それはかわいそう

唄を忘れた金糸雀は
象牙の船に、銀の櫂
月夜の海にうかべれば
忘れた唄をおもいだす（『赤い鳥』大7・11）

八十の説明によれば、唄を忘れた金糸雀は、当時の辛い生活の中で、創作から遠ざかっていた自分自身のことですが、童謡の最後で希望を持たせた終わり方をすることによって、自分にも希望を与えていて、この希望こそ、みすゞの「土」を読んだ時に感じる、存在の肯定につながるものだと苅田氏は述べています。みすゞの作品の中で存在の肯定が感じられるものは、他にも「芝草」や「私と小鳥と鈴と」など、多くありますが、こうした作品の中に、みすゞは、自分自身の存在や明治の女性の存在を重ねていたと苅田氏は考えておられます。苅田氏は、西條八十と金子みすゞの詩の中に、こうした隠された二人の内面的共通点を見ておられるのですね。

ところが、みすゞの詩の中には、「優しいまなざし」の視点では捉えられない、不思議な詩もあります。その詩に着目されたのが、TVディレクターの今野勉《こんのつとむ》氏です。今野氏は、一九九五年八月二十四日に放送された、NHKスペシャル「こころの王国〜童謡詩人金子みすゞの世界」を作られた方ですが、その時の経緯《いきさつ》を「みすゞの謎」というタイトルで書いておられます。今野氏は最初、みすゞの童謡を、絵本のような映像詩にできないかという提案をされましたが、みすゞの詩を全て読み終えた時、「絵本のように」とはいかないと思うようになられました。「哀しみ」ともいうべき色あいが、濃淡の差はあれ、全編をおおっていて、この「哀しみ」に向き合わなければ作れないと思いを改められたといいます。今野氏は、「大漁」の鰯にはみすゞが投影されていると感じられました。仙崎という漁村における自分の存在を、鰯のようなものと受けとめていたとすれば、その拠ってきたるところは、みすゞの家族の系譜と歴史にある、という直観を今野氏は持たれました。

みすゞの家族や世の中への思いは、すべて「童謡」に多かれ少なかれ反映されていると思い定めた今野氏は、みすゞの個人史と童謡を照応させて番組を構成することにしました。

こうして構成は順調に進んでいったのですが、一つだけ、意味のわかりにくい詩に出くわしたのです。それで、当初はそれを構成から外したのですが、思い直して考えてみました。その詩も、彼女の個人史が反映されているはずだと思ったのです。わからないということは、そのような形でしか発表できなかった、みすゞの心情の重さが隠されているのではないか。その詩とは「林檎畑」です。

林檎畑

七つの星のそのしたの、
誰も知らない雪国に、
林檎ばたけがありました。
垣もむすばず、人もゐず、
なかの古樹《ふるき》の大枝に、
鐘がかかってゐるばかり。

ひとつ林檎をもいだ子は、
ひとつお鐘をならします。
ひとつお鐘がひびくとき、

ひとつお花がひらきます。

七つの星のしたを行く、
馬橇《ばそり》の上の旅びとは、
とほいお鐘をききました。

とほいその音をきくときに、
凍ったこころはとけました、
みんな泪《なみだ》になりました。

北斗七星の下の誰も知らない林檎畑。その畑の一本の古樹に鐘がかかっている。子どもがひとり、林檎をもいでは鐘を鳴らす。そのたびに、林檎の花がひとつ咲く。同じ北斗七星の下を馬橇で行く旅人がいる。旅人はその鐘の音を遠く聞くと、凍った心を溶かされ、それが涙となる。内容はそういうことですが、何を言おうとしているのか、意味がわかりません。今野氏はもう一度家族の歴史を見直しました。そして今野氏は、みすゞと弟の親密だった間柄に思い至ります。

誰も知らない雪国の林檎畑とは、みすゞと弟が夜毎レコードを聞いたり、オルガンを弾いたりしていた、二人だけの世界を表しているのではなかろうか。その時の果実が林檎として表されているにちがいない。それをもぐ子はみすゞで、鐘は、果実を手にしたことの、上京した弟への知らせであり、ひらく花は、みすゞが次々に生み出す童謡のこと。実姉とは知らず恋した弟の凍った心が、その鐘の音を、遠く東京で聞いて溶けてくるように、というみすゞの思いが、この詩に託されているると今野氏は考えました。「林檎畑」は、弟だけにわかるように、弟だけに向けられた童謡なのだ。わかりにくい理由はそこにある。それで今野氏は、番組の冒頭に謎として「林檎畑」を置き、それを解く形で番組を展開することにされたそうです。

金子みすゞの人生は波乱万丈で、まるでドラマそのもののようですね。そうした人生だったからこそ、深くて、優しいまなざしに満ちた作品がたくさん生まれたのだと思います。だから、多くの人々が、みすゞを愛し、みすゞを研究されています。

次は、こうした研究者の分析の幾つかを紹介したいと思います。

第四章 金子みすゞ研究

二〇〇〇年に、金子みすゞ研究の集大成のような本が出ました。河出夢ムック・文藝別冊・総特集『金子みすゞ』です。この本は、多方面からみすゞを捉えていて、大変勉強になります。研究もあれば座談会、対談もあります。その中から三つ紹介したいと思います。

1 研究

研究からは、増田れいこ氏の「金子みすゞは自由を愛した」を紹介します。

増田氏はまず、矢崎氏の、みすゞの死は抵抗の死であったという考えに賛同されます。金子みすゞという一個の存在にかけられたすべての圧力に対して抵抗した、その抵抗の証としての自死という考えです。父権をタテに愛児から引き離されることへの悲しみや怒りや絶望、夫という重石への抗議、女という抑圧されて生きなければならない性に対する反逆も、そこには色濃くあったものと思われます。

増田氏は、矢崎氏の考えは正鵠を得ているとした上で、自死の理由の中には、自由への願望があったのではないかという考えを展開されます。自由への強い願望があったからこそ、みすゞは抵抗したという考えです。「大漁」や「お魚」には、鰮の生きる自由を中断する人間の姿や、人の世話にはなっていない魚たちの生きる自由を奪い、捕獲して食べている私たち人間の姿を見つめているみすゞがいます。それは、自分の心のなかに、抑えても抑えても噴き上がる自由への願望なくしては見えないテーマであると増田氏は言っておられます。

そして、自由でありたいと願う精神を道づれに生きてきたみすゞを待ち受けていたものは、制限と禁止と従属の強制と病苦という、自由とは正反対の抑圧でした。いつの世も、その時代の制度や法や慣習が、多かれ少なかれ、人々の生きる自由を制限し、ときには略奪もします。愛児まで取り上げられるという結末になったとき、みすゞは死を選びました。精神科の専門家によると、自死は決して自己否定の手段ではなく、むしろ自分を変えないための、自己保存の一つの手段だといいます。

増田氏が、みすゞの詩と死のなかに見るものは、あるいは見たいものは、自由という美神以外には考えられないと結んでおられます。

2 座談会

座談会からは、「金子みすゞとその時代」を紹介します。

この座談会は、一九八九年に行われたものです。出席者は、児童文学者の関英雄氏（一九一二―一九九六）、児童文化研究家の上笙一郎《かみしょういちろう》氏（一九三三―二〇一五）、児童文学作家の浜野卓也氏（一九二六―二〇〇三）児童文学作家の武鹿《ぶしか》悦子氏（一九二八―　　）の四名です。

話し合われた内容に関して、編集部の方が小見出しを付けられましたので、その小見出しで話し合われた内容を簡潔にまとめてお伝えしようと思います。括弧が発言者の名前です。

①今なぜみすゞなのか

みすゞは八十《やそ》の童謡と重なる華麗な哀愁ともいうべき作風を持ちながら、師の八十とはまた違った深みのある作品が多い。子どもの内面の歌でありながら、そこに自身の生き方を重ねた人生の味のようなものがあり、そこが今も新鮮な感銘を与える。長く埋もれていたものが発掘されて、それが少しも古びていないということは、これはたいへんなことだと思う。（関）

日本女子大の児童学科を出たフォーク歌手の吉岡しげ美さんがみすゞの童謡に曲をつけて歌ったりしたのも、人気をかきたてたのかも知れない。（上）

矢崎さんがみすゞを発掘して全集を出したのが、今から二十年前だったらどうだったろうか。二十年前、まだ日本が高度成長をなしとげ得なくて、こんなふうに暖衣飽食になる前、まだ飢えが残っているような状況だったら、こんなに人気が出たろうかと思うと、多分だめだったと思う。今、生活状況がよくなって、背後には先行き不安はあっても、すくなくとも表面上は満ち足りているので、みすゞの作品が好評だったんだろうと思う。なぜなら、みすゞの作品は、人生のほどほどの悲しみを味わわせてくれるものだから。当人は自殺という形で終わっているから、何かと必死なものがあったのかもしれないけれども、少なくとも作品から感じられるところでは、ほどほどの悩みをほどほどの抒情でもって表現している。すると、今の繁栄の時代の若い人たちの生活感覚、それから人生の展望、感じている不安、哀しみというようなものにピッタリなんじゃないかというような気がする。

そのことの別なあらわれは、例えば、若者たちが、谷内こうたの抒情画を好きになったり、味戸けいこの絵の暗いリリシズムを好きになったりというやつで、問題解決の順をおして真剣に悩むんじゃなくて、ほどほどの抒情にまぎらわせて悩みを解決しちゃうという傾向で、そういう社会的風潮にピッタリだったから、金子みすゞに今これだけ人気が出た。だから、みすゞについて語るのだったら、みすゞを評価すると同時に、ほどほどという視点でみすゞをつき、みすゞのその視点から現代の若者たちの心情までつかなければならないという気がする。(上)

②なぜ童謡だったのか

みすゞの童謡を知ると、人はのめり込んでいきます。みすゞの童謡に触れるまで、誰もみすゞのような童謡を読んだことがないからなのでしょう。みすゞの童謡を読みますと、ああ本当にそうだ。私もそう思ったことがある。うん、うんというふうに頷きたくなる。けれど、つぎには、ああそこまでは思いつかなかった。本当にそうねというように、眼を開かせられる。思いの淵をさし示されるんですね。そして、そこに、寂しいみすゞの生涯が重なってくるんだと思うんです。みすゞの童謡には、本当に寂しいという言葉がよく出てきますね。西条八十の童謡にも、「さびしい」という言葉がよく出てくるような気がします。みすゞが童謡という表現形式を選んだのは、みすゞの心が、あまりに生々しいところに止まれなかったのではないか。どんなに悩みを抱えていようと、みすゞが悩み祈る世界はべつだったのではないか。子どもの魂をしっかり抱えているみすゞにとって、童謡は一番純粋に自分を表現できる方法だったのではないかと思うんです。（武鹿）

みすゞが童謡にいったのは、子どもの魂を持っていたからということと、もう一つは、大正後半期の『赤い鳥』創刊以来の童謡ブームの時代だったからということがある。大正童心主義という言葉でいわれていますが、童心主義の華は童謡だった。時代の華である童謡と八十との巡り遇いが、みすゞを童謡に向かわせた。（関）

③大正童心主義とは何か

大正童心主義は、西洋から受け継いだ児童中心主義の主張というよりも、むしろ日本語流にわらべごころ主義というか、わらべごころ純粋主義というふうに屈折してきた童心主義の色が濃厚で、それを中心にして書かれている。大人は裏があったり何かして醜いものだけれど、子どもは純粋、だから子どもへという心情、これは大人の発想だ。（上）

大正期の童心主義には、永遠の子どもを理想とする理念があったが、おとなのみすゞはそこは突き抜けていたのではないか。（関）

④リアリズムとダイナミズム

五年ほどの間に五百編を超える童謡を創るエネルギーはすごい。八十から思いがけない賞讃と激励を受けたのだから、みすゞがのめりこんでいったのは、当然。みすゞにとって、西条八十の都会的な幻想美の世界はまぶしかったので、ひたすら惹かれたのだと思う。そして、八十の童謡に流れるさびしさ、寂寥感に心から親しさを感じたんだと思う。（武鹿）

みすゞの場合には、幻想というより、見えないものを見るという、想像力という言葉を使った方がいいように思える。「積もった雪」の、見えない部分の雪をうたっているところは、幻想というより非常に想像力を働かせてその本質を見つめている。目に見えないものを見えるようにするというのが現代詩の本質じゃないかと思う。そういう意味において、みすゞは現代詩の本質にのっとっている。（浜野）

同世代の人たち、例えば与田準一さんとか巽聖歌さんとかの作品を見ていくと、師匠の白秋が厳しかったせいか、根底にリアリズムというか、写実精神というか、それがあるものだから、言葉が厳密に選ばれ、すごい緊張関係で綴られていて、読む者の心を抜き差しならず打って来る。しかし金子みすゞには、根底のリアリズムがない。「積もった雪」も、うまくはあるが、作りものという感じを受ける。一つのイメージで作っているという、理屈で作っているという感じ。テクニシャンだけど、根底のリアリズムに欠ける弱みはおおいようがない。そのことが最もあらわなのは、初期の、多くの人がほめる作品で、「さびしい」という言葉が頻出すること。これは詩としては致命的。「さびしい」という言葉を一つも使わないで、さびしさをキチンと感じさせなきゃ詩じゃない。（上）

「神輿」なんか僕は好きだし、いいと思うけどね。「ふっとさびしい日ぐれがた」で終わらずに、「うらの通りを嵐のように　神輿のゆくのを聞きました。」ダイナミックな激しい動きと、スタチックな、自分がさびしいという気持ちをミックスしたところに、非常に微妙な、ただざびしいというんじゃない、それをダイナミックなもので補修しているところが、なかなかすばらしいなと思うんですよ。（関）

みすゞの「さびしい」という言葉の使われ方を見てみると、第一集では「さびしい」が「さみしい」よりずっと多く使われているが、第二集では、ほぼ半々になり、第三集になると、「さびしい」はなく、すべて「さみしい」になっている。西条八十の童謡に出てくるのは、殆ど「さびしい」。（武鹿）

「さみしい」という方が、さびしいよりも、さびしさの深まりを感じる。さびしいというやまとことばの源をたずねると、たぶん寒いことから始まっている。さむいこと、心がさむいこと、ひとりでさむいこと、それがさむしい、さみしいとなる。（上）

深まっていったんですね、みすゞは。（武鹿）

⑤緩慢な自殺

私は、作品から想像して、この人はそもそもスタートしたその時から、早晩自殺する人だったという感じがする。矢崎氏が刊行したみすゞの全集や評伝を読む前は、私は違った見方をしていた。男性優位の社会で女の人は自己表現の道が乏しくて、そこで女性が児童文学でも何でも自己表現しようとすると、大体において若死にで、樋口一葉二十五歳、若松賤子三十一歳、松田けい子二十三歳、小森多慶子三十一歳、など。これはみんな、夫への従順と子育てと社会的抑圧と、それらの苦労に由来する結核発病なんかによって若死にしている。金子みすゞもこうした女性たちの一人だと思っていたけど、全集を通して読んでみると、彼女ははじめから自殺型の人だと思った。彼女は、童謡を始めたときから、人生そのもののさびしさを感じていた人だから、もっと生活環境が幸せであっても、いつか自殺したと思う。また、意に染まぬ結婚をしたこと自体、すでに緩慢なかたちでの自殺だった。（上）

⑥アニミズム

基本的リアリズムが弱いという点は確かにあると思うが、それがなければいい童謡が書けないというわけではない。心情で書いたということ。彼女の明るさは、暗さの反射としての明るさという感じがする。そして、客観的な事物の認識よりも心情で書き、いい作品を書いている。（関）

多くの人々が「お魚」と「大漁」をほめるけど、私はこの二つほどいやな感じのする童謡はない。お米は人間が作っているものだから、人間が食べてもかまわない、牛も牧場で飼って人間が世話したものだから、食べてもいい、鯉も池で飼ってえさをやったものだから、食べてもかまわない。しかし、海の魚は人間が世話して育てたものじゃないし、いたずら一つしていないのに、こうして私に食べられるので、海の魚はかわいそう。これは、テーマ分析的に見て不愉快。この詩は、人間がえさをやって育てているものは食べてもいいという前提に立っているようで、なんだかいやだ。「大漁」では、みすゞはいわしに寄り添って、いわしに同情しているが、漁師と自分は同じ人間種族なのだから、いわし種族への共同責任の一端はみすゞにもあるのに、漁師だけを責めるかたちで、自分だけがいい子になっているという気がして、これもまた不愉快。（上）

論理的には上さんが言う通りだと思うけど、そういう論理で童謡を分析してもはじまらないと思う。「お魚」のほうは、幼児のアニミズムだと思う。牧場で飼われている牛は人間が食べてもかまわないとは言っていないと思う。でも何か食べなきゃみんな生きていけないから、消去法で仕方なく牛を消し、鯉を消した。みんなかわいそうだけど、海の魚が一番かわいそうだということだと思う。私が最初に「お魚」を読んだのは大正十二年、十二歳の時で、その時非常に自分の気持ちをうたってくれた、という感じがした。その頃、生きものを殺して人間は食っているということに対する、何か罪の意識みたいなものを、漠然ともっていたが、そこをついてくれたという気がした。だから子どもには同感される歌だと思う。子どもの一種のアニミズムですよね。みすゞの中には幼児心性みたいなものがあって、だから子どもの共感を得ることができる。まさに心情主義です。（関）

⑦人間の原罪

児童文学は、子どもをいつまでも子どもにひきとどめておく文学じゃなくて、精神的にも身体的にも健康な大人に育て上げていくという使命を持っている。そうすると、大人がいわし殺しをやっているのに、子どもは関係ないと言って、いわしの味方にだけなっているのは、児童文学の使命からいってていかがなものか。「お魚」も「大漁」も人間の原罪がテーマだと思う。一方ではかわいそうだと思いながら、一方ではおいしいと思いながら食べているという、そういう自分は、つまるところ原罪的存在である。当人はそういうことに気づいていないけれど、原罪に行き着く源泉的な人間感情は持っていた。ただ、実際の童謡作品では、それを十分表現しえているとは思われない。（上）

僕も子どもの頃、人間はなぜ生きものを殺して食うのか、食わないですます方法はないのかと、漠然とだけれど考えたことがある。十代の終わりに、賀川豊彦監修の「キリスト教講座」を毎月とって読んでいたが、そこには、読者の質問に対して賀川豊彦が答えるコーナーがあって、その中に、原罪に対する解答がでていた。生命維持には他の命を食べることは避けられない。だからやむをえないことである、とあった。なるほど、そうかとは思ったが、釈然としなかった。（関）

⑧賢治とみすゞ

日本の児童文学者の中で、原罪の問題を一番自覚して、意志的に、信仰的に問題にしぬいたのは宮沢賢治。金子みすゞも同じ問題で悩んでいたけれど、彼女は、意志的でもなかったし、信仰的でもなかった。彼女の場合、情緒的にしかその問題に立ち向かわなかったという弱さがあると思う。彼女の作品に出てくる神さまからは、神道の神さまも、キリスト教の神さまも浮かんでこない。みすゞがどちらかの神をイメージしえたら、つまり、信仰として心に持ちえたら、自殺しなくてすんだと思う。（上）

宮沢賢治は、なぜ命を奪わなければ生きていけないのかという原罪の問題について、賀川豊彦と同じように、仕方がないと考えていました。これは生命体の循環であって、お互いにやり取りしているもの。だから、他日、自分がその立場になったら、いつでもあげましょうというところで、自分の思想を定着させている。いつも奪っているので、今度は僕が差し上げる番だという考え。だから、グスコーブドリの死に方は犠牲ではない。たまたまそういう時期にぶつかったから、こんどは、自分がその立場になりましょうというわけ。二十代のみすゞにそれを求めるのはちょっと酷。（浜野）

⑨都市化と童心主義の終焉

ヨーロッパでは、子どもの発見の時代が、アンデルセンの時代、十九世紀前半。日本は、それから約四分の三世紀ぐらい遅れて、「童心の発見」ということで、子どもの内面世界の発見が、北原白秋や民間教育者によって行われた。それは、大人の郷愁としての童心主義として後の時代で叩かれる。しかし、『赤い鳥』創刊以後の童心文学の初期は、健康な子どもの内面の解放のうたとして新童謡が生まれた。日本で初めて近代文学としての童話、童謡が誕生した。しかし、大人の童心讃美は、子どもはキレイで大人はみにくいといって、子どもをいつまでも子どものままとどめておく永遠の子ども主義、つまり子どもの絶対化という袋小路に童心主義文学はおちこんだ。大正時代の童謡は時代から取り残されていく。とくに昭和六年の満州事変以後の戦争の時代に入ると、大正童謡は完全に終わってしまう。近代化が進みながら、他方で農村的環境が色濃く都会に残されていた、そのはざまに生まれたのが大正童謡だった。鉄とコンクリートの時代では、大正童謡は生き残れない。だから、大正童謡が死んでしまった昭和五年という大不況期、その翌年満州事変が起きる暗い時代への転換期にみすゞが自殺しているのは、実に象徴的で、末細まりの童謡の運命を象徴しているような気がします。それで西条八十は童謡をやめて流行歌の方へ転向している。昭和二年に天下を風靡した八十作詞の「東京行進曲」には当時の近代化モダニズムがよくでている。農村的なものが急速になくなり、自殺が増えた。（関）

みすゞのあとを受け継いだかたちなのが武内俊子じゃないかな。雨情門下として出て来て、レコード童謡をいっぱい書いている。「かもめの水兵さん」とか……。（上）

「りんごのひとりごと」「船頭さん」（武鹿）

みすゞは、時代の不幸を負った詩人であった、ということで終わりにしたいと思います。（浜野）

3 対談

ここからは、脚本家の早坂暁氏と児童文学作家の矢崎節夫氏の対談を紹介したいと思います。この対談にも小見出しが付けられていますので、それに従いながら、そこで話し合われた内容を簡潔に紹介していきたいと思います。

①明治からの圧殺　山口県と岩手県

金子みすゞが生まれた山口県は、多くの政治家を輩出している政治県とされている。しかし、面白いことに、こうした政治的な風土性の強い県ほど、それとは対極の、出世とか政治とかを嫌う人たちが、その圧力の中から、かえって出てくる。そういう意味では、岩手県と山口県は似ている。

山口県といえば、みすゞの他に、山頭火や中原中也がいる。岩手県も多くの首相が出ている。原敬、米内光政、鈴木善幸、東條英機。一方で、石川啄木、宮沢賢治、高村光太郎などを輩出し、詩の国としてのイメージが強い。岩手県は詩の国としてのイメージを国民は強く持っているが、山口県は政治的に偉い人たちが出たところというイメージが強く、詩人の県のイメージは薄い。（早坂）

私の師匠まど・みちお先生も山口県出身で、みすゞさんと同じまなざしを持っておられます。まど先生は徳山で、みすゞさんは仙崎です。山口県の瀬戸内海側と日本海側に同じまなざしを持った詩人がいたことには不思議さを感じます。（矢崎）

明治以降、風土の圧力が強くなる。山口、薩摩、高知など。政治的に立身出世することが立派であるという雰囲気が強くなり、文芸とか詩は取るに足りないもので、そういう方面に力を入れると、「おまえは、なにをしてるんだ」みたいなことを言われる。明治に生まれ、大正に花開いた詩人や俳人たちは、父親の明治に殺される。みすゞも明治に圧殺されたと言ってよい。明治の持っている毒に殺された。みすゞの夫は明治そのもので、ひじょうにやわらかい大正がそれに殺されたということ。大正時代に、いろんな文化のいいものが花咲いていくんですが、それを明治が、「そんな、ふやけたことやるな」と言うと、孫の昭和が「そうだ、そうだ」と言って、一緒に圧殺していく。（早坂）

大人が本気で子どものことを意識した時代というのは、大正時代なんじゃないかなと思います。（矢崎）

政治思想的にも大正時代にいろんなすごいものが入ってきて、明治というお父さんは、共産主義というものにおびえたせいもあるんでしょうけど、他の自由なものも全部それに連なるもののように圧殺していきますよね。山口の精神的支柱は吉田松陰だけれど、彼は、立身出世なんか思うなと言っていて、弟子たちも最初はそう思ったが、結局は立身出世していった。山頭火は出世しなくて、そういう意味では松陰の一番弟子だったと言える。みすゞさんにしても、あの時代は「女のくせに」というのがある。亭主にやめろとか、そんなものは書かせないとか言われて圧殺されていく。中也の詩はフランス製だったり、ドイツ製だったりして、心情に残る強さがない。みすゞのは日本製で、しかも、童謡という子どもたちにもわかる詩です。中也は大人たちにしかわからない詩を書いていた。山頭火はつぶやきにになっている。みすゞは時代が行けば行くほどよくなっていく。二十一世紀にはどんどん広がる。(早坂)

②最後に大ドンデンの本質が

山頭火やみすゞの作品は英語への翻訳が容易。みすゞさんの詩は、ちゃんとした言葉で、明確なイメージをつかむことができますから。それも、いちばん易しい、子どもにわかるような言葉で言ってくれていますから。ものすごく単純なように見えて、深い、ということが言える詩なんですね。それがすごいですよ。(早坂)

子どものわかる言葉で書くのが童謡であったり、児童文学であったりするわけですが、金子みすゞさんという人は、ひらがなでものが見えた人なんですよね、きっと。(矢崎)

ひらがなでというと、『源氏物語』からはじまって、日本の女流の持っている言葉の表現というのは、全部そうなんですが、その一方には漢字があって、役所の文書とか、男の教養のためのものとして使われていた。それに、途中から、漢字に和読みをくっつけた。そういうのを「和臭」というそうです。朝鮮半島経由なので「朝臭」というのもあるそうです。「朝臭」という朝鮮訛りの漢字があって、日本に伝わって「和臭」になって、「和臭」から離れてひらがなが誕生。ひらがなの文化はなかなか翻訳できない。和臭が強すぎてニュアンスばっかり。「いとかなし」とか「あはれなり」といった、ニュアンスだけのものがひらがなにはたくさんある。そこへいくと、みすゞさんはひらがなで表現しながらも、驚くほど明解な感じがする。（早坂）

「蜂と神さま」は、ローマ法王が宇宙物理学者の佐治晴夫先生からお聞きになった時に、涙を流されたそうです。（矢崎）

これは説教の極意。お釈迦さまやキリストさまが言ってもおかしくないことを、あんな平易な言葉で言いきれるのは。（早坂）

言葉の並びが本当に美しく、最後にすごい大きな本質をふっと手渡してくれる。（矢崎）

道案内が天才的にうまい。（早坂）

③国柱会・賢治の狭さに対する広さ

今、「蜂と神さま」のことを仰ってくださいましたが、多分みすゞさんの作品の中には、宗教も科学も哲学もみんな含んでいるから、今いろんな世界の人が、みすゞさんの詩を読んで、「気づける」ことがたくさんあるんでしょうね。（矢崎）

みすゞさんがなにか特別な深い信仰を持っていたようには思えません。でも、宗教と同じような、そういうところにたどりついている。直観的に察している。人間も動物も他の命を食べないと生きていけないようになっている。このことに関して、宮沢賢治は、「夜たかの星」で書いているように、悶え、苦しみ、つきつめれば、自殺するしかない。これは、国柱会という日蓮宗に入ったあの人の狭さだと思う。あれは法華宗の詩だが、みすゞさんにはそういうにおいがないのがいい。だから素直にわかりやすい。宗教臭がなくて宗教的。これがすごい。賢治さんは、世界中の人が幸せにならないかぎり、わたしは不幸だと言っているが、それは無理。(早坂)

仏さまや神さまが出てきても、いやな感じがまったくしない。(矢崎)

そのなかにはやっぱり、日本古来の、自然すべてに神が宿る、仏が宿るという、日本人が昔から持っている気持ちが残っている。一神教の宗教は非常に強く、力はあるけれど、穏やかさや広がりがない。(早坂)

お釈迦さまは、「一切衆生悉有仏性」といって、生きとし生けるものすべてに仏があると言っています。僕は講演で、仏教のほとんどの宗派に呼ばれていますが、みなさんみすゞさんを大事にしてくださっています。(矢崎)

④みすゞの浮世絵的な多層視点

環境問題といえば、賢治さんには「ビジテリアン大祭」という作品があって、その点では、彼はさすがに早いんですね。しかし、その進め方がふわっとではなく攻撃的なんですね。だから、ひょっとするとすたれてしまうかもしれない。昭和八年に賢治さんが死んだのは本当に良かった。長生きしていたら、宮沢賢治記念館なんて建たなかったし、全集も出なかったと思う。賢治さんが長生きしていたら、「八紘一宇《はっこういちう》」という言葉を必ず使ったと思う。この言葉を一度でも使っていたら、戦後五十年は抹殺されていたでしょう。賢治さんが昭和八年に死んで本当に良かった。僕は賢治さんが大好きだから、そう思います。（早坂）

みすゞさんの詩って、自分が環境だということに気づかせてくれる。（矢崎）

みすゞさんの詩は、浮世絵に似てると思う。ゴッホは浮世絵を見て、浮世絵は人間の眼で見ている絵じゃないと気づきました。ヨーロッパの絵は、自分の視点で見た絵を描く。浮世絵は三つの視点を入れて、巧みに描かれている。俯瞰（鳥の眼）、クローズアップ（虫の眼）、それに人間の眼。北斎の「神奈川沖浪裏」は、手前は魚の眼だから波があんなに大きくていいわけです。富士山が小さくなっているのは、鳥の眼なんです。船は漕いでいる人間の眼。向こうの人は腰を抜かしたろうなと思う。大和絵は俯瞰（鳥の眼）はあるけど虫と魚の眼はない。（早坂）

⑤日本文化は「時間」の文化

日本の浮世絵師たちは時間を描いていると思う。ヨーロッパの絵描きたちは時間を止めるから雨粒が点にしか見えないけれど、そこに時間という関数を入れると、黒い線になる。安藤広重の「大橋あたけの夕立」がその例。（早坂）

みすゞさんの詩に「ながい夢」という作品がある。「今日も、きのうも、みんな夢、去年、一昨年、みんな夢。ちょいとおめめが覚めたなら、かわい、二つの赤ちゃんで、おっ母ちゃんのお乳をさがしてる。もしもそうなら、そうしたら、それこそ、どんなにうれしかろ。ながいこの夢、おぼえて、こんどこそ、いい子になりたいな。」これは時間そのものをうたっているんですね。（矢崎）

浮世絵だけじゃなく、日本の文芸とか芸術はすべて時間じゃないか。俳句は時間だけ。物語にしても、時間の流れに感動する。日本には四季があって、時間の表現が溢れている国だから、そういう感性が発達したのかなと思う。日本の文芸、芸術のキーワードは「時間」だと思う。（早坂）

みすゞさんの詩を一行目からずーっと読んでいくと、とってもリズムが気持ちいいんです。流れがあって、時をいつも刻んでいきます。あれは人間の呼吸なんですね。そのリズムがあるから、やわらかくなるし、やさしくなるし、驚くことに向かい合える。それがすごいなと思いますね。（矢崎）

⑥追い込まれからの解放

みすゞさんは、「花を見ると花になる」とか、いろいろな言い方をするんですけど、自分は今は人の形をとっているけれど、いろんなものだったということが、無意識に見える人だったんでしょうね。（矢崎）

『三世相』という本があります。「前世」「現世」「来世」を見ることができる本です。おそらくみすゞさんも育っていく中で、誰かしら前世の話をする人がいて、それが少しずつ頭の中に入っていたんじゃないかなと思う。（早坂）

人間ってアルバムみたいなもので、一番外側は人間だけど、中はいろんなものだったときの写真でいっぱいで、その一番終わりはみんな同じ一つの命で、この命を人間という器に受けて、いま人

間としてここにいる。時というのはいつも過ぎ去るんじゃなくて、積み重ね積み重ねで在るんですよね。（矢崎）

賢治さんは、他の命を食べて生きているくらいなら死んだ方がましと、自分を苛《さいな》むけれど、実はそうではない。例えば鳥の命を貰えば、それは食べた人の命となって生きるのだから。みすゞさんはそのようには自分を苛まない。（早坂）

みすゞさんの詩を読むと、たくさんの人が励まされるというのは、そういうところじゃないんでしょうか。追い込まれなくなるような気がするんですよね。（矢崎）

金子みすゞの世界を見てきましたが、本当に心に響く詩人だと思いました。

中島潔氏が、心を鷲摑みにされたのも、よくわかりますし、矢崎節夫氏には、よくぞみすゞを発掘してくださったと、感謝の気持ちが湧いてきます。

金子みすゞのイマジネーションの世界は、私たちが生きていく上で、とても大切なことを思い出させてくれます。多くの方々のみすゞ研究の成果は、いろいろなことを教えてくれて、みすゞに対する理解が深まりました。

最後に、私の好きなみすゞの一編を紹介して、第二章を終わりたいと思います。

こぶとり―おはなしのうたの一

正直爺さんこぶがなく、
なんだか寂《さみ》しくなりました。
意地悪爺さんこぶがふえ、
毎日わいわい泣いてます。

正直爺さんお見舞いだ、
わたしのこぶがついたとは、やれやれ、ほんとにお気の毒、
も一度、一しょにまいりましょ。

山から出て来た二人づれ、
正直爺さんこぶ一つ、
意地悪爺さんこぶ一つ、
二人でにこにこ笑ってた。

◎注

①『中島潔作品集　みすゞ憧憬』二玄社、二〇〇五年
②別冊太陽『中島潔の世界』平凡社、二〇〇四年
③ＫＡＷＡＤＥ夢ムック　文藝別冊『金子みすゞ』河出書房新社、二〇〇〇年
④二〇一八年七月二十四日の中日新聞朝刊人生のページに掲載された、中村圭志氏の、「宗教回帰？　グローバル時代の信仰の行方」より
⑤矢崎節夫『童謡詩人　金子みすゞの生涯』ＪＵＬＡ出版局、一九九三年
⑥『金子みすゞ全集』ＪＵＬＡ出版局、一九八四年
⑦矢崎節夫選　ＪＵＬＡ出版局編『わたしと小鳥とすずと』山口県教育委員会、一九八四年
⑧矢崎節夫『金子みすゞ　こころの宇宙』ニュートンプレス、一九九九年

第三部

『赤毛のアン』が伝えるもの

二〇〇八年は、『赤毛のアン』出版一〇〇周年記念の年だったため、いろいろな方面で『赤毛のアン』関係の行事が行われました。NHKテレビでは、四月から「3カ月トピック英会話」として、『赤毛のアン』への旅」が放送されました。モンゴメリ研究者の松本侑子氏が講師をされ、「『赤毛のアン』は私の〝心の本〟」という松坂慶子さんが生徒役という贅沢な番組で、私も楽しく拝見させていただきました。

私も、二〇〇八年はそうした記念すべき年でしたので、この機会に学生たちにも『赤毛のアン』の魅力を伝えたく思い、岐阜女子大学の授業で取り上げました。すると、大学のホームページでそのことを知ってくださった岐阜NHK文化センターさんから、二〇〇九年の四月から『赤毛のアン』の講座を担当してほしいという依頼があり、そのテキスト作りを通して、私はさらに『赤毛のアン』の魅力を探る機会を与えてもらい、大変感謝しております。

『赤毛のアン』ファンは本当に多く、女優の檀ふみさんは一〇〇回以上読んだとおっしゃっておられます。また、脳科学者の茂木健一郎氏も小学校五年の時に初めて読み、高校の時には原書で読んで、英語が得意になったそうです。また、茂木氏は、「バターカップス」という『赤毛のアン』ファンクラブにも入っておられます。そして『赤毛のアン』に関して何冊か本も書いておられますし、二〇一八年にはNHKの100分de名著で『赤毛のアン』を担当されました。作家の山田詠美さんは「『アン』経験ありますか?」という文章を書かれて、少女の感受性にとって「アン」体験のあるなしは、とても大きいと言っておられます。(注①)

かつては『赤毛のアン』はただの児童書という評価でしたが、今日では、あらゆる年齢の、あらゆる層の読者が楽しめる古典としての評価が定着しています。

こうした『赤毛のアン』をできるだけ詳しく展望することはとても有意義なことだと思いますので、順を追って見ていきたいと思います。あらすじも、確認の意味も込めて、ある程度詳しく書きました。

そのあとには、『赤毛のアン』を詳しく研究された人々の研究成果のいくつかを紹介したいと思います。

第一章

『赤毛のアン』のあらすじ

あなたは良き星のもとに生まれ
精と火と露より創られた
ブラウニング

—この本を、今は亡き父母の思い出にささげる—

（一章）レイチェル・リンド夫人の驚き

レイチェル・リンド夫人は、アヴォンリーの街道が、小さな窪地へとゆるやかに下っていくあたりに住んでいました。

リンド夫人はいつも窓辺に座って、通るもの全てに目を光らせています。小川でさえも、体裁や礼儀作法を忘れずに、静かなせせらぎとして流れていきます。リンド夫人は、自分の用事も人の世話も立派にこなす人です。家事はなんでもでき、裁縫の集まりを開いたり、日曜学校を手伝い、教会援護会、海外伝道後援会の顔役でもあります。それなのに、さらに台所の窓際に何時間も座って、木綿糸でベッドカバーを編んでいる余裕がありました。

六月初めの昼下がりに、忙しいはずのマシューが、一張羅を着て、丘の向こうへ四輪馬車を走らせていきます。詮索好きのリンド夫人は、マシューの妹マリラのもとへその理由を訊きにきます。

マリラは背が高く、やせていて、白髪混じりの黒髪をきつく結い上げ、小さなまげにして針金のヘアピン二本でとめています。マリラの説明では、ノヴァスコシアの孤児院から男の子をもらうために、ブライトリヴァーへ迎えに行ったとのことでした。マシューは六十歳で、元気もなく、心臓の具合も悪いので、男の子をもらうことにしたということでした。手伝いを雇っても、すぐにロブスターの缶詰工場へ変わるか、アメリカへ行ってしまうかですからね。そうするとあとは、あののろまで半人前のフランス人の男の子くらいしかいないことになりますからね。

それに対してレイチェルは危険だと言います。新聞で読んだこととして、孤児院から男の子をもらった夫婦が夜中に家に火をつけられたことなど、様々な不安をあおるようなことを伝えます。かえって心配が増すヨブの慰めさながらの忠告を聞かされても、マリラは腹も立てず、不安がりもしませんでした。リンド夫人の忠告に対してマリラは、私も多少不安だけど、マシューが乗り気なので従うことにしたと言います。兄さんが自分で何かを決めるなんてまずないことなので。

【一章の中のミニ情報】

・プリンスエドワード島のフランス系の人々

プリンスエドワード島は、古くはフランス領でしたが、一七六三年にイギリス領になってからは、フランス系の人々は英国系の人々から差別的に扱われました。土地の所有も英国系だけに許され、もとから住んでいたフランス系は農地を持てなくなったのです。

実際、「アン・シリーズ」のフランス系は、農場の雇い人かメイドとしてのみ登場しています。そこでフランス系は、アメリカへ職探しに行くか、島に残って、カスバート家のような英国系の農場や家庭に雇われるか、漁師になるか、ロブスターの缶詰工場で働くか、といった限られた選択しかなかったのです。

（二章）マシュー・カスバートの驚き

マシュー・カスバートはブライトリヴァーへの八マイルの道のりを気持ちよく進んでいました。空気は爽やかに香り、小鳥たちは歌っていました。あたかも今日が、一年でただ一日の夏の日であるかのように。

駅へ着くと、プラットフォームに女の子がいるだけでした。駅長は待合室で待つように言いましたが、外の方が想像の余地があると言って外で待っていたことを話す駅長。男の子が来るはずだという話をすると、何か手違いがあったんだねと言う駅長。腹のすいた駅長はさっさと行ってしまったので、マシューがその子に声を掛けなければならなくなりました。女性が苦手なマシューにとって、女の子に声を掛けることは、ねぐらにいるライオンのひげをつかむよりも恐ろしいことでしたが、幸い、女の子の方からしゃべってくれました。来てくださらなければ、あの桜の木に登って夜を明かそうと思っていたと話す女の子。

マシューが遅くなったことを詫び、カバンを持とうとすると、この世での全財産が入っているんだけど、重くないの、それにうまく持たないと、取っ手が外れてしまうのでと、持ってもらうことを断ります。

帰り道の土手には満開の山桜とほっそりとした白樺がはえています。馬車の脇のすももの花を折り、何を想像するかとマシューに訊く女の子。わからんと言うと、花嫁だと言います。自分は不器量だから花嫁にはなれないと言います。外国へ行く宣教師でもない限り私と結婚したがる人はいないと言います。でもいつか真っ白いドレスを着てみたい。それがこの世で憧れる最高の幸福。この島はお花で溢れている。ここで住むなんて嬉しくてたまらない、などとしゃべり続けます。マシューは、ずっとしゃべり続ける女の子のおしゃべりが愉快になっていきました。この女の子は自分の赤毛にコンプレックスを感じていて、これは生涯の哀しみだと言います。

りんごの木の並木道へさしかかった時、女の子は驚き、並木道とだけ呼ばれていることを聞き、「歓びの白い路」と名付けました。私はね、場所や人の名前がしっくりこないと、新しい呼び名を考えて、心の中ではそれを使うの。例えば孤児院にヘプジバ・ジェンキンズという変な名前の女の子がいたけど、私はロザリア・ド・ヴィアということにしていたわ。バリー家の池にさしかかると、「輝く湖水」と名付けました。バリー家には十一歳くらいのダイアナという女の子がいるとマシューは言います。女の子は愛らしい名だと思ったのですが、マシューには罰当たりな、異教徒のような名に聞こえると言います。ダイアナが生まれた時、学校の校長が下宿していて、つけてもらった名だということです。

女の子は、大好きなものにはおやすみを言うので、「輝く湖水」におやすみを言います。馬車は丘の頂上に来ました。夕日は沈んでいましたが、柔らかな残照にてらされて、景色はまだはっきり見えていました。西の方には、きんせんか色の夕空を背景にして教会の尖塔が黒々とそびえています。

そして、景色の中に見える農場の中から、マシューの家を言い当てます。

マシューの気がかりは、この子がどんなにがっかりするかということでした。

【二章の中のミニ情報】
・アンがマシューやマリラにとってどのような存在なのかを暗示させる表現
「小鳥たちは歌っていた。あたかも今日が一年でただ一日の夏の日であるかのように」は、アメリカの詩人・ハーバード大学教授・批評家のジェームズ・ラッセル・ローウェル（一八一九―九一）の詩『サー・ローンファルの夢想』からの引用です。夢想の内容は、聖杯を探索に出かけたサー・ローンファルが、聖杯とは、キリストが最後の晩餐で使った杯のことを指すだけではなく、困っている人を助ける行為や、人々に希望や生き甲斐を与えてくれるものも聖杯であることを知るというものです。それがここで引用されているということは、アンが、マシューやマリラにとって聖杯になっていく暗示として使われている、と松本侑子氏は指摘されています。

（三章）マリラ・カスバートの驚き

家に着き、この家の人が求めていたのは男の子だったことを知り、女の子は泣きだし、わが人生最大の悲劇だと言いました。名前を訊くと、コーデリアと呼んでいただけますか、私の名ではありませんが、エレガントな名なので。本名は、と訊くと、アン・シャーリーです。でも、アンなんて少しもロマンチックじゃないのでコーデリアと呼んでくださいと言います。もっと小さい頃はジェラルディンにしていたと言います。アンこそわかりやすく、昔ながらのいい名前で、恥じる必要はないとマリラは言いました。アンと呼ぶなら最後にｅの字を綴って呼んでください。はいはい、では、eを綴ったアン、どうしてこんな行き違いになったのか話しておくれ。スペンサーの奥さんには男の子をとことづけたんだけど。スペンサーさんは、十一歳くらいの女の子とはっきりおっしゃいましたとアンは応えました。

食事ものどを通らず、一夜を過ごす部屋からマリラがグッド・ナイト（おやすみ）と言って出ていこうとすると、よくもグッド・ナイトなんておばさんは言えるわね、私には最悪な夜なのにと言います。

マシューはタバコをくゆらしています。彼はめったにタバコはすいません。タバコをすうことは、不潔で、堕落した習慣だといって、マリラが眉をひそめるからです。なのにすっているのは、気持ちが乱れている証拠です。マシューがアンを引き取りたがっていることを察したマリラは、あの子が私たちの何の役に立つんですかと訊きます。わしらが、あの子の役に立つかもしれんよ、と言うマシュー。しかし、マリラは引き取ることに否定的で、マシューもマリラも自分の部屋へ行ってしまいます。愛に飢えた孤独な孤児《みなしご》は、泣き疲れ、いつしか眠りについていました。

【三章の中のミニ情報】

・めったにタバコを吸わないマシュー

マシューとマリラの祖先はスコットランドからの移住者で、一五六〇年にスコットランドの国教となった長老派のキリスト教を信仰しています。長老派の特徴は質実剛健に暮らし、勤勉を尊び、華美を戒め、禁欲的です。マシューが酒、タバコを嗜まないのも、マリラが地味な服を着ているのも、アンにパフスリーブの服を認めたくないのも、そのためです。米国の作家では、『沈黙の春』『センス・オブ・ワンダー』を書いたレイチェル・カーソンが長老派の牧師の孫です。マーク・トウェインも長老派の学校に学び、『トム・ソーヤーの冒険』に教えが登場します。個人的には、私の大学のアメリカ文学のゼミの先生が長老派を信仰されていましたが、お酒の好きな先生でした。英国では、『ロビンソン・クルーソー』を書いたダニエル・デフォーが長老派です。長老派とほぼ同じ教義の改革派には、グリム兄弟、『ハイジ』の作者ヨハンナ・シュピーリがいます。ゲーテやアンデルセンはルター派でしたが、ルター派は飲酒と喫煙を認めています。長老派は海外伝道に積極的で、明治以降、日本でも布教を行い、全国にミッション系の学校や大学を設立して、日本の子どもたちに近代的な西洋の学問を教え、教育に尽力しました。

(四章)　グリーン・ゲイブルズの朝

目を覚ますと、窓外には満開の桜が咲いています。家の両側はりんごとさくらんぼの果樹園で、どちらも白い花で満開になっています。果樹の下は草地で、一面たんぽぽが咲いています。下の庭にはライラックの木々がはえていて、紫色の花を咲かせ、甘い香りをさせています。庭の向こうは緑のクローヴァーの牧草地で、窪地へ傾斜しています。窪地には小川が流れ、白樺がはえています。窪地の向こうは、えぞ松ともみの丘になっています。緑の野原を下っていった先には、春の青い海が広がっています。美しいものを愛するアンにとって、ここは夢見てきた空想の世界さながらに美しいところでした。

いつのまにかマリラが来ていて、さあ、服を着る時間だよ、とそっけなく言いました。子どもに、どんなふうに話し掛ければいいのか知らなかったからです。マシューは心の同類だとアンが言うと、それは二人とも変わり者だからだと言うマリラ。昼食まで外で遊んでおいでとマリラに言われると、嬉々としてドアのところへとんでいきましたが、思い直して食卓に戻り、座り込みました。まるでアンの頭からろうそくの火消しをかぶせたように、歓びの輝きが消えていました。ここにいられないなら、ここを好きになっても仕方がないと思ったからです。外へは出ないわ。ところで、あの窓枠のゼラニウムは何という名前？　とアンは訊きます。品種を答えると、何と呼んでいるのかと訊きます。名前をつけていないならボニーと呼ばせてと言います。ゼラニウムもゼラニウムとしか呼ばれないと傷つくと思う。おばさんも女としか呼ばれなかったら傷つくでしょ。窓辺の桜にも名前をつけたわ。スノー・クイーンよ。

こんな子は金輪際知らないねとつぶやきながら、マリラは馬鈴薯を取りに地下貯蔵庫へ退却しました。アンが次に何を言い出すか心待ちにしている自分に気づくマリラ。どうやら私にも魔法をかけるつもりかね。マシューはすっかりかけられてしまったけどね。

マリラはアンをノヴァスコシアへ送り返す手続きをしてもらうために、アンを馬車に乗せてスペンサー夫人のところへ出かけました。

【四章の中のミニ情報】

・『赤毛のアン』の中の植物

『赤毛のアン』の中には、六十種以上の植物が出てきます。モンゴメリは植物に高い関心を持っていて、ガーデニングが大好きでした。そして、作品の中に登場させる植物にはそれぞれ意味を持たせて書いています。ここの桜にアンは「スノー・クイーン」（雪の女王）と名づけました。これはアンデルセンの『雪の女王』を連想させます。モンゴメリはアンデルセン童話を愛読し、インスピレーションの源泉であると書いています。桜にはどんな意味を持たせているのでしょうか。桜の花言葉は、樹は「良き教育」、花は「精神美」です。「良き教育」と「精神美」を重んじる女性、といえば、マリラです。アンが、躾と精神性を大切にする家にたどりついたことが暗示されていると、松本侑子氏は指摘されています。

（五章）アンの生い立ち

スペンサー夫人の家へ行く馬車の道中の間に、アンはマリラに言われて自分の生い立ちを話します。この三月で十一歳になったこと、生まれはノヴァスコシア州のボーリングブロークで、父はウオルター・シャーリーで母はバーサ・シャーリー、二人とも高校の先生だったこと。両親の名前がすてきでよかったこと、などを話しました。人は名前より行いが肝心と諭すマリラ。それに反論するアン。そうかしら、バラはたとえどんな名前で呼ばれても、甘く香るって本で読んだけど、絶対にそんなことないと思うわ。バラがあざみとか座禅草とかいう名前だったら、あんないい香りはしないはずよ。

私が生まれたとき、私は見たこともないくらい不器量な赤ちゃんで、目ばかり大きくて、やせて小さかったたってトーマスのおばさんは言ったけど、お母さんは、珠のように可愛い赤ちゃんだと思ったんですって。私が生まれて三か月のときに母は熱病で死にました。四日後に父も熱病で亡くなり、私は孤児になりました。私は赤ちゃんの時ですらもらい手がありませんでした。それが私の運命なのです。両親とも遠方の出身で、親戚もなく、家の手伝いに来ていたトーマスのおばさんが引き取ってくれて、おばさんは貧乏で、大酒のみのおじさんもいて大変だったけど、ミルクを買って育ててくれました。トーマス一家がメアリーズヴィルへ引っ越し、私も連れて行ってもらい、八歳まで子どもたちの世話をしました。トーマスのおじさんが汽車から落ちて亡くなり、私は、子守がうまいので、ハモンドのおばさんが引き取ってくれました。八人子どもがいて、うち双子が三組いました。おばさんの旦那さんが死ぬと、おばさんは子どもたちを親戚に預け、一人でアメリカへ行ってしまいました。私はホープタウンの孤児院に四か月いました。詩はたくさん暗記していると言います。『ホーエンリンデンの戦い』に『フロッデン後のエジンバラ』、『ライン河畔のビンゲン』、それに『湖上の麗人』は随分そらで言えるし、ジェイムズ・トムソンの『四季』は大半覚えているわ。おばさんは、背筋がぞくぞくする詩は好き？　ロイヤルリーダーの五の巻にあった『ポーランドの陥落』にはぞくぞくしたわ。

トーマスさんとハモンドさんはよくしてくれたかと訊くと、二人ともそのつもりはあったけど、苦労が多かったので……。そういう思いがあれば、実際はそうではなくても気にしないと言うアン。マリラはそれ以上は訊かず、マリラの胸にはこの少女への愛しさがこみあげてきました。

大きな家が見えてきたので、アンが尋ねると、ホワイト・サンズ・ホテルだとマリラは教えます。夏になると、アメリカ人がたくさん避暑に来るといいます。スペンサーのおばさんの家かと思ったアンは、このままずっと着かなければいいのにと思いました。

【五章の中のミニ情報】

・スコットランドを愛するアン

ノヴァスコシア（新しいスコットランドという意味）州に生まれ育ったアンは、両親がスコットランド系の人で、そのためアンも強い祖国愛を持っていて、ここに出てきたようなスコットランド系の作家の作品をたくさん暗記しています。そしてスコットランド語も使っています。第四章でゼラニウムを「ボニー」と呼んでいますが、これはフランス語の「ボン（良い）」に由来するスコットランド語で、「美しい、良い」を意味します。第十九章では、アンは冬の外出にタモシャンター帽というのをかぶりますが、これは冬が厳しいスコットランドで農民が使う、ボンボンつきの大きなベレー帽のことで、同じスコットランド系のマシューかマリラが使っていたものと思われます。第二十七章には「スヌード」という言葉が出てきますが、これは昔、スコットランドで、乙女が未婚の証として頭に巻いたリボンのことです。因みに、どこの国にも、未婚を示すものの工夫があって、日本では、着物の振袖がそうですね。

第二巻『アンの青春』では、アンのお気に入りの教え子ポールは、スコットランド人の祖母に育てられ、毎日、スコットランドの朝食の定番オートミールを食べています。オートミールは、引き割りカラスムギ・燕麦から作る粥のことです。夏のプリンスエドワード島では、今も燕麦の畑が広がり、青い穂が揺れています。余談ですが、イギリスのサミュエル・ジョンソンが作った辞書、*A Dictionary Of The English Language*（一七五五）では、オートミールの定義は次のようになっています。「イギリスでは馬のエサだが、スコットランドでは人間の食べ物」。ひどい定義ですが、歴史上の英国のスコットランド観がよくわかりますね。世界にはユニークな辞書がいくつかありますが、アメリカのアンブローズ・ビアスの『悪魔の辞典』もその一つで、「結婚」の定義は、「主人一人、主婦一人、それに奴隷二人から成るが、総計では二人になってしまう共同生活体の状態または状況」となっています。

（六章）マリラの決心

スペンサー夫人の家に着き、どうしてこのような手違いが生じたのかを訊ねると、父親からことづてを頼まれた姪のナンシーが、間違って女の子を希望していると伝えたことがわかりました。それで、これからどうするかの話になり、孤児院に送り返すことも可能だが、ピーター・ブリュエット夫人が手伝いの女の子を希望しているので、話をしてみようかということになりました。ブリュエット夫人は人使いが荒く、かんしゃく持ちのしまり屋で、家族はそろってずうずうしく、子どもは喧嘩ばかりしているという噂をマリラは聞いていました。

ちょうどその時、ブリュエット夫人がスペンサー夫人を訪ねてきたので、客間に通して、今までの経緯を話すと、引き受けてもいいという展開になりました。客間は震えがくるほど寒いところでした。アンは真っ青な顔をして、惨めに押し黙っていました。その姿にマリラは心を揺り動かされ、良心の呵責《かしゃく》に苛まれました。感じやすい神経質な子どもを、こんな女に渡すなんて！　そんな無責任なこと、この私にできるものか！

今日お伺いしたのは、この子を引き取らないと決めたからではなく、どうして手違いが生じたのかを確かめにきただけです。マシューは引き取りたがっていますので、私の一存でこの子をどうするかを決めることはできませんから、一度マシューと話し合った後にしていただきたいと思います。

家へ戻るとマリラは経緯をマシューに話し、二人はアンを引き取ることにしました。

【六章の中のミニ情報】

・客間は震えがくるほど寒いところ

応接間・客間は大切な来客を通す部屋で、めったに使いません。普段は、日よけをしっかりひいて、上等な家具や絨毯が日焼けしないようにしているので、いざ使うときはこうなります。

客間では、結婚式や葬式など特別な行事も行われました。第三十七章では、マシューの遺体は客間に安置され、弔問を受けました。

・マシューとマリラはアンを引き取ることにしました

これは二人にとって想定外のことで、人間は想定外のことを受け容れて、自分の意図を超えた流れに身を投じることで成長を遂げていくといった主題の表現であると、茂木健一郎氏は述べておられます。

（七章）アンのお祈り

マリラはアンを厳しくしこみます。寝る前には服をたためとか、寝る前にはお祈りをしなさいとか。それに対して、お祈りはしないとアンは言います。お祈りを知らないわけではないということを示すために、「神は、無限にして永続不変の魂なり。神は、知と力、聖と正義、善と真実の存在なり」と、すらすら淀みなく言いました。言えるのになぜお祈りをしないのかというと、トーマスのおばさんが、神さまはわざと私を赤毛にしたと言ってから、神さまが嫌いになったからだと言います。それに夜は子守で忙しくてお祈りどころではなかったので。この家にいるかぎりはお祈りしなさいと言うマリラ。おばさんがそうしてほしいならする。おばさんが喜んでくれるならなんだってすると言うアン。

そしてアンは、神への感謝と願いを述べます。「天に在《ましま》す、恵み深き父よ、『喜びの白い路』と、『輝く湖水』と、『ボニー』と、それから『雪の女王』をお与えくださいまして、感謝いたします。……それからお願いの方は、……いちばん大事なのを二つだけ申し上げます。一つは、どうか私をグリーン・ゲイブルズにおいてください。もう一つは、大きくなったら美人にしてください。かしこ」

これを聞いた哀れなマリラはあやうく卒倒しそうになりました。あの子は誰かが引き取って、物事を教えてやらねば、あれじゃまるで異教徒と紙一重だとマリラはマシューに言います。

牧師館へ行って子ども向けの『明け方』を借りてくることや、服を作って日曜学校へ通わせることを考えるマリラでした。

【七章の中のミニ情報】

・「神は、無限にして永続不変の魂なり。神は、知と力、聖と正義、善と真実の存在なり」

神をこのように定義しているのは、長老派教会の「小教理問答集」で、インターネットの「長老派教会バイブル・オンライン」に全文が掲載されています。それを読むと、この定義は、聖書の各書物から、いろいろな言葉を抜き出して一つにまとめたものであることがわかります。松本侑子氏はこのように解説されています。

・『明け方』

日曜学校の副読本用として出版された子ども向けの神の物語。

（八章）アンの教育、始まる

次の日、アンを午前中働かせて、仕事ぶりを見ます。機敏で、素直で、積極的で、呑み込みが早い！　途中で空想を始めるのが難点。ここで初めて引き取ることにしたと言うと、アンは嬉し涙を浮かべます。いい子になるよう努力すると言うアン。アンは、居間へ行って、暖炉の上の棚から、主への祈りが書いてある絵のついたカードを持ってくるように頼まれます。居間へ行くと、アンは、窓と窓の間の壁にかかっている「おさな子らを祝福するキリスト」の石版画に見とれています。そのあと、カードの言葉を覚えながら、自分に腹心の友（親友）はできるだろうかとマリラに訊きました。すると、ダイアナ・バリーという子がいると言ってくれました。彼女はとてもきれいで、髪も目も黒く、ほっぺはばら色で、素直で、利口だといいます。器量よしよりこちらの方が大事だと言うマリラ。マリラは『不思議の国のアリス』の公爵夫人のように教訓好きで、一言、教訓をつけ加えるたちの人です。

アンはマリラに、自分が今までに空想した親友のことを語りました。トーマスさんの家にいた時は、本棚のガラスに映る自分を、本棚の中に住む女の子として、ケイティ・モーリスという名前をつけて話しかけたこと。ハモンドさんの家へ行くことになり、ケイティとの別れが胸が張り裂けそうになるほど辛かったこと。ハモンドさんのところでは、近くに声がこだまする谷があって、そのこだまはヴィオレッタという女の子なんだと想像して、彼女とも仲よしになり、彼女を愛したこと。これを聞いたマリラは、くだらない空想を頭から追い払うには、生きた本物の友達を持つのが一番だと言います。

ダイアナが腹心の友になっても、ケイティやヴィオレッタのことは忘れないと言うアン。忘れたら二人は傷つくからです。私は誰も傷つけたくないの。

【八章の中のミニ情報】

・「おさな子らを祝福するキリスト」

イエスが子どもたちを祝福した場面は様々な画家によって描かれています。当時の客間や居間には、こうした宗教的な絵画、先祖の肖像画が飾られていました。また、グリーン・ゲイブルズにあるこの着色リトグラフ（石版画）の絵は、雑誌の付録として人気がありました。このキリストの絵は、新約聖書「マタイによる福音書」第十九章の十三節から十五節にちなんでいます。「そのとき、イエスに手を置いて祈っていただくために、人々が子どもたちを連れて来た。弟子たちはこの人々を叱った。しかし、イエスは言われた。『子どもたちを来させなさい。わたしのところに来るのを妨げてはならない。天の国はこのような者たちのものである』そして、子どもたちに手を置いてから、そこを立ち去られた」。アンは、自分がイエスにおずおずと近づいて祝福を受ける場面を想像していたのです。

・腹心の友 (bosom friend)

「心の友」の意で、キーツの詩「秋によせて」に出てくる言葉で、秋（女性）を太陽の bosom friend として表現しています。

（九章）レイチェル・リンド夫人、呆れかえる

リンド夫人は、アンが来て二日後に、アンの品定めにやってきます。アンは、孤児院から着てき

た、つんつるてんで、窮屈な交織《まぜおり》服を着ていました。リンド夫人は、思ったことをすぐ口にする人で、服のみすぼらしさや、やせていてみっともないことや、顔のそばかすのことを、こんなそばかす見たことないとか、赤毛はまるでニンジンみたいと言いました。逆上したアンは、体を震わせ、あんたなんか嫌いよ、と言います。あんたなんか、無礼で、礼儀しらずで、思いやりがないわ！　あんたがそんなふうに言われたらどんな気がする？　でぶで、不恰好で、想像力のかけらもないと言われたら。あんたは私を傷つけたわ。許すもんか！　なんという癇癪《かんしゃく》持ちだろうとリンド夫人は言います。マリラはアンを二階に行かせてから、リンド夫人を責めます。それでもリンド夫人はアンにお仕置きを要求します。マリラはアンの気持ちがよくわかります。自分にも同じ経験があるので。マリラは幼い頃、おばに、この子はなんて色黒で、器量が悪いんだろう、と言われたことがありました。五十歳になるまで、一日とて忘れたことのない遠い記憶でした。

確かに、レイチェルも悪いが、あんたも悪い。レイチェルはよその人だし、年輩者だし、私のお客さんなのよ、とアンを叱ります。この時マリラは、どんな罰を与えるべきか、ひらめきがありました。リンド夫人のところへ行って、謝ってきなさい。それはいやだと言うアン。へびやひきがえるのいる地下牢に閉じ込められ、パンと水しかもらえなくても我慢すると言う。謝ってこないと部屋から出さないと言うマリラ。

【九章の中のミニ情報】

・『赤毛のアン』の最初の登場人物はリンド夫人

リンド夫人はいつもキッチンの窓際に座って、外を眺めながら、通行するあらゆるものに鋭い監督の目を光らせている人物として登場してきます。彼女は、世間のいろいろなことによく通じていて、世話好きで、お節介で、詮索好きで、ありがたいけれど少し迷惑な隣人といった面がありますが、十人の子どもを育て上げ、二人の子どもと死別している、人生経験豊富な女性です。

ここでは彼女のずけずけ言う性格がアンを激怒させましたが、好奇心に満ちた性格が、夫人とアンの意外な共通点で、紆余曲折がありながら、アンと夫人が仲良くなっていくのもうなずけると、茂木健一郎氏は述べておられます。

（十章）　アンのお詫び

部屋に閉じ籠っているアンにマシューがアドバイスします。物事を丸く治めるために、早く済ませておしまいと。でもわしが言ったたって話すんじゃないよ。お前のことには口出ししないと約束してあるので。「たとえ暴れ馬でも、私の秘密は引き出せないわ」とアンは決して言わないことを誓います。アンはマシューのためなら何でもしようと思います。アンはリンド夫人に謝ることを面白がって演じることにしました。罰を愉しみに転じたのです。マリラはそれに気づきましたが、リンド夫人は気づかず、怒りが収まります。リンド夫人は、自分の友が子どもの時はアンと同じ赤毛だったけれど、大人になったら金褐色になったことを話してくれます。リンド夫人は自分に希望を与えてくれたので、これからは恩人と思うことにするアン。短気者にはずるがしこいのやうそつきはいないので、あの子が気に入ったというリンド夫人。

帰り道、今後はかっとしないように気をつけなさい、とマリラは諭します。外見についてとやかく言われなければ大丈夫なんだけど、と溜め息をつくと、「見目より心ですよ」とマリラはことわざを引用します。夕闇の向こうの木立の間から、グリーン・ゲイブルズの台所の灯が、楽しそうにちらちら光りました。アンはふいにマリラにすり寄り、小さな手を、老いたマリラの硬い掌《てのひら》に滑り込ませました。アンのやせた手を握って歩いていると、マリラの胸に温かく、懐かしいものが湧きあがってきました。母親らしいときめきなのかもしれないと、マリラはうろたえます。


【十章の中のミニ情報】

・マリラの母性愛

マリラは初老に近い年まで恋愛らしい恋愛経験もなく、独身の兄と二人きりで暮らしてきました。アンが来た当初、どう接すればいいのかわからず、愛想よく話しかけることも、肩を抱いて慰めてやることもできませんでした。

しかし彼女は、本質的には薄情な女性ではなく、胸の奥には母性愛の泉が秘められているのです。アンの哀れな生い立ちを聞いたマリラの胸には、アンへの同情と憐れみが芽生えました。人使いの荒いブリュエット夫人のところへアンが行かされそうになったときは、良心の呵責に苛まれ、ついに自分で育てる決心をしました。そして、アンを厳しくしつけ、教訓を垂れて育てるつもりでしたが、リンド夫人のアンへの暴言には腹を立て、無意識のうちにアンを家族として身びいきします。

そしてアンが手をつなぐと、甘く湧きあがる母性愛にうろたえ、それを隠そうとしたのです。

（十一章）日曜学校の印象

マリラは、三着服を作ってくれます。しかし、それらはかわいくないのでアンは気に入りません。そんなものは虚栄心を増長させるだけだとマリラは言います。これらはいい品で、おしとやかで、フリルや飾りがなくて実用的だとマリラは言います。このうち、一着でもパフスリーブにしてくれたらもっと感謝したのにとアンは言います。そんなのは無駄使いで、ばかげているし、さっぱりしておとなしいそでの方がいいとマリラは言います。でも、私一人がさっぱりして、おとなしいよりも、皆がそうしている時は、私も一緒になってばかげている方がいいわ、と応じるアン。でも聞き入れられず、アンは想像力で、きれいな服を着ていると思うことにします。

マリラは頭痛で教会へ行けず、アンは一人で教会へ行きます。派手に花輪で飾った帽子をかぶってきたので、女の子たちはいっせいにアンをじろじろ見つめました。アンについての噂は村中に広まっていました。リンド夫人は、アンは恐るべき癇癪持ちだと言い、グリーン・ゲイブルズに雇われているジェリー・ブートに言わせると、アンは四六時中、ぶつぶつ独り言を言っていて、しかも木や花にまで話しかける頭のおかしな女の子だという話でした。

日曜学校の女の子たちはみんなパフスリーブを着ています。アンは、ベル氏の礼拝の長たらしさ、味気無さに辟易します。日曜学校はどうだったとマリラに訊かれても、ちっともよくなかったと答えるしかないアン。礼拝の間は、自由な想像の世界に遊んでいたと言うアン。日曜学校を担当しているミス・ロジャーソンに、何か暗誦できるかと訊かれたので、『忠犬、主人の墓を守りて』なら暗誦できるとアンが答えると、それは暗誦しなくてもいいので、来週までに、宗教詩の第十九番を覚えなさいと言われました。日曜学校のあとは、お説教にも出たわ。お説教に引用されたのは、『ヨハネ黙示録』第三章の二節と三節よ。引用もお説教もうんざりするほど長かったわ。牧師さんって、ちっとも面白みのない人ね。あの人には想像力が欠けているのよ。だからお説教の方は適当に聞き流して、どきどきするような、ものすごい想像を巡らせていたの。

厳しく叱らなければとマリラは思いましたが、牧師の説教とベル氏の礼拝の長さと味気無さは、長年、マリラも感じていたことであり、その胸に秘めていた批判をこの子が言ってくれたのだから、マリラは叱る気持ちがそがれてしまいました。

【十一章の中のミニ情報】

・『忠犬、主人の墓を守りて』

これは、アメリカの女性詩人リディア・シガニー（一七九一―一八六五）の詩です。シガニーは、コネティカット州生まれで、十九世紀のアメリカで最も人気のあった詩人であり、アメリカで初めて文学で生計を立てられた女性です。因みに、カナダでは、女性初の職業作家はモンゴメリと言われています。シガニー作品のテーマは死と信仰で、上品かつ感傷的に書いてあります。

この詩はどんな内容かというと、飼い主を亡くした犬が主人を恋しがり、いつか帰ってくるのではと墓を守り続けていいます。哀れんだ子どもが家に連れて帰ろうとしても、主人の墓から離れません。やがて冬になり、寒さに衰弱し、最後に主人を想ってほえて息絶えます。

こうした忠犬の話は、忠犬ハチ公をはじめ、世界中にたくさんありますが、その一つをご紹介しますと、スコットランドにも忠犬ボビーの話があります。ボビーはスカイテリアの警察犬で、エディンバラで警察官をしていたグレーという人が四十五歳で結核で亡くなると、その主人の墓の前で十四年間墓を守り、一八七二年に亡くなりました。

（十二章）おごそかな誓いと約束

マリラはアンが、バラやキンポウゲで派手に飾り立てた帽子をかぶって日曜学校へ行ったことを知り、いい見世物になったと怒ります。マリラの迷惑になったことを知り、アンは涙します。

ダイアナが帰ってきたので、バリー家にスカートの型紙を借りに行くマリラはアンも連れて行き、ダイアナに会わせようとします。仰々しい言い回しはやめなさいと釘をさします。

バリー夫人は背が高く、黒い髪、黒い瞳の女性で、意志の固そうな口元をしています。マリラがアン・シャーリーを紹介すると、最後にeの字が綴ってあることを付け加えるアン。ダイアナは髪と目は母親に似て黒く、父親に似て朗らかな顔つきで、二人は庭で過ごします。そして親交を深めてから、ずっとお友達でいると誓ってくれるかと訊きます。ダイアナは驚き、咎める顔になり、神さまを罵るなんていけないわ、と言います。アンが使った swear には、二つ意味があると説明するアン。ダイアナは一つしか知らないと言います。私が使った swear は、罵るではなくおごそかに誓いを立てて約束をかわすという意味。ほっとするダイアナ。そして二人は誓い合いました。ダイアナは二月生まれで、アンは三月生まれです。アンは不思議なめ巡り合わせを感じます。ダイアナがとても精神的な瞳をしていることをアンはうらやましく思います。それから、『はしばみ谷のネリー』という歌を教えてくれるし、アンの部屋にかける絵もくれるといいます。それはそれは美しい絵で、空色の絹のドレスを着たきれいな女の人が描いてあって、ミシン会社の人がくれたものだといいます。アンはダイアナより1インチ背が高く、ダイアナはふっくらしています。細い方が優雅に見えるので、やせたいと言うダイアナ。

マシューがチョコレートキャラメルを買ってきてアンにやると、そんなもの歯にもおなかにもよくないとマリラは言います。半分ダイアナにあげてもいいかとアンは訊き、アンがケチでないのが嬉しいと言うマリラ。あの子が来てまだ三週間なのに、もうずっといるみたい。あの子のいない家は考えられないと言うマリラ。

【十二章の中のミニ情報】

・キンポウゲ（バターカップ）

バターカップという英名が一般化するのは十八世紀からで、古くは、バターフラワー（バターの花）、キングカップ、ゴールドカップと言いました。いずれも、花の輝かしい黄色から来ています。

バターの色のように黄色く、花がカップ状なので、このような名前になりました。葉の特徴からウマノアシガタともいいます。キンポウゲは有毒なため、牛や羊は食べません。正月用の花である福寿草もキンポウゲ科の多年草で、早春に開花し、色や形もキンポウゲとよく似ています。漢字で書くと金鳳花、鳳は風の神で、キンポウゲは風に揺れているのが一つの特徴であるため、この字があてられました。『赤毛のアン』のファンクラブの名前がバターカップスで、茂木健一郎氏も会員であることは前に触れました。

・ミシン会社の人

ミシンは、一七九〇年にイギリスの指物師セントが一本糸による環縫いミシンを発明し、アメリカでハウが現在と同じ上下二本糸のミシンを完成させました。その後、一八五一年に設立されたシンガー社によって、一八六〇年以降アメリカで広く実用化されました。『赤毛のアン』の背景となる時代に、ミシンは一般に普及していきました。ミシン会社の人というのは、ミシンの巡回セールスマンのことで、ダイアナがもらった絵というのは、広告用のものと思われます。

余談ですが、一八六〇年に通訳としてアメリカへ咸臨丸で行ったジョン・万次郎は母の土産にミシンも買ってきました。ミシンのことは sewing machine と言いますが、その頃の日本人は、sewing は省き、マシーンはミシンとなまって使うようになり、今のミシンという言葉ができたわけです。だからこれも日本でできた和製英語の一つと言えます。ミシンは当時アメリカの家庭で大流行していた最先端の科学技術を活かした実用品で、十三代将軍家定への献上品としても贈られたものでした。日本のブラザーミシンというのは、兄弟で作ったのでこのような名前になりました。

余談ついでにもう一つ、machine をマシーンと発音することに違和感を感じる人もいると思います。Chi は「チ」じゃないのかと思われるかもしれませんが、英語の単語の中に出てくる ch には三種類の発音があります。イギリス系は「チ」と発音します。church, bench 等がそれです。ギリシャ語系は「ク」と発音します。christ, chorus 等がそれです。もう一つフランス語系があって、これが「シ」と発音します。Machine, chandelier 等がこれなのです。これで、アメリカの州 Michigan を「ミシガン」と発音することもわかると思います。アメリカの初期の探検者や植民者にはフランス人が多く、Michigan という地名も、great lake を意味する先住民の言葉をフランス語化して作ったために、Michigan が「ミシガン」という発音になったということです。

（十三章）待ち焦がれる愉しさ

縫い物をする時間になってもアンは家に戻ってきません。ダイアナと遊んだり、マシューとおしゃべりしています。叱るマリラ。

来週の日曜学校でピクニックへ行くことになりました。当日、ベル校長先生の奥さんとリンド夫人がアイスクリームを作ってくれることになりました。マリラが、お菓子も焼いてバスケットに持たせてやると言ってくれたので、感激のキスをするアン。例の、はっとする甘い心地にまた揺さぶられるマリラ。

アイスクリームはまだ一度も食べたことがないアン。何かを期待して待ち焦がれることも愉しみのうちの半分。リンドおばさんは、「何も期待しない人々は幸いなり、決して失望することなきが故に」と言うけど、何も期待しないよりは、期待して失望する方がずっといいと思うアン。

マリラは教会へ紫水晶《アメジスト》のブローチをつけていきます。これはマリラの宝物で、船乗りだったおじがマリラの母に贈り、母の形見にマリラが譲り受け、中央に母の髪が入っています。アンがこれを初めて見た時、感激し、エレガントなブローチだと思いました。紫水晶って、優しいすみれの花の魂みたいだと思いました。

【十三章の中のミニ情報】

・アイスクリーム

木の樽に生クリーム、たまご、砂糖を入れ、冬から保存してある氷と塩で樽を冷やして作ります。今でも同様の原理でアイスクリームを手作りする道具が市販されています。

・「何も期待しない人は幸いなり、決して失望することなきが故に」

これは、アレキサンダー・ポープが、「悲しむ人々は幸いである。その人たちは慰められる」等の、キリストの山上の垂訓をもじってつくりだした言葉です。

（十四章）アンの告白

紫水晶のブローチが見当たらないので、マリラはアンに尋ねました。するとアンは、マリラの部屋で見かけて、つけてみたことを話しました。けしからんと叱るマリラ。箪笥の上に戻したというアン。マリラは確かめましたが、やはりどこにもない。アンの仕業と決めつけ、部屋から出ないように言うマリラ。そして、正直に言わなければ、明日のピクニックにも行かせないと言います。

ピクニックの朝になりました。快晴でした。小鳥たちはさえずり、庭の白百合はぷんと甘く香りました。その芳香《ほうこう》は目に見えない風にのって、戸と窓から家中に流れ込み、神の祝福の精のように、玄関ホールや室内を漂いました。

マリラが朝食を持って上がると、アンは居ずまいを正して言います。家から持ち出し、「輝く湖水」を渡った時、湖に落としたと告白します。アンは正直に言いましたが、それでも罰としてピクニックには行かせないことにしたマリラ。

しかし、マリラはふと思い出しました。もしかしたら、月曜日に使ったショールについたままなのではと。見てみると、やはりついていました！　そして、月曜日のことを思い出してみました。婦人後援会から帰り、黒いレースのショールを外した時、少しほつれていたので、繕《つくろ》ったのを思い出しました。そしてショールをしまうときに、知らない間に、ブローチがショールにひっかかっているのに気づかず、しまったのだということが判明したのです。

どうして嘘の告白をしたのかと訊くと、告白するまでは部屋から出さないと言われたのでというのです。

まだ間に合うということで、マリラは使用人にピクニック会場までアンを送らせました。

夕方、アンは疲れ切っていましたが、この上なく幸福で、喜びに満ち満ちて帰ってきました。

アンのいる家では、退屈しないことだけは確かだと思うマリラでした。

【十四章の中のミニ情報】

・紫水晶

ギリシャ語の amethystos は、「酒に酔わない」という意味を持ち、紫水晶は人の頭脳と精神を澄んだ状態に保つと信じられたので、amethyst と名づけられたといいます。アメジストは、酒の酔いからだけではなく、人にだまされたりとか、判断を誤まるといった、人生の悪酔いからも人を守ってくれると言われています。アメジストを失ったマリラは、現実感覚を見失って、アンを責めましたが、それが戻ると、正しい感覚を取り戻しました。紫水晶が想像力の象徴でもあると言われるのは、想像力も人の頭脳と精神を澄んだ状態に保つ力があるからです。

（十五章）学校での一騒動

九月一日、学校が始まります。先生はプリシー・アンドリュースに色目を使っています。彼女は十六歳で、美しい肌、茶色の巻き毛をしていて、来年はシャーロットタウンにあるクィーン学院を受験することになっています。アンは彼女に鼻がすてきだと褒められました。

それから三週間してギルバート・ブライスが登校してきます。彼は夏の間ニューブランズウイックのいとこのところへでかけていて、遅れて帰ってきたのでした。ハンサムで、女の子をからかうのが好きだと言われています。

アンは学校で一番頭がいい子だけど、前はギルバートが一番だったといいます。彼はもうすぐ十四歳で、四年前父親の病気静養のためアルバータ州へ行き、三年いたけれど、学校へは殆ど行かなかったといいます。

昨日沸騰(ebullition)の綴りがテストに出て、ジョージー・パイが一番だったものの、カンニングしていました。パイ家の女の子は何にでもインチキするということです。フィリップス先生はプリシーを見ていて、気づかず。ギルバートは、前に座っているルビー・ギリスの長い金髪のおさげをイスの背にピンでとめるのに夢中になっています。

午後、先生はプリシーにかかりっきりで、あとの生徒は好き放題。それでアンは空想の世界へ浸ります。

ギルバートはアンの赤いおさげの先をつまんで持ち上げ、ニンジン、ニンジンと叫びます。アンは怒って、石版でギルバートの頭を叩き、石版を割ってしまいます。先生は、どういうことだとアンを叱ります。僕がからかったから悪いんですとギルバート。先生はギルバートの言葉には耳を貸さず、私の生徒がこんなに癇癪持ちで、こんな仕返しをするなんてまことに残念だと言って、授業が終わるまで黒板の前に立たせます。そして、黒板に「アン・シャーリーは大変な癇癪持ちです。アン・シャーリーは自制心を学ぶべきです」と書きました。

ギルバートは戸口で待ち、心から謝りますが、アンは完全に無視します。絶対に許さない！　先生も！　eをつけなかった！

あんな先生のいる学校なんてもう行かない！　と言います。ダイアナはそんなことしないでと必死に懇願します。ボール遊びもできなくなるし、歌の練習もできなくなるし、パンジー・ブックの音読もできなくなると訴えます。しかし、何を言われても動じず、帰宅するとマリラにそう告げます。

マリラはばかばかしいと言って取り上げませんでしたが、決意の固いのをみて、レイチェル・リンドに相談に行きます。しばらくはアンの機嫌をとって、調子を合わせた方がいいと助言します。アンが自分から言い出すまで学校の話はしないようにとも忠告したリンド夫人。フィリップス先生は、おじさんが理事だから二年目も続けて学校にいられたことも知っているリンド夫人。

アンは死ぬまでギルバートを憎む決心をしました。アンは愛情も憎悪も同じように激しいのです。

ダイアナが大きくなり、結婚すると私を置いてどこかへ行ってしまうと、アンは窓辺で泣いています。マリラはおかしくて、久しぶりの大笑いをしました。


【十五章の中のミニ情報】
・クィーン学院
プリンス・オブ・ウェールズ・カレッジがモデルで、一八七九年に共学となったこの学校でモンゴメリは学び、アンと同じ一級の教員資格を取りました。
・パンジー・ブック
アメリカの児童文学作家イザベラ・M・オールデン（一八四一―一九三〇）夫人による子どもの生活を描いた少女向けの読み物で、長老派教会の牧師オールデンと結婚したあと、一八七四年以降二つの出版社から百冊を超えるシリーズを執筆、編集出版されました。聖書の読解伝道、禁酒、祈りを勧める内容となっています。

・リンド夫人の助言

アンが学校に行かないと言ったことに対して、マリラがリンド夫人に相談すると、アンが自分から言い出すまで、学校のことは口にしないようにと助言しました。これは、不登校問題とその対処策として、現代に通じるものを持っています。さすがに、十人の子どもを育てたリンド夫人の経験からくる助言は適切ですね。『赤毛のアン』には、こうした現代に通じる事柄が多くあって、とてもためになります。

（十六章）お茶会、悲劇に終わる

十月、色とりどりの美しい世界。かえでの枝を部屋に飾ります。寝室は眠るためにあると言うマリラ。夢を見るためでもあると言うアン。午後はマリラが後援会へ行くので、船にじゃが芋を積みに出ているマシューと使用人のジェリーに夕ご飯を出すように言われるアン。

午後からはダイアナを呼んでお茶会をしてもよいと言われ、テーブルの上座に座ってお茶をついでいる自分の姿をアンは想像します。二人は、果樹園でりんごをかじって学校の話をして過ごしたあと家へ入り、ダイアナに木苺《きいちご》水を御馳走すると、おいしいと言って三杯も飲みます。料理には想像力のかけらもないと思っているアン。骨が折れるだけで、ただ決められた通りにしなければならない。そのため料理中に考え事をしてしまい、失敗するという話をダイアナにします。プディングソースをしまいにいく途中で修道女になった想像を始めたため、蓋をするのを忘れ、次の朝に見たらネズミが中で死んでいました。ネズミを取り出し庭に棄てましたが、その後も霜の妖精になった想像をして、そのことをマリラに話すのを忘れ、お客さんが来て、お客さんにそのソースを使おうとしているマリラを見て思い出し、そのこと話し、使わずに済んだことなどを話しました。

ところが、ダイアナに木苺水を出したつもりが間違ってスグリ酒を出したことがわかり、ダイアナは酔いがまわってしまい家に帰りました。スグリ酒は病気の時のためにマリラが作っておいたものでした。アンは泣いて、運命の星は、私に味方してくれないのよ、ダイアナとは、永遠にお別れね、と嘆きます。マリラはバリー夫人のもとへ行き、事の真相を話しましたが信じてくれず、マリラは怒って帰ってきます。アンも説明とお詫びに行きますが、バリー夫人は偏見と好き嫌いの激しい人で、アンの大げさな言葉使いや芝居がかったしぐさを怪訝に思い、自分をからかっているのだと腹を立て、ダイアナに会わせてくれなかったので、帰ってきます。

【十六章の中のミニ情報】

・船にじゃが芋を積みに出ているマシュー

じゃが芋は島の赤い土壌によく合い、現在も島の特産品となっています。船に積んで、カナダ本土やアメリカに輸送し、一八八六年に開通したカナダ太平洋鉄道で各地に運ばれました。

・上座に座る

欧米では、招いた側の女性が上座に座ることになっています。主賓にはその右隣に座っていただきます。

・マリラのスグリ酒作り

当時のカナダ社会では教会も婦人組織も禁酒運動を進めていました。この物語の舞台は一八八〇年代から九〇年代頃と推定できますが、プリンスエドワード島の長老派教会に属する人の多くは、完全な禁酒を信条としていました。そして、いかなる形にせよ、絶対にアルコールを摂取しないよう呼びかけるキャンペーンも行われていました。したがって、マリラの隣人たちは、彼女のワイン（果実酒のこともワインといいます）作りを批判的な目で眺めていたと思われます。その一方で、マリラがワイン作りにこだわるということは、彼女の心に潜む豊かな情感、反抗的な気持ちを暗示しているとも言えます。政府は一九〇〇年代に禁酒法を制定し、酒類の販売を禁止しました。この小説が書かれた時点では、マリラのワイン作りは違法だったということになります。

（十七章）新たな生き甲斐

ダイアナがいくら母に頼んでも、アンとは遊んではいけないというので、十分《じゅっぷん》もらって、アンとの別れを言いにきたダイアナ。二人はこれからも愛し合うことを誓い、ダイアナから髪一房をもらい、小さな袋に縫い込んで一生首にかけておくというアン。

月曜の朝には、ダイアナが見られるから、学校へ行くと言いました。

学校へ行くと、みんな何かをくれてアンを歓迎してくれます。ギルバートはりんごを机に置きましたが、アンは無視します。ダイアナからの贈り物や挨拶はなく、「ブルータスの胸像を奪い取られたシーザーの行列は、前にも増して、ローマ最上の人の不在を思い起こさせた」といった感じで、アンにはこたえました。しかし翌日学校で、ダイアナから手紙が回ってきます。ダイアナは学校でもアンと話をしてはいけないと言われていたので、学校内で密かに文通して心を伝え合うことにしたのです。

ギルバートとアンは成績一番を常に争います。学期末には二人とも五の巻に進み、分化科目の基礎を習います。ラテン語、幾何、フランス語、代数です。幾何が苦手のアン。幾何はちんぷんかんぷん。幾何には想像の余地がないと言うアン。こんなにできの悪い子は見たことがないと、フィリップス先生も言います。幾何は、ワーテルローの戦いさながらの惨敗でした。幾何は、ダイアナにも負けます。でも、ダイアナのことを思うと時々悲しくなると言うアン。

【一七章の中のミニ情報】

・みんなは再登校したアンに何かをくれて歓迎する

ジュリア・ベルは、縁飾りのついた薄い桃色の紙に、詩を書いて贈りました。「たそがれが夜のとばりをおろし　そこに星をピンでとめる頃　思い出したまえ、君には友のあることを　たとえ遥か遠くをさまよう友であろうとも」

作者は不明ですが、この時代、美しい詩の一節や愛情のこもった短い詩を書いて、友人や恋人たちと交わすためのアルバムやカードが好まれました。この風習は、ローラ・インガルス・ワイルダー（一八六七ー一九五七）作『大草原の小さな家』シリーズでも見られると、松本侑子氏はおっしゃっておられます。詩の鑑賞やプレゼントは、印刷物や娯楽が少ない当時の楽しみの一つだったのですね。

・幾何の苦手をワーテルローの大敗北にたとえるアン

なんとも大袈裟なたとえですが、このナポレオン戦争（一七九六ー一八一五）で、フランス軍がバルト海を封鎖したため、イギリスは、木材を北欧から輸入できなくなり、それをカナダから調達したので、この時期より、カナダの木材輸出が伸び、カナダ東海岸の農林業が栄えました。カナダから大木を船に積んでイギリスへ向かい、帰りは、イギリスからの移民を乗せました。

（十八章）アン、救援に行く

カナダの首相が遊説途中に、アンたちの住むプリンスエドワード島へ来ることになります。アヴォンリーの住民の大半は首相の政党である保守党の支持者です。レイチェル・リンド夫人は自由党支持者です。リンド夫人は、女性にも参政権をと考えています。男性の殆どと、女性の相当数が三十マイル離れたシャーロットタウンへ出かけて行きました。

マリラも出かけて行ったので、マシューとアンは二人で夕飼を迎えます。いろいろな話をし、その中に、男の人が求婚するときは、宗教は相手の母親に合わせ、政治は父親に合わせるというのがありました。そのことをマシューに訊くと、求婚したことはないのでわからないということでした。

地下貯蔵庫からラセットりんごを持ってきて、マシューと食べようとしていたとき、ダイアナが走ってやって来て、妹のミニー・メイ（三歳）が病気だと言います。お手伝いのメアリ・ジョーはクループ（偽膜性喉頭炎）ではないかと言っています。両親は出かけていていないし、医者を呼びに行く人もいません。マシューは帽子とコートをとり、カーモディへ医者を呼びに行きます。

ハモンド家の三組の双子がクループに罹り、その手当をした経験のあるアンは、イピカック（催吐剤）を持ってダイアナの家へ行き、てきぱきとメアリとダイアナに指示を出し、看病を続けます。夜中の三時にマシューが医者を連れて来たときは、ミニーは峠を越し、すやすや眠っていました。ダイアナはアンが命を救ってくれたと両親に告げます。

家へ戻り、昼までぐっすりと眠って起きると、マリラが編み物をしていたので、首相はどんな感じの人だったと訊くと、あんな鼻をした男、見たことないと言います。

そのあとで、眠っている間にバリー夫人が来て、アンはミニーの命の恩人だと感謝していたこと、スグリ酒の件はアンのせいではないので許してほしいと言っていたことをマリラはアンに伝えます。

【十八章の中のミニ情報】

・カナダの政党

当時のカナダは保守党と自由党の二大政党政治でした。保守党は大英帝国寄りの政策と、経済は互恵主義をとり、一方の自由党は、アメリカと同じように、英国から離れて、独立した路線と自由貿易を目指しました。当時のプリンスエドワード島の人口は十一万人で、投票権は二万五千人が持っていました。カナダ政府では、十八年間、カスバート家が支持する保守党の政権が続いていました。プリンスエドワード島州政府では、一八八〇年代は保守党、一八九〇〜一九〇〇年代はリンド夫人が支持する自由党が優勢でした。一度決めた一家の支持政党は、宗教と同じくらい厳格なものでした。

・ラセットりんご

『赤毛のアン』にりんごは六種類登場します。固くて小豆色の皮をしたのがラセットりんごです。ギルバートと関係のあるりんごは、出荷用の改良種と思われる大きなストロベリーりんごで、アンが再登校したとき、歓迎の印に彼がアンの机に置いたものですが、このりんごはブライス家の果樹園でしか栽培されていないことに気づいたアンはかじるのをやめました。

（十九章）演芸会、悲劇、そして告白

ダイアナの誕生日に一泊するよう、バリー夫人に勧められるアン。演芸会にもダイアナと一緒に行くことをバリー夫人は勧めます。マリラはそれには反対しますが、マシューは行かせてやればと言うので、マリラも承知します。

ダイアナの誕生日のお茶会のあと、ダイアナの部屋で、演芸会へ行く準備をします。ダイアナはアンの髪を高く結い上げた新型のポンパドールに調えました。ダイアナのいでたちは、毛皮の帽子と小粋なジャケットなのに対して、アンは簡素な黒のタモシャンター帽と不恰好な灰色のコートであることに微かに胸の傷みを覚えます。ダイアナのいとこたちは、大きな箱ゾリに乗ってやって来ました。ちりんちりんという鈴の音をさせて、ソリはアンたちを公会堂まで運んでくれました。

演芸会の出し物は素晴らしいものでした。プリシー・アンドリュースは『晩鐘、今宵は鳴らすなかれ』を暗誦しました。合唱隊が「やさしきひなぎくの遥か上に」を歌った時には、まるで天使のフレスコ画でも描かれているかのように天井を見つめ、サム・スローンが「ソケリーはいかにして雌鶏《めんどり》に卵を抱かせたか」を絵入りで説明すると、アンは笑い転げました。フィリップス先生は、シーザーの亡骸《なきがら》を前にして、マーク・アントニーが、ローマ市民に演説する場面を暗誦しました。しかし、ギルバート・ブライスの『ライン河畔のビンゲン』の暗誦は聞いていませんでした。

演芸会から戻ったのが午後十一時でした。着替えながらダイアナは、なぜギルバートの暗誦を聞いていなかったのかをアンに尋ねます。「もう一人あり、それは妹にあらず」というところで、彼はあんたをまっすぐ見たわよ、と告げます。それに対してアンは、ギルバートのことは話題にしないように言います。

客用寝室のベッドに、アンの提案で飛び込むと、先客がいました。ミス・ジョゼフィーン・バリーでした。ミス・バリーはお父さんのおばさんで、大変な金持ちで、シャーロットタウンに住んでいます。二人は客用寝室から飛び出し、ミニー・メイと一緒に眠りました。

次の日の朝、ミス・バリーは朝食には来ず、アンは朝食が済むと、すぐに帰りました。その後、リンド夫人の家へ立ち寄ったバリー夫人の話によると、ミス・バリーは、あんなことをしたダイアナにとても怒っているということでした。一か月は滞在するつもりだったけれど、もう帰ると言っているということや、ダイアナの音楽の稽古代も援助しないとか、バリー夫人は困っているということでした。

それは私のせいなので、私がミス・バリーに話をすると言ってアンはダイアナの家へ行きます。そして、ミス・バリーに面会し、自分はグリーン・ゲイブルズのアンというもので、悪いのは私だと話をします。ミス・バリーは、アンの例の想像力に満ちた話を聞くと、アンが気に入り、あんたがちょくちょく話に来てくれるなら、いてもいいということになり、一か月の予定をさらに延ばして滞在しました。ミス・バリーは、マシューと同じ心の同類だとアンは思いました。ミス・バリーは、町へ来たら、うちへお泊まり。いちばん上等な客用寝室に寝かせてあげるよ、と言ってくれました。


【十九章の中のミニ情報】
・ポンパドゥール
ルイ十五世の寵姫《ちょうき》、ポンパドゥール夫人（一七二一―六四）にちなむヘアスタイルで、前髪を大きくふくらませて後ろに結い上げたものです。彼女のファッションは、十八世紀後半の流行に影響力がありましたが、それから約百年後の十九世紀末の『赤毛のアン』の頃も、カナダで、これはおしゃれだったようです。

夫人が生きていた頃、フランスは、新重商主義政策の一環として、当時まだフランスの植民地だったカナダを毛皮の供給地としていましたので、夫人は、「カナダが有用なのは、ただ単に、私に、毛皮をもたらしてくれるから」と言っています。

・ギルバートの暗誦「もう一人あり、それは妹にあらず」

これは、イギリスのキャロライン・エリザベス・ノートンの詩『ライン河畔のビンゲン』の一節です。異国アルジェリアの戦場で死にゆく若い兵士が、最後に故郷のライン河畔のビンゲンを想い、兄弟、母、妹への別れの言葉を戦友に語る、という詩の最後にこの言葉を言って、ライン河畔を共に歩いた恋人への想いを語り、息を引き取ります。

ギルバートはこの台詞を言いながらアンを強く見つめた、ということは、アンを特別な人として意識していることを示しています。この部分は将来を予言していることになります。あとになって、ギルバートが死にそうだと聞いて、アンはギルバートを愛している自分の心に気づきます（第三巻『アンの愛情』四十章）。

（二十章）豊かな想像力、道をあやまる

カナダの春は、四月、五月に、美しく、気まぐれで、しぶるように少しずつ訪れて来ます。学校では、男女ともにメイフラワーを摘みに行きます。フィリップス先生は、「美しい花を、美しい乙女に」と言って、摘んだメイフラワーをみんなプリシー・アンドリュースに贈りました。メイフラワーより素敵なものはないとアンは思っていて、アンの想像では、メイフラワーは、去年の夏に咲いて枯れた花たちの魂なのです。アンはギルバートにこれを贈られましたが、断りました。

メイフラワーが終わると、次はすみれの季節です。

マリラはいつもの頭痛で頭を抱えています。アンは相変わらず仕事中に想像を巡らし、パイを焦がしたり、ハンカチに糊付けしたりしています。小川の上流でダイアナと見つけた島にヴィクトリア島と名付けたアン。ヴィクトリア女王の誕生日（五月二十四日）に見つけたので。二人の女王様への忠誠心はとても厚いことがわかります。そして今日はアンがグリーン・ゲイブルズへ来て丁度一年になる記念日だと言うアン。でも、マリラは覚えていません。

夕方、エプロンの型紙を借りにバリー家へ行かされるアン。夕方なので「お化けの森」は通りたくありませんでしたが、どうしても今日中にというので、命からがら用を果たして帰ってくるアンでした。


【二十章の中のミニ情報】
・ヴィクトリア女王の誕生日
女王の誕生日五月二十四日は、大英帝国植民地では祝日でした。ヴィクトリア女王の在位は、一八三七年から一九〇一年までで、『赤毛のアン』の時代背景は一八八〇年代から九〇年代と考えられていますので、物語の中で、カナダを統治しているのは、ヴィクトリア女王です。プリンスエドワード島は、女王の父親であるケント公（独身時代はエドワード王子）にちなんでつけられています。

女王在位五十周年の一八八七年には、島では祝砲を打ち、パレード、花火の祝賀行事が行われました。カスバート家は、大英帝国の一員としてのカナダ観を掲げ、反米親英的な政策を掲げていた保守党を支持していましたので、アンがイギリス王室への忠誠心が厚いのもうなずけます。モンゴメリのミドル・ネーム、モードも、ヴィクトリア女王の娘、モード王女にちなんでつけられました。

・お化けの森

モンゴメリの自叙伝によりますと、彼女は子どもの頃、家の果樹園の下にあるえぞ松の森をお化けの森だと空想して怖がっていたといいます。こうしたところにも彼女の体験が織り込まれています。

（二十一章）風変わりな香料

学校の六月の最終日に、今日で学校を去ることになったフィリップス先生の別れの挨拶があり、女の子たちはみんな泣きました。そして、長い二か月の夏休みが始まりました、十八年間アヴォンリーの牧師を務めたベントリー牧師の退職後、後任候補の牧師志願者の説教を聞き、信者たちの投票で決まった新しいアラン牧師夫妻が赴任して来られました。牧師館の準備が整うまで、リンド夫人の家に泊まることになったので、愛すべき弱点からマリラも見にいきました。アンはたちまちアラン牧師夫人を熱愛するようになりました。また一人心の同類を見つけたのです。

マリラがアラン夫妻をお茶会に呼ぶというので、アンはケーキを焼かせてもらうことにしました。

当日用意した御馳走は、チキンのゼリー寄せ、牛タンの冷菜、ホイップクリームをのせたレモンパイ、チェリーパイ、クッキー三種、フルーツケーキ、イエロープラムの砂糖煮、パウンドケーキ、レイヤーケーキ、ビスケット、パンでした。

すべては、結婚式の鐘のように愉しく過ぎましたが、アンの焼いたレイヤーケーキを食べたアラン夫人が奇妙な表情をしたので、出来上がるまでを辿ってみたら、香料のヴァニラの代わりに、痛み止めの塗り薬を入れていたことがわかりました。ベッドに身を投げ出して泣きじゃくるアンをアラン夫人は慰め、アンの花壇を見せてほしいと言ってくれます。

夫妻が帰られた後で、マリラは言います。あんたみたいな失敗の天才は見たことないよ。アンは言います。私、同じ失敗は二度としないのよ。一人の人間がする過ちには、限りがあるはずだわ。最後までやってしまえば、それで私の失敗も終わりよ。そう思うと、気が楽になるわ。

【二十一章の中のミニ情報】

・痛み止めの塗り薬

この鎮痛剤はたぶん沿海州で人気のあった「マイナード塗り薬」だっただろうと『完全版・赤毛のアン』(注②)に書いてあります。「人にも動物にも最適」という宣伝文句がついていましたが、とても強い刺激臭がありました。これはモンゴメリの人生の中で実際にあった出来事で、その時の状況は彼女の自伝に次のように記されています。

「この鎮痛剤ケーキという注目すべき出来事は、私がバイドフォードの学校(彼女の最初の赴任校)に勤めている時に起きました。私はそこのメソジストの牧師館に下宿していました。そこの牧師夫人がレイヤーケーキを鎮痛剤で味付けしたのです。その夜は知らない牧師がお茶に呼ばれていました。この牧師は自分に出されたケーキを完食しました。このケーキのことをどう思ったかは聞けませんでしたが、たぶん最新流行の味付けくらいに思ったのではないでしょうか」

（二十二章）アン、お茶に招かれる

郵便局へおつかいに行って、そこでアラン夫人からお茶に招かれる手紙を受け取り、ひどく感激するアン。すべて精と火と露からできているアンは、人生の喜びも哀しみも人の三倍も激しく感じられます。マリラはそのことを気にかけています。激情的なアンの魂にとって、人生の浮き沈みは、耐え難いのではと案じているのです。しかしアンは、喜びを感じる懐の奥行きも豊かなので、苦悩を差引いてもあまりあります。それは、マリラにも思い至りませんでした。気分にむらのない、穏やかな性格を養ってやるのが自分の務めだと思っているマリラです。

しかしそれは、小川の浅瀬で踊っている日光に、ちらちらするのはやめなさいと言うようなもので、アンには不可能で、相容れないものなのです。

お茶会の前夜、アンは惨めな気持ちでベッドへ。なぜなら、風向きが北東に変わり、明日は雨だとマシューが言ったので。しかし、マシューの予想は外れ、晴天。有頂天のアン。礼儀作法は「ファミリー・ヘラルド新聞」の礼儀作法欄で勉強したけれど気がかり。でも無事に終わりました。アンは帰宅すると、勝手口にある大きな赤い砂石に座り、一日の出来事を嬉しそうに語りました。出迎えてくださったアラン夫人の衣装がとても素敵で、まるで熾天使《してんし》のようで、大きくなったら牧師の奥さんになりたいと思ったアン。牧師さんなら赤毛でも気にしないと思うので。でも牧師の奥さんになるには生まれつき善良でないといけないから私じゃ無理ね。リンド夫人は、私にはたくさん原罪があると言っていました。

お茶会にはホワイト・サンズの日曜学校からもローレッタ・ブラドリーという女の子が来ていたことをマリラに話すアン。お茶会の後、アラン夫人はオルガンを弾いて歌を歌ってくださいました。ローレッタと私にも歌わせてくださいました。ホワイト・サンズのホテルに泊まっているアメリカ人が、シャーロットタウン病院を援助するために二週間ごとにコンサートを開いていて、ローレッタの姉も出場するので、ローレッタは先に帰ったわ。

その後アラン夫人と心を開いてお話をしたの。何もかもお話ししたの。アラン夫人も幾何は劣等生だったと聞いて勇気づけられたわ。帰ろうとしていたら、リンドのおばさんが来て、理事たちが、アヴォンリー校の新しい先生を、ミス・ミュリエル・ステイシー先生に決めたことを報告されたのよ。リンド夫人は女性の教師に反対し、危険な改革だと言っていたけど、私は素晴らしいと思うわ、とアンは言いました。

【二十二章の中のミニ情報】

・精と火と露からできているアン

モンゴメリは『赤毛のアン』の扉に、ロバート・ブラウニング（一八一二―一八八九）の詩「エヴリン・ホープ」の一節「あなたは良き星のもとに生まれ　精と火と露より創られた」をモットー（題字）として掲げています。「精と火と露」とは、精神の豊かさ、炎のような情熱と活気、そして嬉しいときも憤るときも涙をこぼし、しかしあとくされなく爽やかなアンの性格を表わした表現です。

・砂石

地質の特性から、プリンスエドワード島には岩がありません。砂が固まったようなもろい砂石があるだけです。そのため島では、硬い岩を用いた建造物はまれです。本土から石材を運んで建てるので、豊かな毛皮商人などの屋敷に限られていました。

（二十三章）アン、名誉をかけた事件で、憂き目に遭う

塗り薬ケーキ事件から一か月、その間、空想に耽っていたため、小さな失敗がいくつもありました。小川に落ちたり、ブタ用エサを毛糸かごに注いだりしました。

牧師館のお茶会の一週間後、ダイアナの家でパーティがありました。パーティでは、当時はやっていた「できるものならやってみよ」ごっこをやることになりました。そして、柳の巨木のてっぺんに登ることや、左足でけんけんをして庭を一周することや、板塀の上を歩くことが行われました。アンは、屋根の棟を歩くことを挑まれ、その結果、失敗し、アメリカヅタの茂みに落ちてしまいました。バリー氏に抱きかかえられて、皆で帰って来るところを目撃したマリラは、胸が突き刺されるような不安に襲われました。アンが自分にとって、どんなに大切か思い知らされたのです。この世で一番愛しい子だと身に染みてわかったのです。足首を骨折していて、退屈な七週間を過ごすことになりました。アラン夫人は十四回見舞いに来てくれました。リンド夫人は来るたびに自業自得

だと言いました。
ダイアナは毎日来てくれて、いろいろ話してくれます。学校が始まると、ステイシー先生は金髪で、瞳は魅惑的で、きれいだと教えてくれます。服もおしゃれで、大きなパフスリーブの服を着ていて、金曜日は一週おきに暗誦の授業があり、ダイアナとルビー・ギリスとジェーン・アンドリュースの三人は、来週の金曜日に発表する『朝の往診』という対話劇の練習をしていることを伝えます。そして、朝夕には体育をし、暗誦のない金曜日は野外授業があると、ダイアナは教えます。ステイシー先生は心の同類にちがいないと思うアン。マリラはアンに、屋根から落ちても、あんたの舌はかすり傷一つ負わなかったねと皮肉を言います。

【二十三章の中のミニ情報】
・『朝の往診』
これは、アメリカの医学者であり詩人だったオリバー・ウェンデル・ホームズ（一八〇九―一八九四）の詩で、医者は病人の身になって応診、診察、処方をしなさいという戒めの詩です。怪我をして寝ているアンにぴったりの詩といえます。

（二十四章）ステイシー先生と教え子たちの演芸会
十月になって、アンはようやく学校へ戻れるようになりました。ステイシー先生はほがらかで、思いやりがあり、精神面でも道徳面でも教え子のいちばんよいところを引き出す才能に恵まれていました。アンは学校で『スコットランド女王メアリ』を暗誦しましたが、ルビー・ギリスは、血も凍りそうになるほど真に迫っていたと帰り道で感想を述べました。ステイシー先生は、毎日生徒たちに、体をしなやかにして、消化も促進させるために体操もさせているとマリラに言うと、くだらないとマリラは言います。

十一月になり、先生はクリスマスの夜に演芸会をやることを提案します。そして、この売り上げを学校の国旗購入の足しにするということです。マリラは演芸会もくだらないと言います。勉強に費やす時間が無駄になるというのです。

マリラに水を差されても、アンはめげずに練習に情熱を燃やします。ダイアナは合唱の独唱を担当し、アンは、『ゴシップ撲滅協会』『妖精の女王』『信仰と希望と愛』に出演することになっています。

私の望みはただあんたがお行儀よくすることだけ、と言うマリラ。アンは溜め息をついて裏庭へ出ます。マシューが薪を割っていました。アンは丸太に座り、マシューに演芸会の話をしました。マシューが熱心に聞いてくれることは確かでしたので。

【二十四章の中のミニ情報】

・『スコットランド女王メアリ』

スコットランドの詩人であり法律家だったヘンリー・グラスフォード・ベル（一八〇三―七四）

の詩『スコットランドのメアリ女王』と思われます。内容は、メアリ・スチュアートが処刑される死の間際に、生涯を振り返るもので、処刑後の愛犬の悲しみまでが描かれています。

スコットランドはゴルフ発祥の地（セントアンドリュースゴルフ場）で、世界で初めてゴルフをしたのは、メアリ・スチュアートでした。メアリがゴルフをするときに生まれた言葉がキャディです。彼女には奔放な愛に生きた面があって、そのために反乱が起き、島に幽閉されてしまいます。いとこのイングランドのエリザベス一世を頼り島を脱出しますが、こんどはイギリスで十八年間の幽閉生活を送ります。英国国教会のエリザベス一世を暗殺してカトリックのメアリを擁立しようとする内容の暗号の手紙が見つかり、メアリは無実を主張しましたが、断頭台へと送られました。

メアリが処刑されたことを知り、カトリックのスペインはイギリスへ無敵艦隊を差し向けましたが、アルマダの海戦で撃退され、この勝利以降、大英帝国繁栄の道が開かれました。二〇一七年に、メアリが処刑される六時間前に書いた手紙が公開されました。息子ジェームズをエリザベス女王に託し、息子の望むことに力を貸してくださいという内容でした。メアリの処刑の十六年後にエリザベス女王は亡くなり、王位をメアリの息子ジェームズに譲りました（ジェームズ一世）。以後現代まで、メアリの血筋はイギリス王室に脈々と流れていくことになります。幽閉中のメアリの楽しみは刺繍で、彼女の刺繍の数々がヴィクトリアアンドアルバート博物館に展示されていますが、その刺繍の中に、「我が終わりにはじめあり」という言葉が刺繍されたものがあります。その通りになったということですね。メアリの真珠もエリザベス一世から現代まで引き継がれています。

余談ですが、エリザベス一世が作らせたもので日本が輸入したものに大砲があります。家康が購入し、大坂冬の陣で使いました。同じ大砲がロンドン塔に展示されています。

（二十五章）マシュー、パフスリーブにこだわる

居間で『妖精の女王』の練習をしている女の子たちが、マシューのいる台所へやってきたので、女の子が苦手なマシューは、見えないところへ隠れました。その時、アンが他の女の子たちと違っていることに気づきました。その夜、タバコの力を借りて、どこが違っているのかを考えて、着ているものが違うことに気づきました。そういえば、アンの服は、飾り気のない黒っぽい服ばかり。形も同じもの。他の女の子たちは、みんな、赤、青、ピンク、白と、かわいい色の服を着ていました。なぜマリラは、あんなに質素で地味な身なりをさせるのか？

マシューはアンに服を贈ることを決めます。クリスマスまであと二週間。翌日の夕方、カーモディへ服を買いに。いきつけのウィリアム・ブレアの店ではなく、サミュエル・ローソンの店へ。あいにく、奥さんの姪が応対したため、恥ずかしさのあまり、熊手と砂糖を買って帰る羽目に。リンド夫人に相談すると、引き受けてくれると言います。夫人は、ブレアの店で茶色のグロリア地を買い、最新流行のものに仕立ててくれることになりました。リンド夫人は独り言を言います。マリラは忠告を聞かない。子育てを知らない連中は、「三の法則」（数学の定理）みたいに簡単にいくと思っている。どの子にも当て嵌まるような決まったやり方はない。アンにあんな身なりをさせて、謙《へりくだ》りの精神を養おうとしているつもりだろうが、かえって妬みや不平不満が養われる。そこにあの男が気

づいたとはね。あの男もやっと目が覚めたんだね。

クリスマス・イヴに新しい服を届けると、マリラは案の定、アンが見栄っ張りになるだけだと言いました。クリスマスの朝、マシューがアンにそのパフスリーブの服をプレゼントすると、しばらく言葉が出ないほど、アンは喜びました。深紅のアルスター・コートを着たダイアナがやってきて、ジョゼフィーンおばさんから二人にプレゼントが送られてきたと言って、素敵な靴を持って来てくれました。

演芸会は大成功でした。アンが落としたバラをギルバートが拾って胸のポケットにさしたことをダイアナはアンに言いました。マリラは、今夜はアンを誇りに思ったけれど、それは言わないことにしたのでした。


【二十五章の中のミニ情報】
・服を買うのに四苦八苦するマシュー
マシューの困難の一端は、十九世紀のアヴォンリーの田舎では、誰も既製服を買おうという人がいなかったという事実にも起因しています。当時は各家庭で作るのが一般的でした。それでリンド夫人が生地を買って作ってくれることになったのです。
・リンド夫人の独り言
リンド夫人はマリラやマシューについて独り言を言いますが、第一章でも、マリラが男の子をもらう決心をしたことについて独り言を言っています。時々彼女は独り言を言いますが、これはアンが植物や木に向かって話をするのと同じようなものです。これは見かけはまったく正反対のレイチェル・リンドとアン・シャーリーを結びつける巧妙な仕掛けの一つと言えるかもしれません。

・アルスター・コート

これは長くてゆったりとしたベルトつきオーバーコートのことで、アイルランド北東部、アルスター地方産のラシャで織ったため、この名前があります。

（二十六章）物語クラブの結成

子どもたちは元の平凡な生活になかなか戻れません。アンにとっては、何もかもが味気なく、気の抜けた、生き甲斐のないものに思えました。演芸会なんかすると、普通の生活では飽き足らなくなります。だからマリラは反対しました。マリラは分別があります。立派だと思うけれど、私は分別のある人になりたいわけではありません。ロマンチックじゃないからとアンは思います。

アンの十三歳の誕生日がきました。自分がティーンズだなんて信じられないアン。あと二年で本物の大人になります。アラン夫人は、慈愛の心に欠けることは言ってはいけないといつも言っています。アラン牧師がアラン夫人にべた惚れなのに対して、リンド夫人はそこまで愛情を注ぐのはどうかと思っています。牧師さんだって他の人と同じように、ややもすると陥り易い罪があります。

アンの罪は、想像に耽りすぎて、やらないといけないことを忘れてしまうこと。

ステイシー先生からの物語創りの課題で困っているダイアナ。アンはもう書いてしまっています。

アンの想像力を羨ましがるダイアナ。それで、物語クラブを作って、ダイアナの想像力を磨くことにします。他にも女子数名が加わり、想像力を磨いていきます。

作り話を書くなんて、まったくばからしいとマリラは言います。読むのも悪いのに、書くなんてもっと始末が悪いとマリラは言います。でも、私たちは話に教訓を織り込むように工夫しているというアン。善人は報われ、悪人は罰を受けるといった教訓を。アラン夫人も、何をするにも世の中の役に立つようにとおっしゃっています。

アラン夫人は子どもの頃はとんでもないいたずらっ子だったんですって。そう聞いて、私、とても勇気づけられたわ、とアン。でも、リンドのおばさんは、小さい時の話でも、悪いことをした人の話を聞くと、もうその人を尊敬できなくなるんですって。ある牧師さんが子どもの頃、叔母さんの家の配膳室からイチゴのタルトを盗んだという話を聞いたリンド夫人は、それからその牧師さんが尊敬できなくなったんですって。私はその牧師さんは本当に高潔だと思うわ。悪さをして後悔している男の子がその話を知ったら、どんなに励まされることでしょう。

【二十六章の中のミニ情報】

・アンの十三歳の誕生日

アンは三月生まれということは書いてありますが、何日かは書いてありません。占星術でいくと、二十日までだと魚座（二月十九日―三月二十日）になり、それ以降だと牡羊座（三月二十一日―四月十九日）になります。魚座の特徴の一つは、天性のなごみオーラで人々を癒す反面、喜怒哀楽が強く、バランスを壊しやすいとなっています。牡羊座の特徴の一つは、自尊心が強く、独立心旺盛で、競争意識強く、常に目立つ位置をキープしようとするとなっています。どちらもアンにはあてはまりそうですが、三月二十五日がアンの誕生日だとしたら、聖母マリアの受胎告知の日と重なりますので、この日だったら面白いですね。

・ややもすると陥り易い罪

新約聖書「ヘブライ人への手紙」第十二章一節に出てくる言葉で、そうした罪をかなぐり捨てて、宗教的生き方に邁進しようという内容の手紙ですが、アンの場合は、想像に耽りすぎて、やるべきことを忘れてしまう面と書いてあります。人の悪口を言ったりとか、人間には、人に厳しく、自分には甘い面があります。そうしたことが、ややもすると陥り易い罪ということになるのでしょうね。

（二十七章）　虚栄心、そして苦悩

四月の終わり、教会援護会から帰ったマリラは、五時には夕食の支度ができているようにとアンに言いつけておいたのに、していなかったので、腹が立ち、レイチェル夫人なみにアンをけなします（レイチェルは、天使ガブリエルの欠点もほじくりだそうとする女性だとマリラは思っています）。ところがアンは、髪を緑色に染めて、ベッドで泣いていたのです。カラスのような黒髪になる、洗っても落ちないというので、イタリア人の行商人から染料を買ったと言います。イタリア人どもを家に入れないように言っておいたでしょ、とマリラが言うと、イタリア人じゃなく、ドイツからきたユダヤ人だったと言います。七十五セントだったけど、五十セントしかなかったので、まけてくれたと言います。

自分の虚栄心で自分がどんなざまになったかしっかり見なさいと言うマリラ。洗っても落ちないという点は本当でした。一週間、どこへも行かずに髪を洗い続け、このことは、ダイアナだけが知っていました。それでも落ちないので、髪を切るしかないというマリラ。本に出てくる女の子は、熱病や気高い目的のために髪を切るのに。

次の月曜日に、アンの刈り上げた頭はセンセーションを起こしますが、誰も真相には気づきませんでした。

アンは、持病の頭痛でソファに横になっているマリラに語りかけます。学校ではジョージー・パイに案山子《かかし》そっくりだと言われたけど、これも罰のうちと思って言い返さなかったこと、これからは美人になるためではなく、いい人になるために全力を尽くすこと、私の髪がのびたら、黒いベルベットのリボンをぐるっと頭に巻いて、横で蝶々結びにしたら似合うとダイアナが言ったこと、でも私ならそのリボンをスヌードと古風に呼びたいこと、などを話し、私のおしゃべり、マリラの頭痛にさわる？　と気遣います。

【二十七章の中のミニ情報】

・腹が立って、レイチェル夫人なみにアンをけなすマリラ

個人的なことですが、私は、言いたいことを言わないでおくことも修行の一つだと思って、言い

たいことも言わないで日々を過ごしています。

・大天使ガブリエル

七大天使の一人で、人間への慰めと吉報をもたらす天使です。マリアに受胎告知したのもこの天使です。

・本に出てくる女の子は、熱病や気高い目的のために髪を切るというのに

ルイーザ・オルコット（一八三二―八八）の『若草物語』（一八六八、九）で、次女のジョーが、入院している父親のために、頭を刈り上げて髪を売り、お金の工面をしたことが思い出されます。この本はモンゴメリが生まれる前に発行されてベストセラーとなり、彼女も読んでいました。O・ヘンリーの「賢者の贈り物」では、妻が髪を売って、夫の金の時計の鎖を買います。

（二十八章）不運な百合の乙女

アンとダイアナは、夏の遊びとして池に舟を浮かべたり、水辺で過ごしたりしました。ある時アンは、テニスンの『国王牧歌』の中の「ランスロットとエレーン」のお芝居をしようと提案しました。そして、エレーン役を巡って話し合いました。ダイアナもルビーも怖くてできないと言います。

アンは怖くはありませんが、赤毛のエレーンはおかしいのでできないと言うと、アンの髪の色は変わってきていて、金褐色といってもいいほどになっているとダイアナが言います。

エレーンのお芝居をしようとアンが言い出したのは、前の冬に学校で、テニスンの詩を習ってい

たからです。生徒たちにとっては、うるわしの百合の乙女エレーン、騎士ランスロット、グィネヴィア王妃、アーサー王の四人が、実際に生きていた人物のように感じられました。とくにアンは、なぜ自分が、アーサー王の宮廷があった伝説の町キャメロットに生まれなかったんだろうと、内心嘆くくらいでした。彼女に言わせると、あの時代は今よりもずっとロマンチックだったのです。言いだしっぺでもあるので、しぶしぶアンがエレーン役を引き受けることになります。エレーンのなきがらにかける金色の布がないので、黄色い絹の日本ちりめんでできた古いピアノかけを使うことにしました。

ところが、舟に水が漏れ、アンは橋杭につかまって、助けを待ちました。流れていった舟が沈んだのを見たダイアナたちは、アンも沈んだと思い、気も狂わんばかりに叫び声をあげて助けを求めに行きました。腕も手首も痛くなり、もうこれまでと思った時、ギルバートが助けてくれて、船着き場まで連れて行ってくれました。ギルバートは言います。僕たちいい友達になれないかな。あの時は悪かった。今の君の髪はとてもきれいだ。一瞬アンは躊躇《ためら》いました。彼のはしばみ色(薄茶色)の瞳が自分を見つめているのが素敵に見え、かつてない不思議な胸騒ぎを覚え、心臓がどきどきして妙にときめきました。しかし、苦々しい古傷のことを思い出したとたん、揺るぎかけていた心が固まります。そして、友達になることを断ります。

ギルバートは怒りに頰を紅くして、小舟に飛び乗り、もう二度と頼まないと言って去って行きました。アンは、後悔にも似た妙な気持ちがして、落ち着きませんでした。

助かったことを知ったみんなには、事の顚末を話し、心配をかけて本当に悪かったとアンは詫びました。そして自分は不幸な星のもとに生まれたのだと、つくづく思うのでした。
この一件を知って、バリー家もカスバート家も胆を潰しました。一体いつになったら分別がつくのとマリラ。分別がつく見込みは前に比べるとずっとあると言うアン。失敗の度に欠点が直ってきました。しかし、マシューは、お前のロマンスをすっかりやめてはだめだと言ってくれました。

【二十八章の中のミニ情報】

・テニスンの『国王牧歌』

テニスンの『国王牧歌』は、マロリーの『アーサー王の死』を基にした長大な叙事詩です。その中でエレーンは、ランスロットへの報われない愛のために息絶えます。ランスロットはアーサー王の妻グィネヴィアを愛しているので、エレーンの愛に応えることができません。モンゴメリは日記に次のように記しています。「私はテニスンのアーサー王が大嫌いだ。もし私がグィネヴィアでも、きっと夫を裏切るだろう。ただし相手はランスロットじゃない。ランスロットも別の意味で耐え難い。ゲレイントなんてもう、もしも私が妻のイーニッドだったら、噛みついてやるわ」

・日本ちりめん

日本の和服の美しい絹の縮緬《ちりめん》が欧米に輸出され、パリモードでは和服の生地を裁断したドレスや着物の柄を模倣した布地が作られました。パリ、ロンドンの万国博覧会以降、日本趣味はエキゾチックでおしゃれなものとされました。様々なものに日本風スタイルを用いることが一八八〇、九〇年代にはやりました。ギルバートアンドサリバンの『ミカド』が書かれたのは一八八五年でした。

・自分は不幸な星のもとに生まれた
占星術では、生まれた瞬間の星の位置が、人の性格や運命を決定づけると信じられています。

(二十九章) 一生忘れられない思い出

九月のある日、『マーミオン』の一節をくちずさみながら雌牛を家に連れて帰っていると、ダイアナがやってきて、ジョゼフィーンおばさんから、来週の火曜日に、ダイアナとアンに泊まりにくるようにとの手紙がきたとのことでした。品評展覧会にも行こうと書いてありました。マリラが許してくれそうもないので、ダイアナの母に頼んでもらい、行けることになりました。品評展覧会ではリンドのおばさんが自家製バターとチーズで一等賞を取りました。競馬や気球やおみくじも愉しみました。おみくじは十セントで、小鳥がおみくじをくわえてくるものです。著名なプリマドンナ、マダム・セリツキーのコンサートにも連れて行ってもらい、涙を流して、感動しました。

客用寝室に泊めてもらいましたが、それほどときめきませんでした。子どもの頃、ほしくてたまらなかったものでも、大人になって手に入れてみると、ときめきが薄れることがあります。

ダイアナは都会暮らしに向いていると言いましたが、自分は向いていないと思うアン。

夜の十一時に、電灯でまぶしいくらい明るいレストランで、アイスクリームを食べるのもたまにはいいけれど、普段は十一時には自分の部屋でぐっすり眠っている方がいいと言うアン。

ミス・バリーは、マリラがアンを引き取った話を聞いた時は、いい年をして馬鹿なまねをしたと思いましたが、あんな子がいたら、私ももっと優しく幸せな女になれただろうにと思うのでした。

自分の家への帰り道、アンは、生きているってなんて素敵、家に帰るってなんて素敵と言いました。帰ると、ロースト・チキンが待っていました。あんたがいなくてさびしくてたまらなかったと言うマリラ。こんなに長い四日間は初めてだとマリラは言いました。

この四日間は一生忘れられない思い出よ。でもいちばん素晴らしかったのは家に帰って来たことよとアンは答えました。


【二十九章の中のミニ情報】

・品評展覧会

地方都市で開かれる博覧会で、特に秋の収穫後の展覧会のこと。シャーロットタウンの展覧会は一八七九年に始まり、一八九〇年からは、プリンスエドワード島州全体の品評会が大規模に開催されるようになりました。馬と家畜のパレード、スコットランドのダンス、農産物・乳製品・手芸品の品評、新しい農機具の紹介などが行われました。収穫後の農閑期なので多くの人でにぎわい、その期間中はプリンスエドワード島鉄道や船の運賃も割引で、臨時便も出ました。アンの興奮が感じられます。今でも同様の催しは北米各地で行われていて、映画にもなった恋愛小説『マディソン郡の橋』は、アイオワ州の子牛の品評会へ家族がでかけて留守だった四日間に起きた出来事でした。

・マダム・セリツキー

これは架空の名前ですが、当時としては唯一のカナダ人のプリマドンナであったエマ・ラジュネッスのことを念頭に置いているものと思われます。

モンゴメリ及び二人の女性作家による『勇気ある女性たち』（一九三四）でもラジュネッスは讃えられていて、「カナダの歌の女王」と呼ばれています。

余談ですが、アンデルセンは歌の力に人一倍敏感で、スウェーデンの歌姫イェニー・リンドに心酔し、恋心を伝えましたが失恋、悲しみを昇華させて「ナイチンゲール」という童話を書きました。
・電灯でまぶしいくらい明るいレストラン
プリンスエドワード島に電灯が初めてついたのは一八八五年でした。しかしアンの住む農村部ではまだ電灯はなく、夜は灯油ランプが主流でした。
・照り焼きチキン
牛は乳牛が主だったので、食肉にはされませんでしたし、豚は塩漬けにして食べました。チキンは、特別な機会にわざわざしめて料理するため、贅沢な御馳走でした。大切な鶏をマリラはローストにして、四日ぶりに帰ってきたアンを迎えました。ここにはマリラの愛情が感じられ、それを見たアンの歓びもひとしおだったでしょう。

（三十章）クィーン学院受験クラス、編成される

十一月、アンは暖炉の前でトルコ人のように、あぐらをかいて座り、空想に浸っています。このところ、目が疲れがちなマリラですが、空想に耽るアンを愛しげに見つめています。こんなまなざ

しを向けるのは、見られていない時だけ。愛情は言葉で伝えたり、顔に表したりすべきものですが、マリラにはそれができません。愛しすぎるあまり、甘やかしはしないかと不安になります。一途に愛していたので、生身の人間をこんなにも強く愛するなんて、神への冒涜ではないかと気が咎めました。そこで、アンをさほど大切に思っていないかのように、冷淡に、厳しくあたることで、無意識のうちに罪滅ぼしをしているのかもしれません。アンは、そこまでは想像が及びませんでした。気難しく、気持ちをわかってくれないし、話も通じない人だと思い悩むこともありました。

しかし、マリラには大変世話になっているので、そのように思うことに自責の念にかられることもあります。

ダイアナとアンは、二人とも結婚しないで、立派な未婚女性として、生涯一緒に暮らす約束をしようか、しまいか悩んでいるところです。ダイアナは決心がつきません。向こう見ずで乱暴な性悪男と結婚して、夫を改心させるのも、崇高な行いという気もすると言います。

もうすぐ十四歳。ステイシー先生が十三歳以上の女の子たちを集めて話をしました。十代の内に、どんな習慣を身につけるのか、どんな理想を持つのか、気をつけなさい。二十歳になるまでに人間の性格はできあがってしまい、人生の土台も固まります。土台がしっかりしていないと、真に価値あるものは築けません。

アンが家へ帰ると、ステイシー先生が来て、話していかれたとマリラが言います。カナダ史の授業の時、アンが『ベン・ハー』を読んでいて、取り上げられたこと。二つ悪いことをしたと言われたこと。勉強の時間を無駄にしたこと、先生を騙したこと。許してくださったのに、家へ来て言いつけるなんて！　とアンは怒ります。先生はそんなことで来たのではないとマリラは言います。よくできる生徒を集めて、クィーン学院の受験勉強用のクラスを作るが、マシューとマリラがアンを入れたいかどうかを訊きにみえたと言います。あんたはそこへ行って、先生になりたいかい？　私の一生の夢よ。でもお金がかかるんでしょ？　そんな心配はしなくていいよ。二人で決めていたから。生活費くらい、自分で稼げる能力を身につけていた方がいいからね。

入試までの一年半の闘いが始まりました。クラスは七人。ダイアナは両親がクィーン学院にやるつもりがないので入りませんでした。アンは悲しみましたが仕方ありませんでした。夏休み、アンは教科書を全てトランクに入れて鍵をかけ、羽を伸ばすことにしました。だって、この夏は、少女として過ごす最後の夏かもしれないもの。マシューはひどい心臓発作を起こし、興奮しないようにと医者に言われました。アンは今じゃ落ち着きもでてきて、頼りになるとマリラは言います。この三年の変わりようは驚きで、特に容姿が、著しく変わりました。きれいな娘になっていたのです。

【三十章の中のミニ情報】

・立派な未婚女性として、生涯一緒に暮らす約束をしようか、しまいか、悩んでいるの

十八世紀から十九世紀後半にかけて、北米では、中産階級の（特に高学歴の）女性が、結婚しないで女同士で暮らし、生涯を共にすることは、二十世紀でのように同性愛者と解されることはなく、胸ときめく友愛であり、知的で道徳的な人生設計と見なされ、確立していました。また当時は、結婚しなければならないという社会の抑圧も現代ほど強くなく、、生涯を独身で過ごす人々は少なく

ありませんでした。『アン』シリーズでは、各巻に、結婚しない人々が何人も描かれています。

・『ベン・ハー』

アメリカの軍人、小説家のルー・ウォーレス（一八二七―一九〇五）作の小説で、副題は「救世主の物語」となっています。一八八〇年、アメリカで発行されると、たちまち大ベストセラーとなりました。イエスが生きていた頃のローマ帝国時代、ベツレヘムに生まれたユダヤ人の若い貴族ベン・ハーが、様々な苦難ののちに、キリスト教徒となる物語です。今までに何度か映画化されていて、一九二六年にモンゴメリは、レイモンド・ノヴァロが登場する映画を見ています。「物語を映画化したもので、失望しなかったのはこの映画くらいだ。戦車レースの場面はすごかった」と日記に書いています。

（三十一章）小川と河が出会うところ

夏休みに入ると、たまたまアンを見かけた、ミニー・メイを手当てした医師がマリラに手紙を送り、アンは肺結核になる恐れがあるので、足取りがもっと機敏になるまで、読書・勉強はさせず、外で遊ばせるようにと言ってきました。アンが遊び歩いてもマリラは叱らず、アンにとっては最高の夏休みになりました。

九月に入ると、アンの目は輝き、足取りも機敏になり、心は再び野心と熱意に満ちてきます。アラン牧師を尊敬しているアンは、自分も牧師になりたいと思いますが、今のところ女性は牧師になれないことが不満で、どうしてなれないのかマリラに訊いたりしています。この夏は身長が二インチ（約五センチ）も伸びたアン。マリラはスカートに襞《ひだ》飾りをつけた深緑色の服も作ってくれました。冬の間もアンの背は伸び、マリラを超しました。今のアンも幼かった頃のアンと同じように愛しいが、何かを失った気がして哀しく思うマリラ。アンが変わったのは体だけではなく、歴然とした変化が、他にもありました。口数が少なくなったこともその一つでした。ステイシー先生は、短い言葉ほど説得力があってわかりやすい、作り話も日常生活で実際に起こりそうなことだけにしなさいと先生がおっしゃったとアンは言います。私もすっきりした言葉の方が味わいがあるとわかってきたの、とアンは言っています。

入試対策はステイシー先生が厳しく指導してくださっていますが、ときどき夜中に目が覚めて、落ちたらどうしようと心配になるアンでした。

【三十一章の中のミニ情報】

・女性は牧師になれない

十八世紀にはすでに、多くの宗派で女性が素人として説教壇に立つことはできました。特にメソジストなど、聖霊の賜物を強調する宗派ではそうでしたが、正式に牧師として認められた最初の女性は、アントワネット・ルイーザ・ブラウンという人で、一八五三年にニューヨークのサウスバトラー会衆派教会の牧師となりました。一八八八年頃までは、合衆国全体で二十人ほどしか女性牧師はいなかったと推定されています（ただし、クエーカーに女性牧師が約三五〇人いたのは別）。

女性を聖職者に任命した宗派としては、メソジスト、会衆派、バプティスト、ユニヴァーサリスト、ユニテリアン、などが早かったようです。長老派、イギリス国教会など伝統的な宗派では、このような改革を実現するのに、もっと時間がかかりました。カナダで女性が聖職に叙任され、十全の資格を付与されるに至るには、一九三六年のカナダ統一教会の例まで待たねばなりませんでした（『完全版・赤毛のアン』の注より）。

・この夏身長が二インチ（約五センチ）伸びたアン

私にもこんな時期があればよかったのですが（私は小柄なのです）。

（三十二章）合格発表

六月が終わり、その年の学年度が終了し、ステイシー先生の任期も終わり、お別れの挨拶があったため、アンとダイアナは泣いて帰って来ました。あとは受験です。受験番号が十三という縁起の悪い数字なので不安なアン。アンはギルバートには負けたくなかったし、期待してくれているマシューのためにも上位合格をどうしてもしたいと思っていました。

試験が終わり、二週間後に発表があるはずでしたが、三週間経っても「シャーロットタウン・デイリー新聞」に発表は載っていませんでした。この間の緊張は耐え難いものでした。しかしついに合格発表があり、合格者二百人中、アンはギルバートと同点でトップ合格でした。そしてアヴォンリーの生徒は全員合格していました。

【三十二章の中のミニ情報】

・十三という縁起の悪い数字

キリストの最後の晩餐が十三人で行われたことから十三が不吉な数字となり、キリストは金曜日に磔にされたので、十三日の金曜日が不吉な日とされました。一九〇七年にトーマス・ウィリアム・ローソンによって書かれた『十三日の金曜日』は、この迷信を広めるために書かれました。しかし、十三日の金曜日を不吉とするのは、英語圏とドイツ、フランスだけです。またフランスでは、宝くじの売り上げが急上昇する日でもあります。イタリアは十七日の金曜日が、スペイン語圏では十三日の火曜日が不吉な日とされています。

日本には十三参りという行事がありますが、これは旧暦の三月十三日前後に、男女とも数え年十三歳で行う寺社へのお参りのことで、子どもの多福・開運を祈り、大人への仲間入りや厄払いの意味があります。特に、京都嵯峨の法輪寺の虚空蔵菩薩への十三参りは有名です。

(三十三章) ホテルの演芸会

アンは、ホワイト・サンズ・ホテルで開かれる演芸会に出演し、詩の暗誦をすることになったため、自分の部屋でダイアナに衣装等の演出をしてもらいます。これは、ホテルの滞在客がシャーロットタウン病院を後援するために企画した催しで、一芸のあるアマチュアが近隣の町村からかり出され、出演の協力を頼まれたものなのです。

ホテルへ着くと、アンは、その場の雰囲気に圧倒され、あがってしまい、頭が真っ白になってしまいますが、客席でギルバートが笑っているのを見て、失敗して彼を喜ばせてなるものかと思うと、勇気と決意が漲《みなぎ》り、今までにない出来栄えで『乙女の誓い』の暗誦を終えることができました。アンコールが起こり、短い滑稽な詩を披露すると、会場はますます沸きました。アメリカの大富豪の妻が、アンを客に紹介して回ります。

帰り道、ダイアナは、自分が座っていた近くにアメリカ人の画家がいて、「舞台にいる、あの美しいティティアン（赤毛の女性を好んで描いた画家）の髪をした女の子は誰だい？　絵に描きたいような顔つきをしているね」と言っていたことをアンに告げます。ジェーンは、来ていた女性たちは皆ダイヤで飾っていたことを話題にして、お金持ちになりたいと言います。それに対してアンは、私たちだってお金持ちだと言います。この十六年間を立派に生きて来て、女王様みたいに幸福だし、想像力も持ち合わせている。何百万ドル持っていても、ダイヤがいくつあっても、海の美しさを愉しめるかはわからないわ。私は自分以外の誰にもなりたくないわ、とアンは言います。

【三十三章の中のミニ情報】

・『乙女の誓い』

スタフォード・マクグレガーの作品で、若きフランス娘レネッカが、恋人のモーリスがプロイセンドイツとの戦いから無事戻ることを祈ります。そして、他の誰とも結婚しないことを誓い、もし彼が戦死したら、自分が死ぬまでその誓いを守ると言います。『アンの青春』では、ギルバートへのアンの気持ちはレネッカと同じだと気づきますが、この時点ではまだ反発しています。これに対してギルバートは、アンは本当に情熱的で誠実な人なのだと改めて感じたのではないでしょうか。

(三十四章) クィーン学院の女子学生

それから三週間、アンは進学準備で大忙し。服もたくさん作ってもらいましたが、薄緑色の夜会服は評判のエミリー・ギリスに作ってもらいました。アンはそのドレスを着て、台所で、マシューとマリラのために『乙女の誓い』を暗誦しました。それを聞いて涙するマリラ。詩に感動したのではなく、小さかった頃のままでいてほしかったと思ったのです。背丈も伸び、垢抜けし、こんなドレスまで着ていると、いつもと違って見えて、寂しかったと言います。それに対してアンは、私は何も変わっていないと言います。余分な枝を刈り込んで、別の枝を伸ばしただけで、本当の私はその後ろにいて、いつも同じだと言います。心の中の私はいつまでもマリラの小さなアンなのよ。マシューは言います。あの子は賢くて、きれいで、愛情深い子だ。神様が授けてくださったのだ。スペンサー夫人も、全く運のいい手違いをしてくれたものだ。いやいやこれは運の善し悪しではなく、神様の思し召しで、全能の神は、わしらにあの子が必要だとご覧になったのだ。

いよいよ出発の時が来て、よく晴れた九月の朝、マシューが馬車で送ります。マリラは必要もない仕事に精を出して、耐え難い心の傷みと闘います。胸を焦がし、心が千切れそうな傷みです。夜は枕に顔を埋めてむせび泣いています。自分と同じ罪深い人間にこんなにも入れ込むことは、邪悪なことと、恐ろしくもなります。

アンは、二年分の学科を一年で修了する第一課程へ進みます。アヴォンリーの生徒でこの課程へ進んだのはアンとギルバートだけで、他の子たちは第二課程へ進みました。第一課程は五十人です。

ミス・バリーはアンを住まわせたかったのですが、学校から遠かったので、下宿先を探してくれました。

アンは、ホームシックに苦しみました。

アヴォンリーにいれば、果樹園は月光に照らされ、坂の下には小川が流れ、その向こうでは、えぞ松の枝が夜風にそよいでいます。天には星のまたたく大空が広がり、ダイアナの窓の灯《ともしび》が、森を透かしてちらちらと見えます。しかし、ここには、そうしたものは何もありません。窓の下は硬く舗装された道路で、電話線が空をさえぎるようにはりめぐらされています。そして見知らぬ人の足音が響き、たくさんの街灯に照らされて、見知らぬ人の顔が通り過ぎて行きます。

アンは泣きそうになるのをこらえました。


【三十四章の中のミニ情報】
・電話線が空をさえぎるようにはりめぐらされている
一八八五年には「プリンスエドワード島の電話会社を法人化する法律」が州議会を通っていました。そして一八九〇年にはシャーロットタウンで電話が開通し、一八九四年には「電話線延長に関する法律」が通り、州都シャーロットタウンからほかの町村へネットワークを広げる動きが進み、一九〇〇年代には島の各地に電話網が広がりました。因みに、グリーン・ゲイブルズに電話が入るのは、アンの新婚生活を描いた「アンシリーズ」六作目の『アンの夢の家』からです。

・たくさんの街灯に照らされて

シャーロットタウンでは、一八五四年にはすでにガス灯の街灯が設置されていました。その後、一八八五年に電気の街灯が登場しました。

（三十五章）クィーン学院の冬

週末毎に帰省するうちに、アンのホームシックは少しずつ癒えていきました。ギルバートはたいがいルビー・ギリスと帰ります。ルビーはひときわ美しい女性になっていました。でも、ルビーのような女性は、ギルバートの好みではないとジェーンは言います。

ギルバートは賢明な青年で、自分なりの意見を持ち、人生から最善のものを引き出して、そこから最高の収穫を自分の人生に取り入れようと心に決めていました。ルビーには、彼の話の半分もわかりません。

アンの交友関係は、アンのように思慮深く、想像力豊かで、将来に夢を抱いている子ばかりです。

時が進み、金メダル候補は、ギルバートとアンとルイス・ウイルソンの三人に絞られてきました。

そして、エイヴリー奨学金候補は六人に絞られてきました。エイヴリー奨学金は、英語学と英文学で最高点を取ったものに贈られるもので、レッドモンド大学での四年間、毎年、二百五十ドルが支給されます。アンのギルバートへの恨みは消え、良きライバルとしての存在になっていました。

【三十五章の中のミニ情報】

・レッドモンド大学

カナダ東海岸ノヴァスコシア州の州都ハリファックスにあるダルハウジー大学がモデルになっています。モンゴメリは教師生活を経験したあと、一八九五年、二十一歳のときに、ここで英文学を学びました。ここは、カナダ東海岸において古い歴史のある大規模な大学で、今ではアジア系の優秀な学生が多く、近代的な校舎で学んでいます。中には石造りの非常に古い校舎もあり、その前に立つと、モンゴメリが通った日々がしのばれます。

（三十六章）栄光と夢

全試験の最終結果が掲示板に張り出されました。ギルバートが金メダルを、アンが奨学金を獲得。卒業式にマシューとマリラも出席し、アンの読み上げる最優秀論文に聞き入りました。ジェーンとルビーは先生になり、アンはレッドモンド大学へ行く予定。ギルバートは、大学進学の費用をお父さんが工面できず、先生をしながら大学で学ぶ予定。それを知ったアンは胸がざわつきました。好敵手を失ったら、勉強に張り合いがなくなるのではないかと思いました。

家で過ごしていて、アンはマシューが年老いて、元気がないことに気づきました。白髪も増えています。マリラに訊くと、この春、何回かひどい心臓発作を起こしたとのこと。マリラはマリラで、目の奥がしきりに痛むと言います。レイチェルは、女が高等教育を受けてもろくなことはないとか、女の本分に外れるとか言っているけれど、私はそうは思わないと言うマリラ。

マリラは、アビー銀行が危ないという噂があるので、マシューにお金を引き出しておくように頼んだけれど、考えておくと言っただけになっていると心配そうです。

背の曲がったマシューがのろのろ歩いているのを見てアンは、私が男の子だったらよかったのにと言うと、でもわしは一ダースの男の子よりもアンの方がいいよ、と言ってくれます。

【三十六章の中のミニ情報】

・栄光と夢

イギリスのウィリアム・ワーズワース（一七七〇―一八五〇）の『幼年時代を追想して不死を知る頌《しょう》』（一八〇七）に出てくる言葉。第四節に「あの夢のようなきらめきはいずこへ消え失せたのか？あの輝き（栄光）と夢は今どこに？」とあります。第一節からこの第四節は、子どもの頃に何を見ても感じたときめき、歓び、夢や輝きが大人になって失われたことを歌っています。これは、この章でアンが手にする栄光（大学の将学金）と夢（文学士号）がその後失われる、束の間の輝きであることを、哀切と無常観をこめて暗示しています。

・わしは一ダースの男の子よりもアンの方がいいよ

この言葉は、日本人の読者への『赤毛のアン』の名言アンケートで第一位になった言葉です。

（三十七章）死という命の刈りとり

アビー銀行倒産の記事を読み、マシューはショックで亡くなります。張りつめた気持ちで涙も出なかったアンでしたが、夜、眠りにつき、夜更けに目が覚めて、昨晩マシューがアンに、わしの娘だ、わしの自慢の娘だ、と言ってくれた言葉がよみがえり、涙が溢れてきます。泣き声を聞きつけてやってきたマリラは、これも神様のおとりはからいだからねと慰めます。

葬儀が終わると、また元の生活へたちかえり、これまでと同じように規則正しく農作業や家事が営まれていきました。しかしアンは、「見慣れたものの何を眺めても、何かが欠落している」ような気がして胸がいたみました。アンには、マシューを失った悲しみの他に、もう一つ悲しみがありました。それは、マシューがいなくなっても、今までと変わらずに日が過ぎていき、暮らしていけることでした。アンはそのことに後ろめたさを感じます。それはマシューを裏切っているような気がして、そのことをアラン夫人に相談します。それに対して夫人は、マシューはアンの笑い声が好きだったこと、あなたの喜びがマシューの喜びだったこと、今、マシューはちょっと遠くにいるだけで、彼の好きなものは変わらないのよ、傷を癒そうとしてくれている自然の力から心を閉ざしてはだめよと言ってくれました。

午後、アンはマシューの墓に、バラを一株植えてきました。マシューの母がスコットランドから持って来た、スコッチローズです。マシューはこの花が好きでした。家へ戻るとマリラが玄関の上がり口に腰かけていました。アンも隣に座り、髪を緑に染めたことなどの思い出話をしました。あんなに髪のことを気にしていたなんて、今になって思い返すと、時々笑ってしまうけれど、あの頃は大問題だったとアンは言います。アンは赤毛と雀斑《そばかす》に悩みましたが、雀斑はすっかり消え、髪も金褐色だとジョージー・パイ以外はみんな言ってくれます。

ギルバートはお父さんの若い時とそっくりになってきたと言うマリラ。ギルバートの父ジョン・ブライスとマリラは仲よしだったといいます。喧嘩して別れました。ジョンは謝ってきたのに、マリラが許さなかったのです。それきり彼は戻ってきませんでした。謝って来た時に許しておけばよかったと、マリラは後悔しています。

【三十七章の中のミニ情報】

・アビー銀行

これはモンゴメリが創作した名前ですが、「プリンスエドワード銀行」の破綻事件が一八八二年に実際に起きています。

・葬儀

黒い喪服を着ます。一八六一年にヴィクトリア女王が夫を亡くされたあと、常に黒いドレスで喪に服しておられた影響で、この頃から、葬儀には黒い喪服を着るようになりました。黒の喪服は、英米では比較的新しい歴史なのですね。そして十九世紀後半のカナダでは、喪服はしばらくの間着ていました。配偶者が亡くなったときは三年間、両親のときは一年間、祖父母のときは半年間着ていたそうです。

（三十八章）道の曲がり角

マリラは眼医者に診てもらい、読書・裁縫、一切やめるように言われます。先生の指示を守らなければ、半年以内に失明するというのです。死んだ方がましだとマリラは言います。お金はないし、家を売って、まかないつきの間借りをするしかないとマリラは言いますが、そうはさせないとアンは言います。家は売らず、アンはここに残って先生をやると言います。マリラは、私のためにあんたを犠牲にできないと言いますが、私はここで生きることに最善を尽くすとアンは言います。そうすれば、いつかきっと最大の収穫が返ってくる。私の人生は曲がり角に来たの。曲がった向こうに何があるかわからないけど、きっと素晴らしい世界があるって信じているわ。私をとめることはできないわ。もう十六歳半よ。それに、ロバみたいに頑固だってリンドのおばさんに言われたことがあるわ。二人でここを守っていきましょう。

アヴォンリーの学校で教えることになっていたギルバートが代わってくれることになり、ギルバートはホワイト・サンズの学校へ赴任することになりました。

アヴォンリーの墓地へアンはでかけていきました。マシューのお墓に花を供え、スコッチローズに水をやりました。そして彼女は、この小さな墓地の穏やかな静けさを心地よく思いながら、薄暗くなるまで佇《たたず》んでいました。帰り道、「輝く湖水」へ下っていく長い坂道をおりる頃には、すでに日は沈み、夢のような残照の中に、アヴォンリーが横たわっていました。それはまさに、「太古からの平和がただよえる故郷」でした。ここで生きていること、それが自分の歓びだとアンは思いました。ブライス家にさしかかると、木戸からギルバートが出てきました。アンはギルバートに手を差し出し、感謝します。君の役に立ちたかったというギルバート。これからは友達になろうよと言います。池の船着き場に上げてもらった時、もう許していたの。あれ以来ずっと後悔していたのよ、とアン。君と僕はいい友達になるために生まれてきたのに、その運命を君がずっと邪魔してきたんだよ。

その夜、アンは満ち足りた気持ちで長い間窓辺に座っていました。これからたどる道が、たとえ狭くなろうとも、その道に沿って、穏やかな幸福という花が咲き開いていくことを、アンは知っていました。

そして道には、いつも曲がり角があり、その向こうには新しい世界が広がっているという確信がありました。

「神は天に在り、この世は全てよし」とアンはそっとつぶやきました。

【三十八章の中のミニ情報】

・「神は天に在り、この世は全てよし」

これは、ロバート・ブラウニングの劇詩『ピッパが通る』（一八四一）の「朝の詩」の最後の二行の引用です。

この一節は、人間に対する信頼と楽天主義というブラウニングの特質をよく表わすものとして有名で、いろいろな作品に引用されています。

『ピッパが通る』という作品は、イタリア北部の町アソロの製糸工場で働く純心な少女ピッパの物語で、一年にたった一日しかない休日の朝が来て、喜び一杯で歌うのが、この「朝の詩」です。

全ては天の神が守りたまい、うまく取り計らってくださるという神への信頼と未来への希望に満ちて、『赤毛のアン』は幕を閉じます。

第二章

村岡花子と『赤毛のアン』

1 村岡花子の人生

二〇一三年は、村岡花子の生誕一二〇年にあたり、それを記念して、『村岡花子と赤毛のアンの世界』（注③）が出版されました。この本の責任編集をされた村岡恵理氏は、村岡花子のお孫さんで、氏の著書『アンのゆりかご　村岡花子の生涯』（新潮文庫）は、二〇一四年に放送されたNHK連続テレビ小説『花子とアン』の原案となったものです。村岡恵理氏が責任編集された『村岡花子と赤毛のアン』の「はじめに」のところで、氏は村岡花子の生涯について簡潔にまとめておられますので、それをまとめる形で紹介したいと思います。

村岡花子は明治二六年（一八九三）に生まれ、昭和四三年（一九六八）に、七十五年の生涯を閉じました。『赤毛のアン』や『少女パレアナ』などの翻訳者としてだけではなく、婦人問題や教育問題のオピニオン・リーダーとしても活動され、多くの人々に影響を与えました。こうした花子の人生を決定づけたのは、十歳から十年間を過ごした母校東洋英和女学校の教育でした。

明治十七年（一八八四）、カナダ・メソジスト派の宣教師によって、東京・麻布に建てられた東洋英和女学校が、創立十九年を迎えた年に花子（本名安中《あんなか》はな）は予科に編入しました。ここでカナダ人婦人宣教師のもと、寄宿舎生活を送りながら、徹底した英語教育を受け、十五、六歳頃には、英文学の古典を原書で読めるほどの語学力を身につけました。また、文学少女でもあった花子は、ペンで立つ意志を抱きます。そして、彼女がこの学園で得た最も大きなものは、キリスト教的ヒューマニズムの精神でした。

卒業後は、山梨英和女学校の英語教師、銀座教文館の編集者を経て、大正八年（一九一九）、横浜と銀座で印刷会社を経営する村岡敬三氏と仕事を通じて出会い、結婚しました。大森に居を構え、妻となり、母となりながらも、文筆家という夢を少しずつ実現していきました。

しかし、大正十二年（一九二三）に起こった関東大震災で夫の事業は灰燼に帰し、多額の負債を抱え込み、三十歳の花子のペンが生計を支える手段となりました。そして三年後には、長男道雄を疫痢で失うというさらなる悲劇が襲いました。数か月間、悲嘆に暮れる日々を過ごしましたが、片山廣子女史から贈られたマーク・トウェインの *The Prince and Pauper* を読んだ時、花子の母性は、ひとりの母親という個人的なものから、広い社会的なものへと成長を遂げます。「自分の子は失ったけれど、日本中の子どもたちのために、上質な家庭文学の翻訳を自分の道としよう」と、苦悩を乗り越えて、文筆における自分の歩むべき道をはっきりと見出したのでした。

翌年の昭和二年（一九二七）、平凡社から村岡花子翻訳『王子と乞食』が出版されました。巻頭には、「わが幻の少年道雄の霊に捧ぐ」という、花子の人生の記念碑とも言えるささやかな献辞が添えられています。

それからというもの、カナダ人宣教師仕込みの英語力と、佐々木信綱門下で鍛えられた美しい日本語の感覚が融合していくかのように、英米の文学作品を次々と訳出していきました。多忙な花子を支えたのは、夫と、長女みどりでした。

いつかカナダの文学を日本の読者に紹介したいと常々思っていた花子のもとに、軍国色の濃くなる昭和十四年（一九三九）、銀座の教文館で一緒に仕事をしていたカナダ人宣教師の友人、ミスL・L・ショーから、手ずれした一冊の本が贈られます。モンゴメリの *Anne of Green Gables* です。やがて戦争に突入し、戦争が激しくなるなか、翻訳を始めました。そして戦争が終わる頃、翻訳も終わり、花子の机の上には、出版のあてなどない原稿用紙が積み上がっていました。

原書を手にしてから十三年という月日を経た昭和二十七年（一九五二）、*Anne of Green Gables* は、三笠書房から『赤毛のアン』として出版されました。以後七年間で「アン・シリーズ」全十巻を訳出し、亡くなるまでのあいだにモンゴメリの作品、計十六巻を手がけています。これはモンゴメリの文体が翻訳家として感覚的に合っていたというだけでなく、モンゴメリと同世代のカナダ婦人たちによって英語を学び、導かれ、その時代のカナダの風俗や生活習慣の中で育った花子にとって、作品の行間に流れる精神を生き生きと感じ取ることができたからだと思われます。

村岡花子の翻訳作品も社会的な活動も、すべて元をたどれば、東洋英和女学校の初期宣教師たちが、十代の花子の心に蒔いた教育という名の種でした。その種を花子自身の人生の中で育て、日本の子どもや女性たちに、自分に可能な限りの表現方法で還元することに精一杯生きた人生だったと思います。

2 東洋英和女学校の教育と『赤毛のアン』

モンゴメリの *Anne of Green Gables* を翻訳するのに、最もふさわしい人が村岡花子であったことを、私たちは村岡恵理氏による『村岡花子と赤毛のアン』の「はじめに」のところで知ることができましたが、そのことをもっと詳しく論考されたのが、村岡恵理氏の姉で翻訳家の村岡美枝氏です。美枝氏も、『村岡花子と赤毛のアンの世界』の中で、「東洋英和の教育と『赤毛のアン』」というタイトルで書いておられますので、私の印象も交えながら、これを簡潔にまとめる形で紹介したいと思います。

東洋英和女学校の先生たちは、カナダ人婦人宣教師でした。彼女たちは、モンゴメリやマリラやリンド夫人、ステイシー先生たちと同世代でしたので、寄宿舎に入り、十年間の学校生活を送ることになった花子は、原著 *Anne of Green Gables* と出会う三十年余り前に、奇しくも、「アン」の時代の価値観や教育観、生活文化に包まれて過ごすこととなったのです。こうしたことを知ると、村岡花子は *Anne of Green Gables* を翻訳するために生まれてきたと言っていいほど、この本の翻訳者としてふさわしい人だったという印象を持ちます。

明治十七年（一八八四）の創立時は、生徒わずか二名でしたが、翌年発足した伊藤博文内閣の欧化主義政策の影響で、英語を主とした西洋的教養への需要が高まり、年々入学者が増えていきました。やがて、国際関係の緊張から、国家主義が台頭し、教育の世界にもその波が押し寄せるようになりました。明治二十三年（一八九〇）、天皇制教育を推進する「教育勅語」が定められると、国をあげての富国強兵を目的とした男子中心の「忠君愛国」の教育が主流となり、明治三十二年（一八九九）、私立学校令、訓令一二号が発令されるに至っては、キリスト教主義の学校に対し、授業内外で宗教教育を行うことを禁止し、従わなければ、「学校」としての資格を与えず、上級学校への進学を認めないなどの抑圧がかけられました。

しかし、東洋英和女学校では、そうした情勢に屈することなく、創立以来のキリスト教精神に基づいた教育を貫きました。カナダ人宣教師たちは、たとえ学校として認められなくても、日本の女性たちの精神的な自立を願い、生徒一人ひとりのうちに潜む力を引き出し育む人格教育と徹底した英語教育を実践し、生徒たちが社会に出ても、十分通用するだけの実力をつけさせるため情熱を注ぎました。

寄宿舎生活のきまりは、第十代校長のミス・ブラックモアが掲げた「六〇 Sentences」に定められていました。起床から就寝まで、六〇の文章に沿って一日の行いがこと細かに記されていました。掟破りをすると、必ず何かしらの罰が下りました。お転婆だった花子も、廊下を走ったとか、授業中におしゃべりをしたというようなかどで、「Go to bed!」を命じられ、布団の中でよく反省させられました。『アン』の物語でも、同じように、マリラがアンに東の部屋で反省してくるようにと言いつける場面や、子どもたちを育てるようになったアンが「Go to bed!」という罰を子どもたちに与えている場面があるのが思い出されます。

東洋英和女学校では、「隣人愛」や「奉仕」の精神を学びました。生徒たちのあいだで、自主的な奉仕活動が盛んだったのも、こうした先生方との深いつながりがあったからです。先生方は、外の貧しい人たちにも目を向けて、孤児院を設立し、奉仕しましたが、この姿勢は、生徒の心の中に、社会のために何か役に立つことをしなければいけないという意識を芽生えさせました。『アンの青春』で、教会で奉仕活動をする大人たちの影響で、アンたち若者が「改善会」を結成し、アヴォンリーの村の美化と健全化に努めたように、東洋英和女学校の生徒たちは、「王女会」や日本基督教婦人矯風会の青年部を組織しました。「王女会」では、貧困家庭の子どもたちのために学校を作るなどして支援の手を差し伸べ、手芸品を製作し、バザーで売り、収益金をさまざまな社会事業施設に寄付したり、宣教師たちの伝道活動にあてました。矯風会青年部では、病院へ花を贈って病人を慰問したり、学校の花壇で花を育て、毎週日曜日に麻布教会に飾る奉仕活動をしました。花子も両方の会に所属し、活動しました。

東洋英和女学校の徹底した英語教育のおかげで、文学少女の花子は、英文学に関しては、十代半ばには、図書室にある英文学の古典から中世のロマンス、十九世紀までの詩や小説を原書で読破し、高い語学力を身につけていました。『アン』シリーズに出てくるテニスン、ブラウニング、スコット、ワーズワースなどの有名な詩人の作品を、花子も授業や図書室で読んでいました。特にテニスンの詩は、ロマンティックな内容と格調高い英語ゆえに、ヴィクトリア朝の社会では文学の最高峰とされていました。音楽会でアンが、マシューから贈られた憧れのパフスリーブのドレスを着て詩を暗誦したように、花子も東洋英和女学校の大文学会でテニスンの〝The Revenge〟を暗誦しました。

十九世紀後半のカナダでは、ルソー、ペスタロッチ、フレーベルの教育哲学に根ざした教授法が主流となっていました。自然観察、詩の暗誦、対話、劇、体育、音楽などを積極的に取り入れ、子どもたちの知性と感性、心と身体がバランスよく調和するように、自然を愛し、芸術を解する豊かな感受性を育む、情操教育に重きが置かれるようになっていました。体罰によって子どもたちに恐怖心を抱かせ、知識を詰め込むのではなく、共感的洞察をすることが理想的であるという理念が一般化していきました。この教育観の変化は、『赤毛のアン』の中にも顕著に見られます。アンがアヴォンリーの学校で最初に出会うフィリップス先生は、お気に入りの上級の生徒をクィーン学院に受からせることばかりに関心があり、他の子どもたちに対しては、ただ欠点をあげつらい、罰を与えて懲らしめ、自分に服従させようとします。まさに旧い教育の象徴です。

ステイシー先生は、五感のすべてを使って、子どもたちが物事に興味を持ち、自ら学びの意欲を高めていくように導いていきます。プリンスエドワード島の小さな学校で二年間ほど教職に就き、のちに牧師夫人になるモンゴメリは、彼女自身にとっての理想の教育理念を物語の中のマリラやマシューやステイシー先生に託し、アンを育てました。そして、その教育理念は、モンゴメリと同世代のカナダ人宣教師たちが東洋英和女学校の学び舎にもたらしたものと重なり合うものでした。

この健全な感化のもとに、アンと同じように、花子も花ひらいていったのです。

第三章　山本史郎と『赤毛のアン』

一九九七年に、オックスフォード大学出版局は、*The Annotated Anne of Green Gables*（注④）を出版しました。これを翻訳し、『完全版・赤毛のアン』として出版されたのが、東京大学教授の山本史郎氏です。『赤毛のアン』は、村岡花子訳をはじめ、いく種類かの翻訳がありますが、『完全版・赤毛のアン』の英文の原本には非常に詳しい注釈や、『赤毛のアン』に関連するいくつかのテーマごとに分けられたエッセイが付録としてついていますし、詳しい解説もあります。また、『赤毛のアン』の中で言及されている詩や暗唱台本などのうち、現在では見ることの困難なものを集めてくれてもいます。原本は古典的な名作に描かれた世界、作品そのものをよりよく理解し、楽しんでもらうために編集されたものであり、『完全版・赤毛のアン』は、この原本が持つ世界を余すところなく訳出しています。

ここでは、『完全版・赤毛のアン』に記された付録及び解説の中から、二つを選んで、私が調べたことも加えながら紹介したいと思います。1　赤毛について、2　文学的言及と引用について、です。

1 赤毛について

これは、マーガレット・アン・ドゥーディの解説の一つです。

最重要シンボルとしての赤毛

赤毛ゆえにアンは目立ってしまいます。モンゴメリはホーソーンの『緋文字』を素晴らしい小説だと思っていたことが日記からわかりますが、モンゴメリは目立つという意味で、アンの赤毛をヘスター・プリンの赤いAの文字にあたるものとして使ったものと思われます。赤毛は過剰なるものであり、アンが他と異なった存在であることを示しています。赤毛は炎のような癇癪《かんしゃく》を物語るものだとリンド夫人は言っていますが、事実アンはかっと燃えやすい感情の持ち主であることを私たちは知っています。歴史的に見れば、赤毛は人格の悪さ、体制に服さない反抗的な性格を示すものとされてきました。女性の赤毛は赤い服と同じで、性的情熱を物語っていると思われてしまいます。

こうした赤毛をアンも嫌っていて、赤毛は自分を幸福にしない生涯の哀しみだと言っています。だから赤毛のことに触れられると、激怒します。リンド夫人に髪のことを、ニンジンのように赤いと言われ激怒し、ギルバートにも髪のことをニンジンと言われ、石版で頭を叩きます。行商人に黒い髪に染まると言われた染料を使い、結果緑色に染まってしまって、惨憺たる目にあいます。

このようにアンにとっては忌まわしい赤毛ですが、アンの赤毛は彼女がケルト系であることを強烈に示す象徴となっています。ケルト人は、古代ヨーロッパの中・西部に住み、ケルト語を使用していた人々のことです。紀元前三千年紀末から紀元前二千年紀にかけてケルト文化を形成し、紀元前七世紀から紀元前三世紀にかけて、ガリア、ブルタニア、西ドイツ、北イタリア、イベリア、バルカンに移住し、現在は、スコットランド、アイルランド、ウェールズ、ブルターニュに残っています。農業・牧畜に従事し、キリスト教化される以前は、ドルイド教と呼ばれる宗教が盛んで、首長（王）を神とし、霊魂不滅や輪廻転生を信じ、祖先を大切に思い、英雄を崇拝し、自然を敬いました。「アーサー王伝説」はケルト民族が生み出したもので、それがキリスト教思想と混合し、変質したものなのです。ケルト系の人には赤毛が多いとされていますが、それは歪められた誇張で、赤毛の人の比率が他の系の人よりも高いだけのことです。

アン・シャーリーは、どうしても目立ってしまうこの赤毛だけではなく、灰色がかった緑の眼も大きな特徴です。緑の眼は妖精の特徴です。『虚栄の市』（一八四七〜八）に出てくる孤児の女性ベッキー・シャープも赤毛で緑色の瞳をしています。ベッキーの髪と眼は、彼女が孤独なあぶれ者であることを物語っていて、物が見えすぎる女性、独自に行動する魔女タイプの女性なのです。ベッキーもアンも自分の入った社会を混乱させます。それは二人とも物が見えすぎる人間だからです。

アンはその赤い髪によって、アヴォンリーが元来持っていたはずのケルト的本質を思い出させることになります。アンが来るまで、アヴォンリーはそうした自らの本質、過去からの継承を見失い、それゆえ夢がなくなってきたような状態にあったのです。

アヴォンリーという地名は、シェイクスピアの生まれ故郷にあるエイヴォン川が連想されると、エリザベス・ウォーターストンは指摘していますが、このアヴォンリー(Avonlea)はアヴァロン(Avalon)のアナグラム（綴り換え）といってよく、アヴァロンというのは、ケルトの地名で「りんごの土地」を意味するといいます。戦闘で傷を負ったアーサー王は、草茂く生い、果樹苑の芝も美しく、樹々の緑深き谷や窪地を、夏の海が囲むアヴァロンという、傷も癒してくれる谷へ向かうのです。モンゴメリは、何の変哲もないプリンスエドワード島という島に、ケルト的な夢幻の色彩をつけくわえたことになります。

赤毛が嫌われる理由

赤毛が嫌われる理由を別の情報から見てみたいと思います。髪の色が多様な西洋には、毛髪から人格を推測する紋切り型の分類があります。金髪（fair hair）の女性は家庭的な良妻賢母で、黒髪(dark hair)は情熱的な悪女、といった描き分けが小説や映画によくありました。神話や伝説では、髪は魔力や呪力を秘めたものとして描かれ、髪の色、形が多様な情念の表象として描かれました。髪の色が持つ象徴性はヨーロッパにおいて特に顕著で、金髪はアポロンをはじめとする太陽神の髪であり、輝く太陽がもたらす黄金色をなす麦畑の連想から、豊饒女神の髪の色でもあり、最も美しく、高貴なものとされました。愛の女神アフロディーテや三美神の髪は、春を象徴する晴れやかな紫色であり、人魚の髪は海の色である緑で、悪魔や冥界の神々は赤毛とされました。

赤毛には裏切り者のイメージもありました。キリスト教では、イエスを裏切った弟子のイスカリオテのユダが赤毛だったという伝説がありますし、アダムとイヴの息子カインも赤毛とされています。カインは嫉妬から弟のアベルを殺しました。アベルばかりが神に気に入られていたからです。こうして、赤毛には、マイナスイメージがついてしまったため、赤毛の人は嫌われ、差別されてきました。ジュール・ルナールの小説『にんじん』でも、ルピック氏の次男は赤毛のせいで「にんじん」と家族に呼ばれ、兄や姉と区別され、母親に対していじけています。夜、鶏小屋の戸を閉めに行くとか、水車小屋へ使いに行くとかの用事を、兄と姉が拒むのは子どもらしいこととされ、にんじんが拒むと罪悪視され、結局彼が行く羽目になります。

一方、女性の赤毛には、エキゾチックで謎めいた美女のイメージがあります。十六世紀イタリアの画家ティツィアーノ・ヴェチェリオ（一四八八―一五七六）は、好んで赤毛の美女を描きました。彼の名は、『赤毛のアン』三十三章にも出てきます。ホテルの演奏会でアンが暗誦し、アンコールが起こるほどの上出来で、そこにいたアメリカ人の画家が、あの美しいティティアン（Titian：ティツィアーノ風の、赤褐色の、金褐色の）の髪をした女の子は誰、絵に描きたいような顔つきをしているね、と言う場面があります。二十世紀のハリウッド女優では、ジョン・フォード監督作品やジョン・ウエインの西部劇に多く出演したアイルランド出身のモーリン・オハラが鮮やかな赤毛ですし、リタ・ヘイワースは「赤毛のリタ」と呼ばれ、人気がありました。彼女は一九四〇年代にセックス・シンボルとして一世を風靡しましたし、スティーヴン・キングも一九八二年に『刑務所のリタ・ヘイワース』を書いています。これが映画化されたのが、一九九四年のフランク・ダラボン監督の『ショーシャンクの空に』であることは、映画好きの人なら大抵知っていると思います。

赤毛はケルト系（スコットランド人、アイルランド人）に多いと言われています。ケルト系の人々は霊魂不滅を信じ、自然を崇拝し、そのため、聖樹、聖獣、聖山、聖泉等の信仰があり、妖精伝説もたくさんあって、そこから魔法がかった不思議な個性が、文学や映画における赤毛に付与されることになるのだと思います。

生物学的視点から見た赤毛

赤毛を生物学的視点から見ていくと、先ほど見た赤毛が担わされてきた、裏切り、不信、不可解さといった象徴は、意図的に作られた偏見だということがわかってきます。

六万年前に人類はアフリカを出て世界へ広がっていきました。この時から、長い時間をかけて、各地の太陽の光の量に合わせて、肌の色、髪の色を変えて（進化させて）いったことが、最新の研究でわかってきました。

六万年前には、アフリカの強い紫外線から身を守るため、メラニン（黒褐色の色素）を体中にはりめぐらせていました。そのため、みんな褐色の肌をしていたのです。メラニンは過剰な光線の吸収に役立ちます。しかし、一方で紫外線は、ビタミンDを作るのに必要なもので、ビタミンDが不足すると、くる病や骨粗鬆症になります。緯度の高い地方へ広がっていった人類は、弱い太陽光からでも紫外線を獲得するために、メラニンを少なくするように進化していきました。その結果、白い肌を持った人類が誕生することになったのです。こうして、広がっていったそれぞれの地の紫外線量に合わせて、様々な肌の色、髪の色が生まれてきたのです。

色素には、ユーメラニンとフェオメラニンの二種類があります。ユーメラニンは褐色～黒色で、これが多いと髪の色は濃くなります。フェオメラニンは黄色〜赤色で、これが多いと赤味を帯びた色になります。赤毛は、ユーメラニンとフェオメラニンが混ざった髪で、フェオメラニンが多いため、赤く見えます。赤毛の人はユーメラニンが少ないので、肌の色は白くなります。ユーメラニンの少ない色白の人は、日焼けしやすく、強い紫外線を浴びると、肌を守るためにユーメラニン色素を急激に作り出すため、ソバカスができやすくなります。『赤毛のアン』のアンの赤毛と色白の肌とソバカスには、こうした理由があったのです。余談ですが、テレビの「世界仰天ニュース」で、焚き火のそばのスプレー缶が破裂して、顔に大火傷を負った青年の傷が癒え、瘡蓋《かさぶた》がすべてはがれて新しい皮膚になった時、今まで顔一面にあった、コンプレックスのもとになっていたソバカスがきれいになくなっていたという話をやっていました。赤毛がいやで髪を染め、緑色にしてしまったアンのことですから、アンの時代にこの仰天ニュースのような情報が知られていたら、アンのもう一つのコンプレックスのもとであったソバカスを取り除くために、アンもきっと何らかの方法でこれを試し、大失態を招いていたかもしれませんね。

アンの身体的特徴はアンのせいではないし、人類が六万年かけて到達した進化に、偏見を持ったり、差別したりしてはいけないことがわかってきます。人類が長い年月を過ごしているあいだに、様々な無知から、こうした偏見や差別が生まれてしまったわけですね。

今も世界中にある様々な偏見や差別も、すべてはこうした無知からくるもので、私たちはよく学んで、こうした偏見や差別をなくしたいものだと思います。

2 『赤毛のアン』における文学的言及と引用について

これは、メアリー・E・ドゥーデイ・ジョーンズとウェンディ・E・バリーが付録に寄せた論説です。

モンゴメリは二歳になる前に母を病気で亡くし、母方の実家マクニール家の祖父母に引き取られて育ち、三十代で『赤毛のアン』と『アンの青春』を書きました。マクニール家には、小説への偏見から、小説は三冊しかありませんでした。スコットの『ロブ・ロイ』、ディケンズの『ピクウィック・ペイパーズ』、ブルワー＝リットンの『ザノニ』です。詩には偏見がなく、英米の多くの詩人の詩集がありました。モンゴメリはこれらの作品に読み耽り、自分の心に蓄えたこれらの詩的資源を自分の作品の中に織り込みました。

『赤毛のアン』で触れられている詩の多くが、何らかの意味でカナダへのスコットランドからの移民たちの状況を反映しています。死んだアンの両親もマリラもマシューもスコットランド移民です。アンが触れている最初の詩――マリラに向かって身の上話をするアンの口にのぼってくる「ホーエンリンデンの戦い」「フロッデン後のエディンバラ」、その他の詩――は、故国を離れて家のない人間の、悲しい状況を反映しています。移民してきた人々が、イギリス連邦の中の国にありながら、このような詩や伝説を子どもたちに教えているのは、小気味よい反逆精神といえます。孤児であるアンの状況は、故国から追放された多くの移民の人々の状況とまったく変わりありません。誰からも歓迎されず、欲しがられもしません。アンは見知らぬ新しい土地で、自ら新しい家庭を確保しなければなりません。これはまさにモンゴメリの先祖たちが経験したのと同じ状況といえます。

モンゴメリはサー・ウォルター・スコットをよく引用します。これは、スコットに表れる国民的伝統を強調しようというばかりではなく、巧みに滑稽な感じを生み出そうという意図で行われています。アンの劇的なものに対する感覚、時に場違いに大袈裟な表現を涵養したのはスコットだと言って間違いありません。そして、文学的言及及び引用などがさりげない形で埋め込まれ、含蓄のある表現、表情豊かな文体になっているのがモンゴメリの作品の特徴となっています。

引用されているアメリカの詩人の作品は、プラスイメージのものばかりです。これらはすべて、成長、可能性などをテーマにしています。変化や発展に対応しようとする場合に助けとなるものです。

ロングフェローの「小川が大河と出会うところに　ためらいながら立つ」という詩句は、思春期のイメージとして引かれています。アンの人生を川に喩えています。冒頭の川の描写に始まって、物語が閉じるまで、アンの人生は徐々に幅と深みを増してゆく流れとして描かれています。

ローウェルの「サー・ローンファルの夢」は、アンが到着する六月の日にふさわしい雰囲気をかもしだしています。この日は、ただ春の一日というばかりではなく、魂の挑戦と再生の日でもあるのです。騎士のサー・ローンファルは、聖杯を求める旅に出ます。途中でらい病をわずらっている乞食に出会うと、義務感から金貨を一枚めぐんでやります。何年もたって自分の城に帰る道すがら、サー・ローンファルは再び同じ乞食に出会いますが、今度はこの乞食にキリストのイメージが重なって見えてしまったので、キリストのためと思いながら、自分のパンをこの乞食と分けあいます。すると、乞食は本当にキリストその人であることがわかります。そして、自分たちがともに用いた木製のカップが「聖杯」なのだと告げます。そして、「自らのものを与えるものは、三つのものを養う。自分自身、飢えた隣人、そしてわたしキリストだ」と諭します。この引用を媒介として、マシューは探索の旅に出る騎士に見立てられています。そしてサー・ローンファルのように、この騎士であるマシューも、一見何でもない人物に対して親切なほどこしをすることになるのではないかという筋の展開を暗示することになります。

ホイッティアの『雪に閉ざされて―冬の牧歌』からは、「どんな馴染みのものにも何か欠如の感覚」という言い回しが採られています。妹の死を追憶する心の痛みを物語るこの表現は、マシューの死がいかに心の内奥に響くものであるかを表すために引用されています。

今取り上げた三人の詩人たちの詩には、傷つきやすい心の内面と、それに合わせて、悲しいながらもなくてはならない経験、諦観、成長などといった要素が表現されています。

イギリスの詩人たちは、『赤毛のアン』の中ではアメリカの詩人たちとは違った役割を持っています。アメリカの詩人たちの引用が心の共感、静かな努力を想起させるとすれば、引用されているイギリスの詩人たちの作品は、勝利と破局を描くために用いられているようです。バイロンはスコットとともにモンゴメリの日記の中でお気に入りの詩人として挙げられていて、『赤毛のアン』にも引かれています。アンがダイアナから引き離された時、『貴公子ハロルドの遍歴』を引用しています。

ワーズワースもブラウニング夫妻もマクニール家の書斎にはありませんでしたが、『赤毛のアン』

では重要な作品として引用されています。第三十六章のタイトル「栄光と夢」はワーズワースから採っています。出典は「霊魂不滅を思う」という題名のオード（頌詩《しょうし》）です。簡潔に内容を要約すると次のようになります。人は子どもの頃、宇宙と調和した状態にあり、自然を超えた世界を見ることができるが、このような状態は大人になる過程で失われ、自らが限りある存在であることを悲しくも認識せざるをえなくなるというものです。大人になるとき、子どもは「素晴らしい眼力」を失い、「普通の日の光でしか」見られなくなります。引用を冠する第三十六章で、アンは大人の意識を持つ寸前のところにいます。アンは子ども時代と訣別し、若い女性として生き始めます。この後彼女は精神的にたくましくなりますが、それは「素晴らしい眼力」を失った代償としてあがなわれるものなのです。同じ章で、目が見えなくなってきたマリラが、著名な眼科医の診察を受けに行くのも偶然ではありません。ワーズワースの「霊魂不滅を思う」では「以前見えていたものが、今のわたしにはもう見えない」と述べられ、詩の中ほどで「夢のような輝きはどこに消えたのか？栄光と夢は今はどこにあるのだ？」という苦悩の問いかけがなされます。こうして「栄光と夢」という表現そのものに、「喪失」の概念が入り込んでいるのです。

ブラウニングの『エヴリン・ホープ』からは全体のエピグラフが引かれています。モンゴメリが引用する詩の中で、ブラウニングのものは最もプラスのイメージで引用されています。これに対してテニスンは、暗いイメージの代表と言えます。テニスンは、『赤毛のアン』に瀰漫《びまん》（一面にみなぎること）する詩人と言ってよいかもしれません。テニスンの影響は、ただ単に明らかな引用にとどまらず、この小説の言葉、表現そのものにまで及んでいます。作品冒頭の文章の背後にはテニスンの「小川」が見え隠れしていますし、同じ詩が第二十一章の「小川が大河と出会うところ」という題名に、ロングフェローの詩とともに響いています。さらにこの詩は作品の最後にも意識されていて、「緑の霞」という表現が引用されています。

しかしかりにテニスンが『赤毛のアン』の世界を支配する詩人だとしても、同時にテニスンは、最も異議を唱えられている詩人でもあるのです。テニスンのエレーン姫のイメージは「沈黙した女性の純粋さ」とでも言うべきものですが、アンの「おしゃべり」は、テニスンがエレーン像によって表そうとしている沈黙、隠棲、自己抑制などの美と対極にあるものです。従って、橋脚にしがみついているところをギルバートに救出されることは、テニスンを暗に批判していると考えることができます。そのことは作品の最後の場面にも言えると思います。マシューが死に、世から退き、ただ静寂のみを願っていたアンの気持ちが、ギルバートとの出会いによって突然変化します。そして再び人間の世界へおりていきます。こうして墓地の丘の高みを去り、静寂への強すぎる希求と訣別するのです。

モンゴメリは『赤毛のアン』の最後を再びブラウニングの詩の言葉で結びます。ということは、『赤毛のアン』は、ブラウニングのエピグラフに始まり、ブラウニングの詩の一節で終わるということになります。

「『神、空にしろしめし、世はなべてこともなし』アンはそっと囁《ささや》いた」。

これはブラウニングの長い物語詩『ピッパが行く』の中の有名な一節です。

ピッパは孤児で、絹織物の工場で働いています。彼女は休暇の日に、歌を歌いながら田舎をさまよい歩きます。ピッパが行き過ぎると、周りの人々の心と行動が大きな影響を受け、それによって人生の危機に陥っている人々の気持ちが変化し、ある若者は革命的な行動に出、あるカップルは不倫の恋に終止符を打ちます。ピッパの歌の一節「神、空に知ろしめす。すべて世は事も無し」を聞いたからです。ピッパは神の恩寵の伝え手のような存在で、魂のエネルギーを奮い立たせる力を持っています。

つまり、アンと同じなのです。ピッパの最後の歌は、階級的な社会に反対し、人間すべて、特に労働者たちの貴さ、神聖さを讃えるものです。

全ての奉仕は神の前で等しく、
善人も悪人も、我らはみな神の
操り人形。トップもビリもない。

アンは大学進学という派手な道を当座は諦め、グリーン・ゲイブルズ（緑破風館）に住むことを決意しますが、ピッパの歌を口ずさみながら、この三行の詩節の正しさを自分の心に説いてきかせているのではないでしょうか。

第四章

松本侑子と『赤毛のアン』

『赤毛のアン』の奥深さを探究しておられる松本侑子氏は、ご著書『赤毛のアンへの旅』（注⑤）の後書きで、『赤毛のアン』の素晴らしさを箇条書きで次のように書いておられます。①アンの独特で魅惑的な個性、②そそっかしくておしゃべりな女の子が賢明で愛情深い娘へ育っていくすがすがしい成長の軌跡、③マシューの朴訥な人柄、④マリラの母性の目覚めと人間的な成熟、⑤中年を過ぎたマシューとマリラが新しい幸福をつかむ後半生への生き直し、⑥マシューとアン、マリラとアンの家族愛、⑦ギルバートとアンの初恋、⑧英米文学と聖書の名句が引用される芸術性、知的な謎解きの面白さ、⑨十九世紀末のカナダ社会、政治の描写、⑩未来に夢を持ち、自分の力で人生を切り拓いていくアンの力強さ、⑪美しく心洗われる島の自然、⑫多数の花々と植物、⑬アンとダイアナの忠実な友情、⑭少女時代の懐かしい遊び、⑮ユーモア溢れる語り口、滑稽な場面の数々、⑯毎日を丁寧に堅実に暮らす生活の確かさ、⑰衣服、料理、住まい、家政術の描写、⑱妖精や精霊を信じるファンタジックな雰囲気、⑲幸せな人生とは何か、一貫して描かれる幸福の哲学、⑳キリスト教の信仰と隣人愛、㉑スコットランドの伝統文化、㉒周辺の人々の忘れがたい妙味、レイチェル・

リンド夫人、ミス・ジョセフィーン・バリーなど年輩女性の賢さと知恵、㉓人間の善良さが描かれていること、です。

モンゴメリは子どもの頃から文学が好きで、家にあった本を貪《むさぼ》るように読んでいました。ロングフェロー、テニスン、ウイッティア、スコット、バイロン、トムソン、ミルトン、バーンズ、ディケンズ、リットン、アンデルセン等々です。創作活動も早く、九歳の時に、ジェイムズ・トムスンの詩「四季」に刺激され、初めて詩作しています。以来、十代からエッセイ、詩、小説を新聞社や出版社へ投稿しました。二十一歳の時は、教職を休職し、ノヴァスコシア州の州都ハリファックスのダルハウジー大学で、英文学の特別講義を受講しています。そこで学びながらもせっせと投稿し、採用された原稿料で詩集を買うといった生活を送っていただけあって、英文学に造詣深く、『赤毛のアン』の中にも多くの文学作品からの引用が入っています。しかし、どこから引用したかは当然書いてありませんので、松本侑子氏は出典探しに情熱を傾けられました。氏の研究のおかげで、引用の出典と、その引用が『赤毛のアン』という作品の内容と密接につながっていることがわかってきました。その詳細は、氏の『赤毛のアンへの旅』、『誰も知らない『赤毛のアン』』(注⑥)、『赤毛のアンに隠されたシェイクスピア』(注⑦)に書いてあります。その中からいくつかを紹介し、『赤毛のアン』の奥深さと、松本侑子氏の優れた仕事を垣間見てみたいと思います。

1 シェイクスピア劇からの引用

「薔薇はたとえどんな名前で呼ばれても甘く香る」（『ロミオとジュリエット』より）

『赤毛のアン』の中のアンのセリフに、「薔薇はたとえどんな名前で呼ばれても甘く香るって本で読んだけれど、絶対にそんなことはないと思うわ。もし薔薇が薊《あざみ》とか座禅草《ざぜんそう》とかいう名前だったら、あんないい香りはしないはずよ」（第五章）というのがあります。これは、両親の名前の自慢をしたアンに対してマリラが、「人は名前よりも行いが肝心よ」とたしなめたのに対してアンが反論した言葉です。アンが言った、「薔薇はたとえどんな名前で呼ばれても甘く香る」という言葉は、『ロミオとジュリエット』の中の、ジュリエットのセリフです。有名なバルコニーの場面で、ロミオへの恋心を語った言葉の一部です。北イタリアの古都ヴェローナの、反目しあう二つの旧家に生まれたロミオとジュリエットは、仮面舞踏会で出逢い、恋に落ちました。仇同士の家柄ゆえに、結ばれない運命と承知しながらも、恋の炎は消し難く、ロミオへの恋心を語るのです。「後生だから、なんとか他の名前になっていただきたいの。でも、名前が一体なんだというの？　私たちがバラと呼んでいるあの花の、名前がなんと変わろうとも、薫りに違いはないはずよ」

アンが言葉の響きと美しさを重視するいわば言霊派だとすれば、ジュリエットは、言葉は単なる記号であって、それを表す記号を変えても、その実体は変わらないとするソシュール派といえます。

どちらが正しいのだろうかと考えさせられる問題ですが、それの一つのヒントになるのが黒川伊保子氏が書かれた『怪獣の名はなぜガギグゲゴなのか』（注⑧）という本だと思います。黒川氏によりますと、言葉の音の響きは、その発音の生理構造ゆえに、左脳が意味を考える前に、右脳（潜在脳）を先に刺激するのだといいます。これは人類共通で、例えば、「m」音は母性の音であるということです。おなかのすいた赤ちゃんは、おっぱいを吸う時、「m」音を発します。そのため赤ちゃんにとって「m」音は、満ち足りた、充足感の音として刷り込まれるといいます。この、言葉の音から右脳（潜在脳）に浮かぶイメージのことを黒川氏は独自の用語でサブリミナル・インプレッションと呼んでおられ、これは認知科学でいうところの「クオリア」と呼ばれるものに相当するということです。「クオリア」とは、五感を通じて脳に入力される知覚情報が、脳に描く印象のことです。これは世界共通で、世界中の多くの幼児が、母のことを「m」音で呼んでいることからもうなずけます。ママ、マム、マミー、マーマー、オンマ等々です。「m」音の心地よさのおかげで、生母マリアや仏陀の母麻耶の名も、自分の偉大な息子たちの名とともに、二千年を超えて語り継がれてきたのではないかと黒川氏は言っておられます。生母がタリアという名前だったら、「アヴェ・タリア」という曲が生まれたか疑問に思われると黒川氏は言っておられます。黒川氏の本には、「m」だけではなく、他の音の効果のことについてもいろいろ書かれています。例えば「K」音は、硬さ、強さ、スピード感、ドライ感を真っ先に潜在意識に伝えるといいます。そのため、車の名前には、「K」音の入った名前、例えば、カローラ、クラウン、セドリック、シビックなどとつけられたということです。本題の『怪獣の名はなぜガギグゲゴなのか』に関して言いますと、濁音四音「b、g、d、 z」は、口の中を膨張させ、放出のときに振動を加えて出す音です。これらの、膨張・振動・放出を伴う音の響きは、男性の生殖行為のイメージを刺激するサブリミナル・インプレッションを持っているため、怪獣の名前と漫画雑誌の名前には、ガギグゲゴを代表とする濁音が使われているということです。雑誌の『ジャンプ』『マガジン』『サンデー』『モーニング』など、濁音が入っていますね。余談ですが、あるテレビ番組で、「しゃぶしゃぶ」という料理の人気の秘密は、この料理の命名にあるということを解説していました。「しゃ」は清音といって、素早さや軽快さを伝え、「ぶ」は力強さを伝え、「しゃぶしゃぶ」という音全体にメリハリがつき、強いインパクトを与えるので人気が出たとの分析でした。シャトーブリアンやシャーベットに強いインパクトがあるのも、このせいなのですね。

脱線が長くなってしまいましたが、サブリミナル・インプレッションやクオリアのことを知ると、確かに言葉には言霊と言えるものもあるように思えてきて、アンの気持ちがわかるような気がしてきます。アンは、薔薇も人も、美しい名前がついてこそ、魅力が引き立つと考えています。

モンゴメリはアンという少女を、言葉というものの響き、語感、言葉それ自体が持つ優雅な魅力を愛するロマンチストとして造形しています。アンが自分の名前を呼ぶときには、最後にeの字を綴って呼んでほしいと頼むのも、アンがなみなみならぬ言語感覚の持ち主であるとして、モンゴメリが創り出した個性なのです。

脱線ついでに、もう一つ脱線しますと、ウンベルト・エーコの『薔薇の名前』も、シェイクスピアの『ロミオとジュリエット』にヒントを得て、このタイトルにしたそうです。二〇一八年九月の

Eテレ一〇〇分de名著『ウンベルト・エーコ　薔薇の名前』（注⑨）で、著者の和田忠彦氏が教えてくださいました。エーコの告白によりますと、最初につけたタイトルは、『修道院の犯罪』でした。これはアガサ・クリスティの『牧師館の殺人』の借用であることが見え透いているということで、よそうということになりました。そのうち、スコラ派の哲学者たちが、意味のない言葉をタイトルに使っていたことに着想を得て、あえて意味を不明にすることによって、作品に吸引力を付けようとエーコは考えました。そこで選んだのが「薔薇」というタイトルです。薔薇という言葉にはある種の神秘主義的ニュアンスもあるし、文学や歴史の中で、薔薇が担ってきたさまざまな矛盾に満ちた意味合いも表現できます。こうした多義的な言葉をタイトルに据《す》えることによって、一義的な解釈を防ぐ手立てになるのではないか、とエーコは考えたようです。しかし友人たちは不満げでした。それならば、とエーコは最終的な手を思いつきました。それがシェイクスピアにヒントを得た「薔薇の名前」です。『ロミオとジュリエット』の有名なセリフ「バラはどんな名前で呼ぼうともよい香りがする、どんな名前で呼んでもバラはバラ」を思いつき、これで「やった」と思ったそうです。

中世の修道院を舞台に、七人の修道僧が死に、異端が裁かれ、巨大な知の迷宮が最後は炎に包まれて焼け落ちたこの小説は、こう締め括られています。

過ギニシ薔薇ハタダ名前ノミ、虚シキソノ名ガイマニ残レリ

こうして「薔薇」という名前（＝言葉）が否応なしにはらんでしまう無数の含意を一つひとつ取り除くという、およそ不可能な挑戦の果てに、エーコは、あらゆる解釈が意味を失うくらいにたくさんの読み方を読者に提供することによって、開かれた作品を世に送り出したのだと言えるかもし

れません、と和田氏は締め括っておられます。

「味気なく、気のぬけた、生き甲斐のない」（『ハムレット』より）

アヴォンリーの学校で、学芸会が開かれることになりました。アンは、はりきって練習に励み、本番で花形スターになりました。しかしその反動で、学芸会が終わると、がっくりきて、日常生活が退屈になってしまいます。

アヴォンリーの子どもたちは、なかなか元の平凡な生活に戻れなかった。ことに、この何週間か興奮の酒杯を味わいながら暮らしていたアンにとっては、何もかもが味気なく、気のぬけた、生き甲斐のないものに思えた。

（第二十六章「物語クラブの結成」）

傍線を引いたところは、原文では、flat, stale and unprofitable となっています。

三つ並んだ形容詞は、十一歳の女の子が話す言葉にしては、格式ばっているように思えたので、松本氏は引用句辞典で探されました。しかし載っていませんでした。ここから氏は大変な時間と労力を費やされて、とうとう探し出されたのです。涙が出るほど嬉しかったと書いておられます。どのようにして探し出されたのかは、氏の『赤毛のアンに隠されたシェイクスピア』を読んでいただければわかりますので、ここでは省きます。この引用の原典は、『ハムレット』の第一幕第二場であることがわかりました。

『ハムレット』は、中世デンマークの王宮を舞台とした悲劇です。デンマークの国王が謎の死を遂げてから一か月もたたないうちに、王妃は、亡き夫の弟と結婚します。息子である王子ハムレットにしてみれば、父の死後、間もないうちに、母親が叔父さんと再婚したことになります。ハムレットは、それを深く嘆いて、厭世の言葉を口にします。それが、引用のある第一幕第二場です。この世のいとなみのいっさいが、気のぬけた、味気なく、生き甲斐のないものに思えます。自殺して消えてしまいたいが、自殺はキリスト教では罪です。どうすればいいのだと苦悶します。

このようにハムレットは、母親に裏切られた思いで、人生と女に絶望してこのセリフを語っているのです。

それに比べるとアンは、学芸会が終わってがっくりきて、ハムレットの言葉を真似しているのですから、なんとも大げさであり、それが逆に、アンのおませな愛らしさを引き立てています。文学の素養のある読者なら、ここはハムレットが世を呪う名台詞だと気づいて、アンの可愛い嘆きの迷台詞に大爆笑することでしょう。

「美しい花を、美しい乙女に」（『ハムレット』より）

アヴォンリーでは、春が訪れると、子どもたちと先生が、メイフラワーと呼ばれる花を摘みに、野原へピクニックへ出かけます。花摘みの様子を、家に帰って来たアンは、マリラに楽しそうに話して聞かせます。日頃生徒に嫌味ばかり言っているフィリップス先生が、美人の教え子プリシー・アンドリュースに、花を贈ったことも話します。

「フィリップス先生は、摘んだメイフラワーをみんなプリシー・アンドリュースに贈ったのよ。『美しい花を、美しい乙女に』って言っていたのが聞こえたけど、これは本から取った言葉なのよ。私、知っているもの。でも、あの先生にも、多少は想像力があったということね」（第二十章「豊かな想像力、道をあやまる」）

「美しい花を、美しい乙女に（Sweets to the Sweet）」は、マクミラン社の引用句辞典によると、『ハムレット』第五幕第一場の一節であることがわかりました。今では英米人でも誰もが知っているわけではないようです。このセリフは、ハムレットの母、デンマーク王妃の言葉です。

新国王となった叔父が父を殺したことに気づいたハムレットは、亡き父親の復讐を果たそうとして、狂気を装います。そうとは知らない恋人のオフィーリアは、彼の狂気、そして自分の父親の死に錯乱し、世をはかなんだまま溺れ死にます。オフィーリアの葬儀の場面で、ガートルード王妃は、墓に花をまきながら呟《つぶや》きます。

「美しい乙女に、美しい花を。さようなら」

辞典によりますと、この言葉にはラテン語の元歌があることがわかりました。「美しい花を、花のように美しい乙女に（Florentem florenti）」という言葉です。ローマの喜劇作家プラウトゥス（紀元前二五四？―一八四）の『ペルシャ』という作品の一節だそうです。シェイクスピアは、生まれ故郷のストラットフォード・アポン・エイヴォンで、グラマー・スクールに通い、ラテン語の様々な作品を読んでいました。その中に、プラウトゥスも入っていたようです。実際、シェイクスピア劇の『間違いの喜劇』は、プラウトゥス作『メナエクムスの兄弟』を元にして書かれています。「美しい花を、美しい乙女に」は、英文学では盛んにパロディとして使われています。

『ハムレット』は、デンマークの王宮エルシノア城が舞台です。この城には、かつてアムレス(Amleth)王子が住んでいました。シェイクスピアは、アムレスの綴りの末尾のhを頭にもってきて、ハムレット（Hamlet）にしたといいます。

「目に見えない風」（『尺には尺を』より）

美しいものを愛するアンは、マリラが持っていた紫水晶のブローチにうっとりして見とれます。「紫水晶って、優しいすみれの花の魂のようね」なんて可愛いことを言って眺めます。マリラにとっては亡くなった母親の形見で、大切なものでした。しかしそのブローチが、紛失してしまうのです。

マリラが問いただすと、アンは、マリラの留守中にさわったと答えます。でも、取ってはいないと言い張ります。しかしマリラは、アンがなくしてしまったと考え、「自分が取ったと正直に言うまで、二階の部屋から出しません」とアンに言い渡します。かくしてアンは自分の部屋に閉じ込められ、食事も二階で取ることになりました。しかし翌日は、アンが楽しみにしていたピクニックの日。マリラは、「正直に言うまでは、ピクニックだろうと、どこだろうと、行かせません」と厳しいのです。そして夜が明け、ピクニックの朝がきました。

まるでピクニックのためにわざわざ誂《あつら》えたかのように、晴れわたった好天気となった。グリーン・

ゲイブルズのまわりでは小鳥たちがさえずり、庭の白百合（マドンナ・リリー）はぷんと甘く香った。その芳香は目に見えない風にのって戸と窓から家中に流れこみ、神の祝福の精のように、玄関ホールや室内を漂った。

（第十四章「アンの告白」より）

この「目に見えない風」（viewless winds）」は、『尺には尺を』の第三幕第一場に出てきます。このシーンは、「監獄の一室」と名づけられています。しかし、文脈が一致していなければ引用とは言えないので、松本氏は小田島雄志訳の『尺には尺を』で確認し、確信されました。

『尺には尺を』で「目に見えない風にとらわれて」と話すのは、クローディオという男です。彼は、婚約者のジュリエットを妊娠させた罪で、翌日処刑されようとしています。そのために監獄の一室に閉じ込められています。そして面会にきた妹のイザベラに向かって、死ぬのが怖いと、死後の世界の恐ろしさを長々と語ります。クローディオは、死んだ後は、自分は「目に見えない風にとらわれて、止むことのない荒々しい力でふき飛ばされるだろう」と言います。そして『尺には尺を』の結末は、クローディオは晴れて監獄から出て、ジュリエットと結婚します。

これは『アン』とよく似ています。というのは、アンもまた、盗んでもいないブローチをとったという無実の罪、つまり濡れ衣を着せられて、部屋という監獄に閉じ込められているからです。さらに翌日は、生まれて初めてのピクニックなのに、行かせてもらえないという重罰が待っているのです。しかしアンの罪は消えます。ブローチは、マリラのショールに引っかかっていたことが判明して、盗みの疑いは晴れ、ピクニックに出かけ、楽しいひと時を過ごすことができたのです。クローディオもアンも、罪ではない罪で閉じ込められ、翌日に罰が下される予定でしたが、ラストには罪が晴れるという状況が一致していて、引用だと判断できます。

　またここからの引用は、囚人のクローディオとアンが一致するだけではなく、閉じ込める側の事情も共通しています。クローディオを監獄に入れるのは、公爵の代理人アンジェロという男です。アンジェロは、クローディオの妹イザベラが「兄を釈放してほしい」と頼みに来ると、「お前の肉体とひきかえに、兄さんを監獄から出してやろう」ともちかけます。ここでは、囚人も閉じ込める側も同罪なのです。

　一方『アン』でも、アンを部屋に閉じ込めているマリラにも罪があります。マリラは、自分の不注意にもかかわらず、アンが盗んだと思い込んでいます。冤罪です。

「目に見えない風」という、わずか二つの単語にも、出典元の作品と見事にだぶらせて伏線をはるモンゴメリの技は凄いと松本氏は脱帽されています。

『アン』には、少なくとも九か所、シェイクスピア劇からの引用があるようだと松本氏の調べではわかりましたが、その四つを紹介しました。

　こうした引用を知らなくても、『アン』は面白く読めますが、シェイクスピアの物語が織り込まれていることを知ってから読むと、さらに知的な愉しみが味わえます。物語の深いところに、シェイクスピア劇の世界が、厚みのある地層となって広がり、『アン』という土壌に、豊かさと深まりを与えていることに気づくからです。

2 シェイクスピアや聖書からきている登場人物の名や地名

松本氏は、シェイクスピア劇からの引用を調べるために、集中的にシェイクスピアに関する資料を読まれ、先ほど触れたようなことがわかりました。また『アン』には聖書からの引用も多いので、聖書関係の資料もいろいろと読まれました。すると、『アン』の登場人物と同じ名前が、シェイクスピア劇や聖書に出てくることにも気づかれました。そこで、モンゴメリは『アン』の登場人物の名前にも意味を持たせているのではないかと考えられ、主要な登場人物も調べられました。結果、シェイクスピアと聖書に、何らかの形で関連していることがわかったのです。そのいくつかをご紹介しようと思います。

物語の舞台アヴォンリーは、シェイクスピアの生地の名前からの造語

『アン』の舞台は、カナダのプリンスエドワード島にある小さな村、アヴォンリー(Avonlea)です。正しい英語の発音はエイヴォンリーですが、日本ではアヴォンリーという表記が一般的なので、それに倣っています。アヴォンリーという地名は架空の地名で、彼女が育ったキャベンディッシュをモデルにしています。モンゴメリが舞台の地名をアヴォンリーにしたのは、シェイクスピアの生地にちなんでつけたように思われます。シェイクスピアの生地はストラットフォード・アポン・エイヴォンとされています。

されていますと書いたのは、シェイクスピア別人説があるからです。なぜ別人説が起こるかといいますと、①本人の手書き原稿が残っていないこと、②彼のサインと言われるものが六点残っていますが、筆跡がバラバラであること、③彼の個人史に空白部分があること、空白の七年間（故郷を出てから劇作家になるまでの七年間どこで何をしていたのか）、④彼自身によって書かれた手紙が存在しないこと、⑤作品中の知識の膨大な量、イタリアのこと、ギリシャ神話、ラテン語、宮廷生活、海洋航海、裁判、などなどの知識を田舎出の青年が七年間で吸収するのは無理であること、等々を考えて、マーク・トウェインも壮大なシェイクスピア研究の総体を諷刺しています。

じゃあ誰が書いたのだということになって、別人説が出てきたわけです。別人候補は六十人以上います。候補のベストスリーは、フランシス・ベーコン、第十七代オックスフォード伯エドワード・ド・ヴィアー、クリストファー・マーロウです。ストラットフォード・アポン・エイヴォン出身の俳優ウィリアム・シェイクスピアがシェイクスピア作品の作者であることに疑いを持たない人々を「ストラットフォード派」と呼び、疑いを持つ人々を「反ストラッフォード派」と呼びます。

反ストラットフォード派は、シェイクスピアという人は、「本当の作者」の正体を隠しておくために、代理人として名前を貸していただけだと考えています。なぜ正体を隠す必要があったのかというと、フランシス・ベーコンの場合は、彼と彼に共鳴する他の作家たちで書き、戯曲の中に隠された反君主制的な哲学を世に広めることで、人類を圧制から解放することを目指しました。そのためには名前を隠しておく必要があったのです。オックスフォード伯エドワード・ド・ヴィアーの場合は、彼の後見人で、政略結婚させられた、バーリー男爵ウィリアム・セシルへの恨みから、彼をモデルにしてハムレットの相談役ポローニアスを描いたため、自分が作者だとわかれば、彼をモデルにしたことがばれるので、隠す必要があったようです。クリストファー・マーロウの場合は、一五九三年に居酒屋で口論になり、ナイフで刺されて死亡したことになっていますが、これは偽装だというのがマーロウがシェイクスピアだという人々の考えです。マーロウは無神論者の嫌疑をかけられていました。逮捕され、処刑される可能性が高まったため、パトロンであったトマス・ウォルシンガムが中心となって偽装殺人事件を演出し、うまくイタリアへ逃がしてもらったマーロウは、その後シェイクスピアという筆名で執筆活動を続けたというものです。

別人であっても作品の価値は変わりません。シェイクスピア作品は、優れた人間考察であり、時代を超えたテーマに満ちていて、世界中の作家のインスピレーションの泉となっています。作家だけではなく、読者も多くのことを学ぶことができます。イギリスが産んだ人類共通の財産と言ってよいと思います。こうしたことを踏まえた上で、シェイクスピアを見ていきたいと思います。

アヴォンリー（Avonlea）は、シェイクスピアの生地のエイヴォン川に、lea をつけた変形ではないかと松本氏は考えておられます。lea とはイタリア語的な変形とも読めますし、英語では草原、草地を表す詩的な言葉です。アヴォンリーが、シェイクスピアの生地をヒントに創りあげられた造語だとすれば、『アン』の物語はすべて、彼の故郷の上で繰り広げられることになります。

シェイクスピアは、人生の歓び、怒り、悲しみ、愉しみ、そして栄枯盛衰を劇的に描きました。モンゴメリは一九一一年に新婚旅行で渡英したとき、シェイクスピアの生地を訪れています。モンゴメリはその生地を『アン』の舞台に定め、草原を示す lea をつけたことで、「エイヴォンの草原」

を舞台装置として創り上げ、シェイクスピアさながらの物語性に満ちた作品を書こうとしたのです。大作家にちなんだ名づけからは、モンゴメリの作家としての志が感じられます。

松本氏が『アン』の講演会で、アヴォンリーはシェイクスピアの生地にちなんで創り出された地名だという話をされたとき、英文学の研究者の方から、アーサー王伝説に出てくるアヴァロンという地名にちなんでいるのではないかとの指摘を受けられました。貴重な情報であると書いておられます。『アン』には、第二十八章でアーサー王伝説が登場するので、アヴァロンにちなんでいる可能性も充分にあると松本氏は書いておられます。

前に触れました山本史郎訳の『完全版・赤毛のアン』の解説部分で、私が「最重要シンボルとしての赤毛」というタイトルでまとめたところに、マーガレット・アン・ドゥーディがアヴォンリーについて解説した文章があります。そこでドゥーディは、エリザベス・ウォーターストーンの、アヴォンリーはシェイクスピアの生地にちなんだものであるという説を紹介したあと、自説の、アヴォンリーはアヴァロンのアナグラム（綴り換え）であるという説を披露しています。

主人公の名前アンは、シェイクスピアの妻、妹の名前から

シェイクスピアの妻の名前はアン・ハサウェイ（ハリウッド女優にも同姓同名の人がいますね）。そして七つ年下の彼の妹の名前はアン・シェイクスピアです。シェイクスピア劇の登場人物にはeのついたアンは三人出てきます。①『リチャード・三世』のアン夫人（レディ・アン）。ヘンリー六世の皇太子エドワードの未亡人として登場します。②ヘンリー八世のアン・ブーリン。ヘンリー

八世の二度目の妃となり、やがてエリザベス王女（後のエリザベス一世）を産みます。③『ウィンザーの陽気な女房たち』のペイジ家の一人娘、アン・ペイジです。

他の文学作品では、スコットランドの作家サー・ウォルター・スコットの作品に『ガイアースタインのアン（*Anne of Gierstein*)』（一八二九）という作品があり、タイトルが『赤毛のアン（*Anne of Green Gables*)』と似ています。スコットの作品は『アン』にたくさん引用されていますので、アンの名前もここからきたのかもしれませんね。この作品はスイスを舞台にした歴史小説で、エドワード四世の時代の政争を背景にしています。ヒロインのアンは、伯爵アルバート・オブ・ガイアースタインの娘で、アーサー・ド・ヴィアと結婚します。ド・ヴィアという名字は、『アン』に何度も登場します。アンが創作する物語のヒロインは、ド・ヴィアという貴族的な名字の青年と恋に落ちるのです。

モンゴメリの自叙伝『険しい道』によりますと、eをつけたアンという名は、ひらめきでつけたとありますが、英文学に詳しいモンゴメリならではの命名に思えます。

付け加えますと、アンは聖母マリアの母の名前であるため、多くの両親が、良い名前として自分たちの娘につけると聞いています。ヘンリー八世は生涯に六人の妃と結婚しましたが、そのうち二人がeのついたアンです。二人目の妃が、のちにエリザベス一世になる娘を産んだアン・ブーリン（Anne Boleyn）です。彼女は元は最初の妃、キャサリン・オブ・アラゴンの侍女でしたが、フランス宮廷で暮らし、優雅な所作を身につけ、美しい瞳と会話の魅力が王を虜にしていきます。王妃にしてくれるなら王子を産むというアンのしたたかさにのめりこんだ王は、アンと再婚するためにカトリックを離れ、英国国教会を作りました。これにはもう一つの思惑がありました。カトリックの修道院を没収し、それを財源にして、都市の再構築や海軍の増強を図ることでした。ヘンリー八世もしたたかだったのです。しかし、アンが産んだのは女の子。アンへの失望から彼女とは対照的な女性シーモアへ心が移ります。シーモアを妃にするために、アンと離婚し、処刑します。

シーモアが産褥死《さんじょくし》したため、アン・オブ・クレーヴズ(Anne of Cleves)を四人目の妃に迎えます。四人目の妃探しに関しては、妃候補を絵にするために、画家たちが各地に派遣されました。ハンス・ホルバインはヨハン三世の娘アン・オブ・クレーヴズをあまりにも美化して描いたため、実物が肖像画とあまりにも大違いだったため、初対面のとき、王は激怒し、結婚六か月で、寝室を一度もともにすることなく、離婚しました。ホルバインは出入り禁止となり、彼女を薦めたトマス・クロムウエルは処刑されました。

余談ですが離婚後、王はお忍びでウナギパイをよく食べに行ったそうです。テムズ川では今でもウナギが獲れて、現代でも、創業一八九二年のパイ屋「マンジー」で、各種ウナギパイが頂けます。

アンの別名コーデリアは、「リア王」の第三王女の名前

アンは、自分の平凡な名前を好まず、ロマンチックな憧れの名前を持っています。コーデリアとジェラルディンです。だから、グリーン・ゲイブルズに引きとられて、名前を尋ねられた時、「コーデリアと呼んでください」と頼みます(第三章)。マリラはびっくり仰天して、「それがあんたの名前かい？」と聞き返します。なぜなら、コーデリアという名には、お姫さまを思わせる古風で華麗な響

きがあるからです。当時も今も、コーデリアという名前の人はめったにいません。粗末な身なりの孤児が、めったにない高貴な香りのする名を名乗ったので、マリラは驚いたのです。

というのも、コーデリアと言えば、英語圏の本好きな人ならば、シェイクスピア劇「リア王」の三番目のお姫さまを思い浮かべるだろうからです。コーデリア姫は、父リア王から父親への愛を問われたとき、言葉少なく謙虚だったため、王の怒りを買って勘当され、最後には、投獄、幽閉されて死んでしまいます。無口で控え目だったばかりに、不条理な死を迎える悲劇のお姫さまなのです。

一方、とてもおしゃべりで、グリーン・ゲイブルズまでの道中、しゃべり通しだったアンが、家に着いたとたんに、おとなしいコーデリア姫を名乗るので、読者が大笑いする場面です。

アンの親友ダイアナは、「終わりよければすべてよし」の登場人物

ダイアナ・バリーは、アンの腹心の友で、物語はこの二人の少女を軸に展開し、生涯にわたって親交をあたためます。ダイアナの名前を初めて聞いたとき、アンは素敵な名前だとうっとりしますが、マシューは、異教徒のような名前で、あまり好きではないと言います（第二章）。

というのも、ダイアナ（ディアナ）とは、もともとはローマ神話の月の女神です。ギリシャ神話のアルテミスにあたります。つまり、一人の神しか認めないキリスト教徒にとっては、ダイアナは多神教の神の名であり、異教のローマ神話の女神だから、クリスチャンのマシューにとっては異教徒風なのです。

「終わりよければすべてよし」には、ダイアナ・キャピュレットという医者の娘が登場します。そ

してこの芝居の主人公は、孤児のヘレナです。ヘレナは、バートラムという身分の高い男に恋をします。そのヘレナの結婚を、ダイアナは機転をきかせてうまくとりもつ役柄を担っています。また、ヘレナという名前もアンから派生した名前なので、興味深いですね。

『夏の夜の夢』にも、ダイアナは登場します。「ダイアナのつぼみ」という植物です。妖精の王オベロンは、妖精の女王タイターニアのまぶたに「キューピッドの花」の汁を、惚れ薬として塗ります。「キューピッドの花」とはパンジーのことで、この花の汁を眠っている人のまぶたに塗ると、目覚めてから最初に見た人に、誰彼かまわず恋してしまいます。その魔法をとくには、「ダイアナのつぼみ」の汁を塗らなければなりません。『夏の夜の夢』は、そうした恋愛の間違いが引き起こす騒動を描いた滑稽な喜劇です。

「ダイアナのつぼみ」という花は、シェイクスピアの造語で、そうした名前の植物はありません。しかし、イタリアニンジンボク、または、ワームウッド（ニガヨモギ）ではないかといわれています。イタリアニンジンボクはギリシャ神話で、豊饒の女神デメテルが貞節を守るために床にまいたことから、古代ローマや中世において、「貞節の木」とされました。ワームウッドは、ヨモギの仲間で、ヨモギ属は学名ではアルテミシアといい、ギリシャ神話の月の女神アルテミスに由来します。つまりローマ神話でいうとダイアナの花なのです。

『アン』のダイアナの家の花壇にはいろいろなハーブが植えられていて、ヨモギの仲間のサザンウッドも植えられています（第十二章）。サザンウッドもアルテミシアの仲間なので、ダイアナの家の庭には、ダイアナの花が植えられていることになります。

『夏の夜の夢』は、六月二十四日の聖ヨハネの生誕祭前夜に繰り広げられる、妖精と人間たちの喜劇です。この前夜には、様々な植物の精が現れ、香草と薬草は力を強めると信じられていました。だからこれらの香草を、妖精のいたずらや魔法から逃れるために、人間や家畜の首にかけました。また、ダイアナの光、つまり月光も、香草の力を増すと信じられていました。

このように月の女神ダイアナの名前には、ファンタスティックで、妖精や魔法の気配があるからこそ、アンはその名にうっとりしたのです。しかし、『アン』のダイアナは、魔法どころか、妖精そのものを頭から否定し、ギリシャ神話の木の妖精ドライアドがいると信じているアンを大人げないと思う（第二十一章）ような、現実的な女の子なのです。

のちにアンの夫になるギルバートは、シェイクスピアの弟の名前から

ギルバート・ブライスという少年が、アンの赤い髪を「にんじん」とからかって以来、彼女は彼を憎み、何事にも引けをとるまいと勉学に励み、中学、高校、大学入試で首席となります。しかし、ギルバートが熱病で死線をさまよったとき、初めて彼を愛していたことに気づき、結婚します。

このギルバートという名前がシェイクスピアのすぐ下の弟の名前だとわかったとき、松本氏は驚かれました。ギルバート・シェイクスピア（一五六六―一六一二）は、小間物商をしていたこと、一六一二年にシェイクスピアの代理として土地購入をしたこと、生涯独身だったらしいことなど、若干の記録が残っています。

私が知っているギルバートと言えば、一九九三年のアメリカ映画『ギルバート・グレイプ』です。

このギルバートは、食料品店で働きながら、重い知的障害を持った弟アーニーと、夫の自殺から七年間も家から出たことがない肥満で過食症の母と、二人の姉妹たちとの生活を支えています。ギルバートをジョニー・デップが、アーニーをレオナルド・ディカプリオが演じています。若い時の彼らの映画を初めて見ました。

アイオワ州の小さな町を生まれてから一度も出たことがないギルバートは、家族を置いて自分だけ町を出るわけにもいかず、悶々としながら日々を送っています。ある時ギルバートは、旅の途中でトレーラーが故障し、彼の町にしばらく留まることになった少女・ベッキーと出会い、アーニーも交えて交流を深めていきます。ギルバートはベッキーに、自分はいい人になりたいと語ります。そんな中、アーニーがまた給水塔に登って騒動を起こし、留置場に入れられたため、彼を取り戻すために母親のボニーは家族とともに七年ぶりに家から出ます。無事アーニーを連れて帰ることができましたが、太ったボニーの姿を見に留置場前に集まった人々の、失笑と好奇の目に晒されてしまいます。

このことに家族全員ショックを受け、ボニーは自宅の庭で開かれるアーニーの十八歳の誕生日パーティにも顔を出さず室内で過ごします。

トレーラーが直り、ベッキーが旅立った後、ボニーは今まで一階の椅子に座って食事をし、就寝もしていた生活を改めようと、頑張って階段を昇って二階へいき、寝室のベッドで眠りますが、その無理がたたったのか、そのまま息を引きとります。ギルバートたちは悲しみ、しばらくみんなで泣いて過ごしますが、葬儀となると、クレーン車で運び出すことになり、母を見世物にしてしまうことになります。

ギルバートはそんなことは絶対させないと考え、他の兄弟の同意も得て、家財道具を運び出し、家に火をつけて母を火葬します。

一年後、姉と妹も自立したので、戻って来たベッキーのトレーラーに乗り、ギルバートがアーニーとともに旅立っていくところで映画は終わります。

第五章　モンゴメリと『赤毛のアン』

1　モンゴメリの人生

ルーシー・モード・モンゴメリは、一八七四年十一月三十日、プリンスエドワード島北岸に近いクリフトン（現在のニューロンドン）で生まれました。ウィンストン・チャーチル、マーク・トウェインと誕生日が同じで、彼女はこのことを誇らしく思っていました。この日は、星座でいえば射手座で、この星座の人は前向きで、行動力があり、おおらかで長寿であるといわれていますが、あたっている面もあり、そうでない面もあるようです。

ルーシーは母方の祖母の名をとってつけられ、モードはヴィクトリア女王の王女の名からとってつけられました。父方も母方もスコットランド移民で、母クレアは、ルーシーが二歳になる前に結核で亡くなりました。二十三歳でした。ルーシーは、母方の実家マクニール農場の祖父母に引き取られ、育てられました。厳格な祖父母のもとで、パフスリーブのドレスを着せてもらえなかったり、夜、演芸会へ出かけるのを禁止されたりしました。アンと同じです。

モンゴメリの多面的な性格は、両家の性格を受け継いだものといわれています。父方からは、陽気で情熱的な性格と豊かな想像力を受け継ぎ、母方からは、厳格で保守的で理性的な性格を受け継ぎました。こうして、人前では良識をわきまえた常識的人物として振る舞い、小説や日記で自由な思想や本音を書きました。

父はカナダ中部サスカチュアン州プリンス・アルバートへ移り、再婚しました。一八九〇年、一五歳のモンゴメリは、父と暮らすために大陸横断鉄道ではるばる四千キロを旅して父のもとへ行きますが、若い継母との折り合いが悪く、一年で島へ戻ります。島に戻った彼女は、シャーロットタウンのプリンス・オブ・ウェールズカレッジへ入学し、アンのように街に下宿して、一年で教員免許を取ります。この学校がクィーン学院のモデルです。

一八九四年～一八九五年、十九歳の彼女は、島北西部のビデフォードの牧師館に下宿し、教師として働きます。生徒によっては熱意が持てないこともありました。また、もっと学びたい、作家になりたいという思いが強く、休職して、貯金と祖母の援助で、ノヴァスコシア州ハリファックスのダルハウジー大学で英文学の特別講義を受けます。大学では、ラテン語、ギリシャ語、フランス語、古代ローマの作品、シェイクスピアの作品等を学びながら、様々な投稿も続けました。学費が続かず島へ戻った彼女は、一八九六年、島北西部のベルモントで再び教職に就きます。教師の仕事と、勤務前に執筆活動をするというハードな生活が続きました。ベルモントは寂しい村で、孤独に苦しみ、親戚の神学生エドウィン・シンプソンと婚約します。

一八九七年からは、島東部のロウアー・ヘデークで教えました。そこで、下宿先の息子ハーマン・

リアードと愛し合うようになり、エドウィンに婚約解消を申し出ます。だからといってハーマンと婚約したわけではありません。彼女が日記に書いている、愛することのできる男性の理想像は、ハンサムで、教養があって、生まれがよく、よい地位に就いていて、知性的な男性でした。エドウィンはこの条件を満たしていましたが、愛することはできませんでした。松田聖子流に言うと、ビビッとくるものがなかったのです。ハーマンは背が低く、みばえ悪く、陽気なだけで、知性・教養といったものと無縁で、彼女の条件を全く満たしていませんでしたが、少年のような顔立ちで、睫《まつげ》は女の子のように甘く、しなやかで、顔の中に、何か人を惹きつける力がありました。要するにビビッときたわけです。だからといって結婚はできませんでした。条件を満たしていないからです。いつの世にも結婚相手に求める条件というものはあります。三高とか4Kとかありますが、モンゴメリは条件が高すぎたように思われます。

人間には誰にでも、内面に潜む欲望と、世間体を気にして生きる二面性がありますが、モンゴメリにも当然この二面性がありました。彼女は、自分の中の原初の欲望を、人間の命令に従わず、自由に行動する猫に例えています。彼女は、人間を平然と欺く猫を、ジキル博士とハイド氏にみたて、賞賛しています。猫は姿を変えたモンゴメリであり、彼女の欲望の象徴でした。しかし、彼女は、自分の中の原初の欲望を感じたにもかかわらず、それよりも世間の目に映る自分の姿に配慮することを最優先させます。このように彼女を強く縛っていたものを一言でいうと、ヴィクトリア時代の特徴であるレスペクタビリティ（respectability）であると、小倉千加子氏は『赤毛のアンの秘密』（注⑩）の中で指摘されています。respectability という英語は、「世間体」とか「尊敬に値すること」とか訳されます。原初の欲望から自分を見失い、ハーマンにのめり込みましたが、レスペクタビリティを大切に考えるモンゴメリは、ハーマンとは結婚できません。エドウィンはレスペクタビリティは満たしましたが、激情が湧かなかったのです。

そうした中、マクニール家の祖父が亡くなり、祖母が一人残されたため、祖母の面倒をみることを理由に、ハーマンと別れ、教師も辞めてキャベンディッシュへ戻ります。祖母と暮らしながら小説を書き、カナダ、アメリカの雑誌に投稿する日々を三年間送ります。

その後、ハリファックスの新聞記者をやったり、島へ戻って長老派の教会で日曜学校の指導をしたりして過ごし、一九〇六年（三十一歳）に、『赤毛のアン』が完成します。しかし、五つの出版社に送りましたが、全て送り返されてきました。その一方で、ユーアン・マクドナルド牧師と一九〇六年に婚約します。『赤毛のアン』を完成させてから二年ほど経って、探し物をしているときに、『赤毛のアン』の原稿がふと目にとまり、もう一度それに目を通してみたら、そんなに悪くないと再び思い、もう一度書き直して、ボストンのペイジ社へ送ります。また没になるところでしたが、編集者に島出身の人がいて、推してくれたので、出版の運びとなりました。一九〇八年六月のことです。出版されるや、アメリカ、カナダ、イギリスでベストセラーになり、世界中からファンレターが来たり、彼女に会いに来る旅行者に手を焼きます。彼女の成功と報酬への人々の嫉妬もありました。人気作家になっても祖母との二人暮らしは変わりませんでしたが、一九一一年に祖母が亡くなり、この家は祖父の遺言で祖母の死後はおじが相続することになっていましたので、彼女はこの家を出ていかなければならなくなり、ユーアンと結婚という形でこの家を出ていきます。モンゴメリ三十六歳、ユーアン三十九歳でした。この結婚は、ユーアンを愛していたからではなく、知的レベルや家柄の釣り合いを考えた結婚でした。結婚式前夜、モンゴメリは夢を失ったことに泣き崩れました。式が終わると、恐ろしい絶望に襲われました。何の希望もない囚人になったような気がしたのです。自由になりたい！　しかしもう遅い！　しかし彼女はこの憂鬱を征服し、なだめすかして、心の奥深くに埋めて、新婚旅行へ出かけました。船で大西洋を渡り、祖国スコットランドのグラスゴーから上陸し、イングランドへ、二か月かけて南北を縦断しています。

帰国後、夫の赴任地が何度か変わって、二人は歳を重ねていきますが、その間、夫の鬱病がひどくなっていきました。夫の鬱病の原因は、妻の態度によるものだという説を小倉千加子氏は展開されています。モンゴメリが夫を選んだ要素は六つあります。①スコットランド系の出自であること、②宗教が長老派であること、③ダルハウジー大学卒という学歴、④牧師という職業に就いていること、⑤四歳年上という年齢差、⑥平均以上の容貌を持っていること、です。しかし夫には、ハーマンのような強烈な肉体的魅力はなく、愛することができませんでした。結婚前から彼女には、夫への諦念と、自分の方が上という思い上がりがありました。夫の鬱病は、この妻の態度によって作り出されたものだと小倉氏は考えています。では、結婚相手が違っていたら、彼女は満足できたのでしょうか。精神分析家のカレン・ホーナイは、「結婚生活の障害の大部分は、我々自身の発達の結果であり、我々自身が持ち込んだもの」と言っています。つまり、夫の鬱病の原因は、モンゴメリ自身にあったということです。そのことに彼女は気づいていましたが、それを克服することはできなかったのです。これは、私たちにも言えるのではないでしょうか。こうすればいいのにとわかっていてもできない面が、私たちにもあると思います。

作家になってからの日記は、モンゴメリの遺言で五十年後（一九九二年）に出版されました。そのおかげで、彼女の実像が見えてくるようになりました。作家として、牧師夫人として、多忙を極めたこと、得心のいかない作品を書かなければならない苛立ち、出版社との訴訟問題、夫の鬱病を隠し続ける苦痛、キリスト教への懐疑、等々です。彼女は、死と生はつながっていて、断絶したものではないという非キリスト教的死生観を持っていましたし、自殺も肯定していました。生命は押し付けられたもので、望んだものではなく、耐え難くなったら、放棄する権利があると考えていました。

モンゴメリは一九四二年四月二十四日に六十七歳で亡くなりました。小倉千加子氏は、トランキライザーの飲み過ぎによる自殺説をとっておられますが、松本侑子氏は確証が得られていないと否定的です。トロント公共図書館のモンゴメリ研究家の梶原由佳氏は、脳卒中、あるいは脳溢血説をとっておられます。モンゴメリの晩年は、悲観的要素が多くあったことは事実です。健康に恵まれず、インフルエンザ、神経衰弱、扁桃腺炎、不眠症、胃腸障害、等々で苦しんでいましたし、夫の看病もありました。それに、第二次世界大戦が始まり、彼女の精神状態も夫の容態も悪化するばかりでした。自殺してもおかしくない状況でしたので、ファンとしては自殺であってほしくないと思う一方、そうした状況を考えると、自殺もやむをえなかったかな、といろいろ考えますが、松本氏が言っておられるように、まだ確証はありませんし、梶原氏が言っておられるように、病死だったのかもしれません。今のところ、まだ薮の中状態です。本人と神様にはわかっているのでしょうが。

2　『赤毛のアン』の人気の秘密

今までにいろいろなところで言われてきた『赤毛のアン』の人気の秘密をいくつか並べてみようと思います。

（1）アンは絶えず何かと闘って、自分のほしいものを手に入れていきます。家族、友、服、容姿、教養、自活できる力、将来の恋人、等々。そしてその勝利が、アンのやさしさ、克己心、努力からもたらされている点。

（2）社会の保守層から見て、安全な読み物になっている点。アンは家庭や学校の枠にはまらず、保守的文化と闘って、自分のほしいものを手に入れていくように見えながら、従来の文化から一歩も出ていません。『赤毛のアン』は、ハラハラさせながらも、結局は安全な場所に着地する少女の成長物語になっている点。

（3）それにもかかわらず、秩序破壊者としての魅力を持っている点。『アン』の名場面六つがそれを示しています。1　リンド夫人を罵倒する場面、2　ギルバートを石版で叩く場面、3　ダイアナにワインを飲ませ、酔わせてしまう場面、4　屋根の上を歩き、転落して骨折してしまう場面、5　髪を黒く染めようとして、緑色になってしまう場面、6　エレーン姫を演じた時の舟の浸水場面の六つです。これらはすべてジェンダーの逸脱に関わっていて、同時にピューリタン的禁欲主義への反発やヴィクトリア朝の理想的女性像への諷刺の主題も兼ねていて、マーク・トウェインは『アン』を風刺文学として絶賛しています。

『赤毛のアン』は、マーク・トウェインが「風刺文学」として絶賛しているように、アンを生き生きとした、生命力のある、当時の文学的正統を転覆させる実体として描くことに成功していますが、最終的には当時の伝統的な女性の生き方で終わらせています。この部分と全体が指し示す方向性の矛盾がこの作品の評価を分裂させています。

この矛盾は、モンゴメリ自身の二重性からきていると思われます。「モンゴメリの人生」で見たように、彼女は、作家として成功するためにも、一人の女性として世間から非難されないためにも、世間に気に入られるものを書くしかなかったのです。

ギリシャ神話に出てくるダフネやアンティゴネやプレアデス姉妹とか、イプセンの『人形の家』のノラのように、時代を超えて自分を貫いた人の例はありますが、これを実行することは至難の技です。作品においても、彼女自身の人生においても、このことで生涯苦しみ続け、不満を抱いたままモンゴメリは去っていきました。

しかし、モンゴメリにこのジレンマ、葛藤があったからこそ、『赤毛のアン』という作品が残せたとも言えるのではないでしょうか。

宝石が地殻変動で誕生するように、『赤毛のアン』は、彼女の心の地殻変動によって誕生した宝石なのではないかと思っています。

私は、この宝石をいつまでも眺めていたいと思います。

◎注

①『GINGER［ジンジャー］』五月号、六月号、幻冬舎、二〇一三年
②山本史郎訳『完全版・赤毛のアン』原書房、一九九九年
③村岡恵理編集『村岡花子と赤毛のアンの世界』河出書房、二〇一三年
④*The Annotated Anne of Green Gables*, Oxford University Press, Inc. New York, 1997
⑤松本侑子『赤毛のアンへの旅―秘められた愛と謎』ＮＨＫ出版、二〇〇八年
⑥松本侑子『誰も知らない「赤毛のアン」』集英社、二〇〇〇年
⑦松本侑子『赤毛のアンに隠されたシェイクスピア』集英社、二〇〇一年
⑧黒川伊保子『怪獣の名はなぜガギグゲゴなのか』新潮社、二〇〇四年
⑨和田忠彦『一〇〇分de名著　ウンベルト・エーコ　薔薇の名前』ＮＨＫ出版、二〇一八年
⑩小倉千加子『「赤毛のアン」の秘密』岩波書店、二〇〇四年

第四部

松本清張と『万葉集』

私は『万葉集』が好きで、年賀状に『万葉集』の歌を刷って出したこともあります。

新しき年の始の初春の今日ふる雪のいや重け吉事《しよごと》（巻二十・四五一六）

大伴家持が詠んだ、『万葉集』巻末の歌です。吉き事が絶えることなく降り積もる未来を予祝する正月の歌で、年賀状を受け取ってくださる方々に、今年も吉き事がありますようにと願いました。

私は若い頃から松本清張も好きで、作家の中では多く読んでいるのですが、清張作品にも『万葉集』の歌がよく出てきます。いつか、『万葉集』と松本清張というタイトルで書いておきたいと思っていたので、本書でまとめておこうと思いました。

『万葉集』も松本清張も広くて深い世界なので、とても私には伝えきれないのですが、好きな世界なので、私なりに書いてみたいと思います。

二〇一四年に、佐佐木幸綱氏がＮＨＫの『一〇〇分de名著『万葉集』』（注①）のテキストを書いてくださいましたので、この本に書かれてあることを中心に、他の資料にも触れながら、『万葉集』の全体像を概観し、そのあとで、『万葉集』の歌が出てくる清張作品に触れていきたいと思います。

第一章 『万葉集』の世界

豊作を予祝する雄略天皇の歌から始まる『万葉集』

『万葉集』は、現存する日本最古の歌集であり、全二十巻に収まっている歌は、長歌・短歌その他合わせて四千五百余首で、全巻の巻頭を飾るのは、雄略天皇の求婚の歌です。雄略天皇は、五世紀後半、古墳時代の天皇で、皇統譜では第二十一代とされています。

しかし実際は天皇が作った歌ではなく、もともとは共同体のなかで、毎年春、農耕開始に先立つ時期に、演劇的・舞踏的な所作を伴ってうたわれた伝承歌だろうと見られています。結婚とは子孫を繁栄させることだから、その歌を農耕に先立ってうたうことは、五穀豊穣を約束することになります。つまり、豊作を予祝することになるのです。

それを支えているのが、言葉に霊力が宿ると信じる「言霊《ことだま》信仰」です。万葉人は、「言」と「事」は重なり合うものと考えていました。「豊作だ」と言葉を発すると、言（言葉）のもつ霊力が事（現実）を引き寄せて、豊作がやってくると信じたのです。その際彼らは、日常の言葉で言うよりも、歌の形でうたわれる言葉の方が、言霊は威力を発揮することを知っていました。そこでその思いが雄略天皇に仮託されたのだと思われます。

因みに、枕詞も言霊信仰と関係があります。例えば、「飛ぶ鳥」と書いてあすかと読みますが、飛ぶ鳥は明日香という地名にかかる枕詞なのです。枕詞は褒め言葉で、明日香を褒め讃えているのです。鳥がたくさん飛んでいるということは、鳥の食べ物が豊富にあるからです。その土地が豊かで、そうした豊かな自然が恵みを与え、鳥がうたう明日香の地ということになります。飛ぶ鳥の明日香が出てくる有名な歌があります。

飛ぶ鳥の明日香の里を置きて去《い》なば君があたりは見えずかもあらむ（巻一・七八）

（明日香の里を置いて、奈良の都に行ってしまえば、あなたが住んでいるところはもう見えないのでしょうね）

これは、和銅三年（七一〇）に藤原宮から奈良の都に遷都する時に、御輿を長屋の原に停めて、古里を望んで元明天皇が詠んだ歌とされています。

『万葉集』の時代

『万葉集』の歌が作られた時代は、飛鳥時代の舒明天皇（六二九年即位）の治世から、奈良時代の天平宝字三年（七五九）にいたる、百三十年間です。

社会的・歴史的に見た場合、六四五年の「大化の改新」に始まる一連の政治改革によって、公地公民制・班田収受法の採用や中央・地方の行政制度の整備等が行われ、中央集権国家への道が切り開かれました。中大兄皇子《なかのおおえ》（のちの天智天皇）を中心として進められたこの改革は、その後、近江令、飛鳥浄御原令《きよみがはらりょう》や大宝律令の制定などを通じて奈良時代の律令国家確立に至ります。

海外との公的交流が始まり、国際関係が切実になるなかで、「日本」「天皇」の呼称が成立しました。文字の使用が一般化し、藤原京・平城京などの都市が出現しました。都と地方に格差ができ、全国に成立した六十余国の国府と都の間に交通網が整備されました。貨幣ができ、経済の仕組みが一変しました。官僚組織が制度化され、都市生活者が生まれ、消費者が出現しました。様々な場面で、個人の役割や立場が自覚されるようになりました。

こうした変化のなかで、歌をめぐる状況も大きく変わります。従来は口伝えだけで伝承されていた歌が、文字（万葉仮名）によって書かれ、記録されて、それを読むことで歌を享受する人たちが現れます。また、交通網の整備に伴い、都の歌が地方に、地方の歌が都に伝えられるようになりました。そして、宮廷人の宴席や、中央・地方の官僚たちの宴席で、歌が重要な役割を担うようになりました。

『万葉集』という言葉の意味

「万」は、よろず、たくさんの意味ですが、「葉」には二つの説が有力です。

（1）「葉」を言葉・歌と見る説

（2）「葉」を時代（世・代）と見る説

（1）は鎌倉時代に『『万葉集』』研究を行った仙覚の説です。この説については、「葉」が「言の葉」の意味で使われた例が、万葉時代には見られないことが指摘されています。

（2）は、『万葉代匠記』を著した江戸時代の国学者、契沖の説です。「万《よろず》の時代の先までもこの集が続いてほしい」という願いと祝福を込めた名称で、学問的な決着はまだついていませんが、佐佐木氏はこの説をとっておられます。

編者は誰で、いつ成立したのか

どちらについても定説と呼べるものはまだありません。確実に言えるのは、『万葉集』は七〇〇年前後の藤原京時代から編纂が始まり、複数の人間が数次にわたって編纂に関わりながら、段階的にまとめられていったこと、完成の時期は奈良時代末期から平安時代前期の間であること、大伴家持《おおとものやかもち》が編纂に深く関わったことは確実であること、くらいなのだと言われています。

余談ですが、歴史上の人物の名前で、大伴家持や中臣鎌足《なかとみのかまたり》のように、姓と名の間に「の」を入れて読む場合と、北条時宗とか織田信長のように、「の」を入れずに読む場合の違いはどこにあるのかというと、平安時代までの人物には「の」をつけ、鎌倉時代からは「の」をつけないそうです。

平安時代までは一族全体の名なので、その一族の中のだれそれという意味で、「の」をつけ、鎌倉時代からは自分の家だけの名前を名乗るようになったので「の」がとれたということを聞きました。

部立《ぶたて》による歌の分類

部立とは、「歌集中に立てられた分類項目」のことで、『万葉集』には四季分類や歌体による分類など、いくつもの部立がありますが、基本となるのは雑歌《ぞうか》・相聞《そうもん》・挽歌《ばんか》の三つで、これを三大部立と呼んでいます。

「雑歌」は、儀礼・行幸・旅・宴会など、公的な場で作られた重要な歌を収めた部立で、他の部立に常に先行して立てられます。『万葉集』中に約千五百首あります。

「相聞」は、主として男女の恋を歌う私的な歌を集めた部立で、一部の巻では表現技法上から相聞を正述心緒《せいじゅつしんしょ》・寄物陳思《きぶつちんし》・譬喩《ひゆ》とさらに分けています。『『万葉集』』中におよそ千七百五十首あります。

「挽歌」は、葬送の歌を中心に、辞世の作や死者追憶など、広く人の死を悲しむ歌を集めた部立です。『万葉集』の中に二百六十余首あります。

『万葉集』の表記

『万葉集』の歌はすべて漢字で書かれています。古来、日本には固有の文字がなかったために、漢字を利用して日本語を書き表すことにしたからです。ですから、漢字本来の意味には関係なく、字音・字訓を利用して、漢字を表音文字として使ったのです。このようにして用いた漢字が「万葉仮名」です。ところが万葉仮名は早くも平安中期（十世紀）には読めなくなってしまいました。

そこで、万葉仮名で書かれた歌に平仮名や片仮名で訓《よ》みをつける作業が始められ、やがてそれを漢字平仮名交じりで表記するようになりました。つまり私たちが読んでいる『万葉集』の一首一首は、千年を超える万葉研究の成果に立つ翻訳なのです。

『万葉集』全二十巻

佐佐木幸綱氏の『一〇〇分de名著　万葉集』では、各巻の特徴を次のように簡潔にまとめてありますので、私たちも頭に入れておきたいと思います。

巻一　宮廷を中心とした雑歌を天皇代ごとに配列
巻二　宮廷を中心とした相聞・挽歌を天皇代ごとに配列
巻三　巻一・二を補う雑歌・譬喩歌・挽歌
巻四　巻一・二を補う相聞と大伴氏関係の歌
巻五　筑紫大宰府での大伴旅人と山上憶良を中心とする歌を年代順に配列
巻六　聖武朝の始まりからの宮廷歌などの雑歌を年代順に配列
巻七　作者名のない雑歌・譬喩歌・挽歌
巻八　四季に分類した雑歌・相聞
巻九　『柿本人麻呂歌集』など先行する個人歌集から採歌
巻十　作者名のない雑歌・相聞
巻十一　作者名のない「古今相聞往来歌類」
巻十二　巻十一に同じ
巻十三　作者名のない長歌。新旧の時代の歌が入り交じる

巻十四　「東歌」が巻の総題。東国で詠まれた作者不明の歌
巻十五　遣新羅使人の歌、中臣宅守《なかとみのやかもり》・狭野弟上娘子《さののおとがみのおとめ》の相聞贈答歌
巻十六　伝説の歌、こっけいな歌、物の名を詠みこむ歌、民謡など
巻十七　巻二十まで、大伴家持の歌日誌。この巻は越中赴任前後が中心
巻十八　家持、越中時代の歌など
巻十九　家持、越中時代末と帰京後の歌など
巻二十　家持歌日誌、最後の六年分。防人歌を含む

四つの時代区分

『万葉集』の時代を、主として歌風の変遷によっていくつかの時代に分けるのは、十八世紀後半に賀茂真淵《かものまぶち》が五つの時期に分けたのが始まりです。この真淵説を下敷きとして、その後いくつかの時代区分論が出されましたが、昭和初期に沢瀉久孝《おもだかひさたか》氏と森本治吉《もりもとじきち》氏によって提案された次の区分が現在では通説となっています。

第一期　舒明天皇即位（六二九年）～壬申の乱（六七二年）
第二期　壬申の乱～奈良遷都（七一〇年）
第三期　奈良遷都～山上憶良没年（七三三年）
第四期　山上憶良没年～天平宝字三年（七五九年）一月一日

私たちも、この区分に従って、『万葉集』全体を短く概観してみたいと思います。

1 第一期の主な歌人

第一期の主な歌人としては、額田王、天智天皇、天武天皇、有間皇子、中臣鎌足が挙げられます。

額田王《ぬかたのおおきみ》の言霊の力

この時代最大の歌人は額田王です。彼女は、「天皇の代作者」としての役割が強く、最も力が発揮された最高の作品は、なんといっても次の一首でしょう。

熟田津《にきたづ》に船乗《ふなの》りせむと月待てば潮《しほ》もかなひぬ今はこぎ出でな（巻一・八）

（熟田津で、出航しようと月の出を待っていると、月も潮も、絶好の状態となった。さあ、今こそ、漕ぎ出そう）

斉明七年（六六一）一月六日、数え年六十八歳の斉明天皇（皇極天皇が重祚《ちょうそ》）の率いる大船団は難波を出航、十四日、伊予熟田津（愛媛県松山市付近の港）の石湯《いわゆ》（道後温泉）の行宮《あんぐう》に到着します。その前年、朝鮮半島では唐の支援を受けた新羅が百済を攻めます。百済は日本に援軍を求めてきます。深い関わりを持ってきた百済の再興を支援し、朝鮮半島への足掛かりを守るため、斉明女帝は遠征に踏み切り、瀬戸内海を西航してきたのです。そして、熟田津から筑紫の那の大津（博多）

に向けてふたたび船出する際に額田王が作ったのが、この歌でした。

この歌は、事実をうたった歌ではなく、そうあってほしい現実をうたった歌です。願いを短歌で表現すると、短歌に込められた「言霊」の力によって、現実を引き寄せることができるのです。

言葉というものには不思議な力があると思われます。余談ですが、改名という行為も、そうした考え方の延長線上にあるのだと思います。名前のイメージがよくないとか、パッとしないのは名前のせいではないのかとか、いろいろな理由で改名が行われます。スポーツ選手や芸能関係の方には改名が多いと聞いています。ある盗塁で名を馳せたプロ野球選手が大学時代に肩の脱臼を繰り返し、これではプロがどこも採ってくれないと悩んでいたら、父親が姓名判断の先生に見てもらい、家族全員で改名した方がよいと言われ、そのアドバイスに従ったところ、その選手の運気が上がり、プロに採用され、今もって誰にも抜かれていない一シーズン七十六の盗塁を達成する選手になったそうです。その選手は今独立リーグの監督をされているそうです。

その選手の改名前の名前は、姓名判断的にはとてもよくない名前だったそうですが、改名後は天下取りの名前になっているそうです。一緒に改名してくれた両親と姉は、その選手の運気が上がるように、三水《さんずい》のつく名前に改名したそうです。その選手に自分たちの水が流れて、その選手に流れ込むようにと願っての改名だったということです。これは凄いドラマですね。でもよく考えてみると、どこの家族にも、私たちが知らないだけで、いろいろなドラマがあって、支え合っているのだと思います。家族ってありがたいものですね。

脱線が長くなってしまいましたが、額田王はたぐいまれな言霊を操る力によって、願いと現実を融合させ、兵士たちを奮い立たせることに成功したのです。

有間皇子《ありまのみこ》の鎮魂の物語

『万葉集』巻二は、三大部立の一つ「挽歌」が初出する巻です。その冒頭に選ばれたのが、有間皇子の自傷歌二首とその死を追悼した四首です。有間皇子は孝徳天皇の遺児です。孝徳天皇は皇極天皇の弟で、大化の改新のクーデター後に即位し、第三十六代天皇となりました。難波長柄豊碕宮《なにわのながらのとよさきのみや》（大阪市）に遷都し、その地で没しました。孝徳天皇の没後に重祚して帝位についた斉明天皇は伯母（孝徳天皇の姉）、女帝の子・中大兄皇子は従兄にあたります。有力な皇位継承者の一人であるだけに、常に中大兄皇子の猜疑の目にさらされていたと思われます。斉明四年（六五八）十一月、女帝と中大兄が紀温湯《きのいでゆ》（牟婁温湯《むろのいでゆ》）に滞在中、都で謀反を企てたとして捕らえられます。そして紀温湯に連行され、中大兄の尋問を受けた帰路、紀州・藤白坂で絞首されました。十九歳でした。

自傷歌二首は、紀温湯に連行される途次、紀温湯を遠く望む岩代で詠んだものです。

磐代《いわしろ》の浜松が枝《え》を引き結びまさきくあらばまたかへり見む（巻二・一四一）

（岩代の浜松の枝を引き結んでゆく。幸いにもし無事だったら、また立ち帰ってこれをみよう）

家にあれば笥《け》に盛る飯《いひ》を草まくら旅にしあれば椎《しひ》の葉に盛る（巻二・一四二）

（家にいればしかるべき食器に盛る飯を、旅先にあるので、椎の葉に盛っている）

孝徳天皇の死によって朝廷の主導権を手にした斉明天皇と中大兄が邪魔な有間皇子を抹殺したのです。中大兄の政治の非情さには定評がありました。大化の改新後には、兄の古人大兄皇子を攻め殺し、義父の右大臣・蘇我倉山田石川麻呂も自害に追い込んでいます。

しかし、有間皇子のことは忘れ去られることなく、自傷歌によって物語化し、のちの歌人によって彼の物語は引き継がれていきます。

蒲生野《かもうの》の宴

『万葉集』第一期末の天智七年（六六八）につくられた、誰もが知っている有名な贈答歌があります。額田王と大海人《おおあまの》皇子の贈答歌です。

あかねさす紫野行き標野《しめの》行き野守は見ずや君が袖振る（巻一・二十）

（紫草の栽培園を行き来して、あなたが袖を振る。野守が見ているではありませんか）

むらさきのにほえる妹を憎くあらば人づまゆゑに吾恋ひめやも（巻一・二一）

（かがやくあなたを愛していなかったら、人妻と知りながら、恋したりしようか）

中大兄皇子が長い称制（天皇の崩御後、次の天皇となるべき者が、即位をしないまま天皇の政務を行うこと）を経て、近江遷都を機に、六六八年一月、正式に天智天皇として即位しました。同年五月五日に、天智天皇は近江蒲生野《がもうの》で薬狩を催しました。これはその時の贈答歌です。大海人皇子と額田王は二十年前は夫婦で、十市皇女をもうけましたが、別れて再婚した中大兄は天智天皇となって今まさに宴席の中心に座り、この贈答歌を楽しんで聞いている状況下にあります。

それでこの贈答歌は、長い間「秘めたる恋」という文脈で読まれてきました。島木赤彦氏もそうした考え方ですが、この通説を破って、この贈答歌を「宴席の座興」と見る新説を提出したのは、山本健吉氏と池田彌三郎氏でした。今ではこれが定説になっています。

「秘めたる恋」という文脈から、額田王をめぐる天智天皇と大海人皇子との確執が導きだされ、兄弟の不和が壬申の乱の原因だったと考えられてきたのですが、事実は、弟の大海人皇子を皇太子の地位につけていた天智天皇が、晩年、わが子の大友皇子に皇位を譲りたいと思うようになったことが、最大の原因で、皇位継承をめぐる叔父（大海人皇子）と甥（大友皇子）との争いだったのです。

大君は神にしませば

天武天皇は、新たに王朝を創始するにふさわしい偉大な天皇として、人々に畏敬されました。その理由として、第一に父母ともに天皇（父・舒明天皇、母・皇極天皇＝斉明天皇）であったこと、第二には、壬申の乱の際、わずか三十人ほどで吉野を発ちながら、迅速な行動力と的確な指導力でたちまち強大な軍事力を手にし、一か月という短期間に近江朝廷を滅ぼした英雄であること、第三には、自らの政権には一人の大臣もおかず、皇后を中心とする皇親（皇族）の補佐だけを受けながら、独裁的な権力をふるって、律令国家建設に突き進んだことが挙げられます。

こうした認識を背景に、この時代に天皇の神格化が進んでいくことになります。そして天武天皇の偉大さが歌で表現されます。

大君は神にしませば赤駒のはらばふ田居《たゐ》を京師《みやこ》となしつ（巻十九・四二六〇）大伴御行《みゆき》
（大君は神であられるので、赤駒が腹まで漬かるような田を造成して都を作り上げられた）

大君は神にしませば水鳥の多集《すだ》く水沼《みぬま》を皇都《みやこ》となしつ（巻一九・四二六一）作者未詳
（大君は神であられるので、水鳥がたくさん集まる沼地を造成して都を作り上げられた）

因みに、天武天皇の皇女・但馬皇女《たじまのひめみこ》には、次の歌があります。

秋の田の穂向《ほむき》の寄れるかた寄りに君に寄りなな言痛《こちた》くありとも（巻二・一一四）
（秋の田の稲穂が片方に傾くように、ずっとあなたに寄り添っていたいですわ。人がどんなに噂をしようとも）

2 第二期の主な歌人

第二期の主な歌人としては、柿本人麻呂、持統天皇、大津皇子、大伯皇女《おおくのひめみこ》、志貴皇子、高市黒人が挙げられます。

柿本人麻呂《かきのもとのひとまろ》

『万葉集』最大の歌人柿本人麻呂の生涯は、まったく謎に包まれています。多くの研究者が柿本人麻呂論を書いておられますが、ここでは佐々木幸綱氏のテキストに従ってまとめさせていただきます。出自、経歴、生没年すべて未詳で、人麻呂の名は『万葉集』にのみ登場するにすぎません。いくらかわかっているところを総合すると、天武朝（六七二―六八六）には朝廷に出仕し、下級役人としての生活を送ったのち、奈良遷都（七一〇年）以前に没したらしいということです。歌作りに関しては、持統朝から文武朝にかけて活躍したことははっきりしています。また最近では、人麻呂は古事記・日本書紀の編纂に関わっていたのではないか、とする見方もあります。

人麻呂の人生は謎に包まれていますが、質量ともに圧倒的な歌を残しました。九十首に近い長・短歌がありますし、三百七十首近い歌を収めた『柿本人麻呂歌集』もあり、その何割かは人麻呂自身の作であろうと考えられています。人麻呂作歌は、「宮廷讃歌」「皇子への献歌」「皇子・皇女の挽歌」などから、「羈旅歌」「相聞歌」「行路死人歌」にいたるまで、非常に多岐にわたっています。しかも、創意に満ちた、抜群の言葉と歌の才を持った宮廷歌人であったと思われます。

人麻呂の歌が初めて『万葉集』に登場してくるのは、「近江の荒れたる都を過ぎし時、柿本朝臣人麻呂の作れる歌」として出てくる長歌と二首の反歌です。これは、壬申の乱（六七二年）から十数年もたった持統朝の初期の頃、人麻呂が、壬申の乱で五年で灰燼に帰し、廃墟となった近江大津宮を訪れた時に作った歌です。反歌二首に触れてみましょう。

ささなみの志賀の辛崎幸《さき》くあれど大宮人の船待ちかねつ（巻一・三〇）
（志賀の唐崎は近江京が栄えていた時代そのままにあるが、大宮人の舟は、いくら待っても、もうやって来ることはない）

楽浪《ささなみ》の志賀の大わだ淀むとも昔の人にまたもあはめやも（巻一・三一）
（志賀の入り江が昔のままに水をたたえていても、かつてこの地で船遊びをした大宮人にふたたびめぐり逢えるだろうか。逢えはしない）

これは、琵琶湖の自然を背景に、打ち捨てられて廃墟と化したかつての都を悲しんだ歌です。これは、芭蕉の「夏草や　兵《つはもの》どもが　夢の跡」や土井晩翠の「荒城の月」などに見られる無常をうたう歌、廃墟を感傷する日本人好みの美学につながるものです。

次に、「軽皇子《かるのみこ》の阿騎野《あきの》に宿りましし時、柿本朝臣人麻呂の作れる歌」を見てみましょう。おそらく持統六年（六九二）の冬、軽皇子（のちの文武天皇。この年十歳）が阿騎野（奈良県宇陀市）で遊猟し、当地に泊まったとき、これに供奉した人麻呂が作った歌です。長歌一首と短歌四首の作品です。内容は、軽皇子が亡父・日並皇子《ひなみしの》（草壁皇子《くさかべのみこ》）もかつて猟にやってきた阿騎野に宿り、追懐し、父と同様の朝を迎えることで、父と一体化を果たすまでを、一篇の物語のように仕上げた、連作と言ってよいでしょう。その中の次の一首は人麻呂を代表する作品となっています。

東《ひんがし》の野にかきろひの立つ見えてかへりみすれば月西渡《かたぶ》きぬ　(巻一・四八)
(東の地平に曙光が見えそめ、ふり返ってみると、月は西空に傾いている)

官人として石見国《いわみのくに》(島根県西部)に滞在した人麻呂が、帰京するときに詠んだ歌があります。持統朝に作られた「柿本朝臣人麻呂、岩見国より妻に別れて上り来りし時の歌」です。長歌三首、短歌六首、妻が答えた短歌一首の計十首という大作で、一般に「石見相聞歌」と呼ばれています。このうちの、反歌二首を見てみましょう。

石見のや高角《たかつの》山の木《こ》の間《ま》よりわが振る袖を妹見つらむか　(巻二・一三二)
(石見の、高角山の木の間から私が振っている袖を、妻は見てくれただろうか)

ささの葉はみ山もさやに乱《さや》げども吾は妹おもふ別れ来ぬれば　(巻二・一三三)
(笹の葉はやま全体にさやさやとそよいでいるけれども、私はただ一心、一直線に妻を思う。別れて来てしまったので)

これまでこの歌は、官人として石見国に滞在した人麻呂が、「現地妻」と別れて都に上ってきたときの、後ろ髪をひかれる思いを歌ったものとされていましたが、近年では、「虚構」として創作された物語であると考えられるようになってきました。持統天皇の後宮には、かなりの教養や文化的好奇心をそそなえた女官たちがいました。彼女たちが、心惹かれる物語を宮廷詩人の人麻呂に所望したので、人麻呂がそれに応えて作ったというのが真相だというのです。そういう意味での作家意識を持った歌人だったということになります。

人麻呂は、宮廷歌人として持統天皇の吉野や伊勢への行幸に従駕しましたが、下級役人としての公務で地方へ下向することもありました。石見、讃岐、筑紫等へ行っています。そうしたことから、瀬戸内海を往来する船中で詠んだ歌が多く、それらには、公的な歌には見られないような、のびやかな気分があります。「柿本朝臣人麻呂の覊旅《たび》の歌八首」から、三首を見てみましょう。

玉藻刈る敏馬《みぬめ》を過ぎて夏草の野島が崎に船近づきぬ　（巻三・二五〇）

（美しい藻を刈る敏馬を通り過ぎて、夏草の茂る野島の崎に船は近づいた）

淡路の野島が崎の浜風に妹が結びし紐吹きかへす　（巻三・二五一）

（淡路島の野島が崎の浜を吹く風に、都を出る時妻が結んでくれた服の紐がひるがえる）

天ざかる夷《ひな》の長道《ながじ》ゆ恋ひ来れば明石の門より大和島見ゆ　（巻三・二五五）

（遠い鄙からの遠い海路を、故郷恋いつつ上ってくると、明石海峡から大和の地が見えてきた）

古代信仰では、土地の「境《さか》」では、袋に入れて携帯している「幣《ぬさ》（自分の体の代用品）」を撒きました。幣を境の神に差し出すことで、無事安全の保証を取り付けたのだと思われます。

旅の歌の原則は、第一に、「その土地の名を入れた歌を作る」ことで、地名とは、その土地の神（国つ神）の名前であり、地名を入れた歌を作って土地を賛美（土地ぼめ）することで神を讃え、その土地を無事に通過する許可をいただくわけです。第二には、「故郷や妻、家をうたう」ことです。そうすることで、故郷と魂の次元でつながり、そのつながりが安全を保証するのです。

そのような原則を確認した上で、もう一度人麻呂の旅の歌を見てみますと、三首とも敏馬、淡路、明石と地名がうたいこまれています。第二首では故郷の妻がうたわれています。第三首では、瀬戸内海の境に立って、故郷への恋しさをうたうことで、国つ神への挨拶を行っています。人麻呂は旅の歌の原則を忠実に守っていることがわかります。

3 第三期の主な歌人

第三期の主な歌人としては、山部赤人、大伴旅人、山上憶良、高橋虫麻呂、大伴坂上郎女が挙げられます。

赤人も人麻呂同様、天皇讃歌の歌を残していますが、二人の歌には大きな違いがあることがわかります。人麻呂が活躍した天武・持統・文武の時代（六八〇〜六九〇年代）は、「君臨する神」としての天皇像をつくりあげようとしていた時代でした。だから人麻呂は、山の神、川の神がお仕えする対象としての天皇を情熱的に支持し、力強くうたいあげることができたのです。

これに対して赤人の歌は、天皇讃歌の伝統の形を踏まえてはいるものの、クールでさらっとしたうたいぶりになっています。例えば、吉野山は「山の神」ではない自然の山として、吉野川は「川の神」ではない自然の川として、うたわれています。赤人の時代（七二〇～七三〇年代）、「神としての天皇」という観念はすでに広く浸透していました。だから、あえて今さら言挙げをすることもない、と赤人は感じていたのでしょう。たぎるような人麻呂の情熱は、赤人にはすでにありません。

この両者のちがいは、律令体制の始発・興隆期（飛鳥・藤原京の時代）を生きた人麻呂と、定着・安定期（平城京の時代）を生きた赤人のちがいと見てよいでしょう。わずか三五年の時のへだたりが、歌人のものの感じ方や天皇観、帰属意識、そして歌の表現の色合いを大きく変えたのです。

こうして『万葉集』の歌は、第三期へと移っていったのです。

この時代日本は、法律（「養老律令」）の整備が進み、史書（古事記・日本書紀）が完成するなど、古代律令国家としてほぼ完成の段階に達しました。条坊路によって整然と区画された都市・平城京には十万近い人が住み、東西の市には食料・日用品から衣類や装飾品までが並べられ、いつもにぎわっていました。山上憶良の歌の中に出てくる舶来品の宝玉なども、売られていたはずです。

一方、文化では、大陸からもたらされた仏教・儒教や老荘思想、漢詩文などを咀嚼・吸収し、自己のものとした知識層が増えてくる時代です。また、僧行基が個人の道徳を説き、それまで国家仏教中心だった日本に、歴史上初めて、個人の帰依に基づく信仰集団をつくりあげたことに見られるように、この時代には「個」の自覚というものも生まれてきます。

こうして、この時期、都市生活の出現や生活の多様化、大陸の思想・文化の知識層への浸透、「個」の自覚の誕生といった状況を背景に、歌の世界も多様化し、多彩になり、山部赤人、大伴旅人、山上憶良、高橋虫麻呂といった、個性ある歌人たちが輩出してくることになります。

山部赤人《やまべのあかひと》

赤人は、聖武天皇時代の宮廷歌人で、行幸従駕歌や羈旅歌など全五十首（長歌十三、短歌三十七）を残しました。生没年不詳で、史書にはまったく見えないところから、人麻呂と同じく下級官人だったと考えられています。さきほど、人麻呂との歌のちがいを見ましたが、反歌にもちがいが見られます。反歌の役割は、長歌の内容・要点を反復する、内容を補う、内容を要約する、などですが、赤人の反歌は長歌から独立しているのが特徴です。神亀二年（七二五）五月、聖武天皇の吉野離宮行幸に従駕した赤人が詠んだ長歌の反歌二首を見てみましょう。

み吉野の象山《きさやま》の際《ま》の木末《こぬれ》にはここだも騒ぐ鳥の声かも（巻六・九二四）
（吉野の象山の山あいの木の茂みには、こんなにもたくさんの鳥が鳴いている）

ぬばたまの夜《よ》のふけぬれば久木《ひさぎ》おふる清き河原に千鳥しば鳴く（巻六・九二五）
（夜が更けゆくほどに、久木の生い茂る清らかな川原で、千鳥がしきりに鳴いている）

この二首の反歌は、反歌の役割のどれも果たしておらず、ほとんど長歌から独立しています。

この二首の反歌を長歌から切り離して読んで絶賛したのが、大正期のアララギ派の指導者の一人、島木赤彦です。赤彦は、「実際の有りのまゝを写す」ことが写生だとする正岡子規の説を受けて、具体的な事象との接触によって起こる感動を、そのまま表現することが写生であるとして、その立場から『万葉集』の歌を観賞し、称揚しました。

柿本人麻呂の時代には、天皇や高官のいる公的儀礼の場で和歌が披露されました。それが赤人の時代になると、儀礼の場では主として漢詩が発表されるようになり、和歌の立場は一歩後退させられます。さらにそれ以降を歴史的に見れば、歌は儀礼的・公的なものから私的なものへ、ハレからケの歌へと移行してゆくことになります。それは、歌の比重が長歌から短歌へ移ってゆくという過程でもあります。長歌からの独立性を強めたこの赤人の反歌二首などは、その転換点に位置していると言えるかもしれません。

大伴旅人《おおとものたびと》

旅人といえば酒という連想がすぐに頭に浮かぶくらい酒を讃える歌を多く残しています。

験《しるし》なき物を思《も》はずは一坏《ひとつき》の濁れる酒を飲むべくあるらし（巻三・三三八）

（物思いなどにふけるよりは、いっそ一杯の濁り酒を飲む方がよいだろう）

今の代にし楽しくあらば来む生《こよ》には虫に鳥にも吾はなりなむ（巻三・三四八）
（この世さえ楽しかったら、あの世では虫にでも鳥にでも、われはなってしまおう）

生者《いけるもの》つひにも死ぬるものにあれば今ある間《ほど》は楽しくをあらな（巻三・三四九）
（生きている者は、かならず死ぬと決まっているのだから、この世にいる間は、楽しく過ごそう）

もだをりて賢《さか》しらするは酒飲みて酔泣《ゑひなき》するになほ若《し》かずけり（巻三・三五〇）
（沈黙をまもって利口ぶるのも、酒を飲んで酔い泣きするのにやっぱり及びはしないのだ）

私は酒は飲めませんので、酒飲みの気持ちはわからないのですが、甘い物や油っぽい食べ物が大好きで、糖尿病の治療をしながらもやめられないのが、旅人の酒にあたるのでしょうね。旅人の気持ち、よくわかります。

大伴旅人は、『万葉集』の歌人のなかにあっては珍しく経歴が詳しくわかる人です。神話時代以来、天皇を補佐してきた軍事名族・大伴氏の氏上《うじのかみ》なのです。天智四年（六六五）、大伴安麻呂（のち大納言）の子として飛鳥に生まれ、五十四歳で中納言、六十歳で正三位にのぼり、神亀四年（七二七）、六十三歳の秋に大宰帥《だざいのそち》に任命され、翌神亀五年初めに着任します。妻・大伴郎女《いらつめ》と、十歳を超えたばかりの嗣子・家持も同行しました。

旅人は七十首前後の歌を残していますが、殆どの歌は、大宰府赴任以降の作です。つまり、旅人の作歌は、大宰府時代とその後に奈良に戻って没するまでの三年間（六十四〜六十七歳）に集中しているのです。

世の中は空しきものと知る時しいよよますます悲しかりけり（巻五・七九三）
（世の中とは空しいものだと思い知らされて、さらにいっそう深い悲しみに沈んでゆくのです）

この歌の日付は、大宰府に着任後半年ほどたった神亀五年（七二八）六月二十三日ですが、これより前の四月頃、つまり着任早々に、都から伴ってきた妻・大伴郎女を急の病で失っていました。そして六月には弟の死の報せがありました。最愛の妻と弟の死。「崩心の悲しみ」を払うために、旅人は多くの歌を作りました。

旅人は十三首もの亡妻挽歌を作りました。亡妻挽歌というジャンルの実質的な創始者と言えます。旅人の最後の亡妻挽歌を見てみたいと思います。

吾妹子が植ゑし梅の樹見るごとにこころむせつつ涙し流る（巻三・四五三）
（わが妻が植えた梅の木をながめるたびに、心がせきあげて、涙が流れることだ）

旅人は、奈良の家に帰りつくとすぐにこの歌をつくりました。そして帰京から半年あまりの天平三年（七三一）七月、従二位大納言大伴旅人は六十七歳で亡くなりました。

山上憶良《やまのうえのおくら》

旅人が妻を失い、弟の死を知って「崩心の悲しみ」を味わっていた神亀五年（七二八）七月二十一日、筑前の国守・山上憶良が、長歌と反歌五首からなる「日本挽歌」を旅人に献じました。憶良が旅人になりかわって、亡くなった妻への挽歌をうたうという、ユニークな形式の作品です。旅人の心に寄り添うようなこの憶良の歌は、旅人の悲しみを大いに慰めたことでしょう。

さらに旅人を喜ばせたのは、日本挽歌の前におかれた長い漢詩文ではなかったかと佐佐木氏は述べておられます。この漢詩文は、仏教的な死生観に儒教・道教の言葉をちりばめたもので、ここに示されている憶良の教養は、当時の知識人としても高いレベルにあり、旅人のそれと重なり合うものでした。

旅人と憶良はともに相手のなかに、官位の差（旅人は正三位中納言・大宰帥、憶良は従五位下・筑前守）を越えて、文芸の基盤を共有するかけがえのない詩友・歌友を見出していたと思われます。そしてここに、漢詩文と和歌の融合を特徴とする「筑紫歌壇」が、旅人・憶良を中心とする官僚や僧ら、筑紫に住む知識人によって形成されることになります。

「筑紫歌壇」は「平成」が「令和」に改元されることがわかった時（平成三十一年（二〇一九）四月一日）有名になりました。「令和」の出典が『万葉集』巻五、梅花《うめのはな》の歌三十二首の序文だったからです。「筑紫歌壇」のトップ大宰帥大伴旅人は、自宅に部下たちを集めて花見の宴を開きました。天平二年（七三〇）正月十三日（今の暦で二月初めにあたります）のことでした。旅人は、ここで詠み合った皆の歌を記録し、その序文に「初春《しょしゅん》の令月《れいげつ》にして、気淑《よ》く風和《やわら》ぎ、梅は鏡前《きょうぜん》の粉《こ》を抜《ひら》き、蘭は珮後《はいご》の香《こう》を薫《かおら》す」と書いています。中西進氏の『『万葉集』』から意味を引用しますと、「新春の好き月、空気は美しく風はやわらかに、梅は美女の鏡の前に装う白粉《おしろい》のごとく白く咲き、蘭は身を飾った香の如きかおりをただよわせている」ということになります。

『万葉集』の歌には梅が多く登場します。旅人は菅原道真よりも前に、ここで梅を愛《め》でていたのです。日本の古い伝統では花見とは梅を愛でることでした。これは中国伝来の慣習で、今でも梅は中国を象徴する花です。日本で花見と言えば桜の花を見に行くことを意味するようになったのは、嵯峨天皇が八一二年二月十二日（旧暦）に神泉苑で「花宴《はなのえん》の節《せち》」を開き、初めて桜の花見をして以降のことだと言われています。

「令和」の出典は『万葉集』ですが、旅人の「梅花の宴」の「序文」の典拠を調べると、後漢時代の文学者で科学者でもあった張衡《ちょうこう》（七八―一三九）の「帰田賦《きでんふ》」にあるようです。「帰田賦」には、「仲春令月、時和気清（春二月、季節は穏やかで空気は澄んでいる）」とあって、奈良時代の貴族の必読書だった「文選」に載っています。「梅花の宴」の序文を書いたのは旅人もしくは憶良とされていますが、二人の脳裏には張衡のこの一文があったものと思われます。日本の伝統には中国由来の文化が色濃く反映されているのですね。

「梅花の宴」で旅人と憶良が詠んだ歌を見てみましょう。旅人の歌は、

わが園に梅の花散るひさかたの天《あめ》より雪の流れ来るかも　（巻五・八二二）

（わが家の庭に梅の花が散る。はるか遠い天より雪が流れて来るよ）

この歌は、梅の花の散る様子を天から雪が流れ来る様《さま》に譬えています。梅や桜などの花の散る様を雪に譬えるのは、その後の歌の世界で常套になっていきますが、その原型がこの歌だと言われています。憶良は次の歌を作りました。

春さればまづ咲く宿の梅の花独り見つつや春日暮さむ　（巻五・八一八）
（春になるとまず最初に咲く梅の花をわたしひとりで見て春の日を過ごすなどどうしてできようか）

この歌は、梅の花はひとりで楽しんでも意味がなく、この宴の場の皆と過ごすひとときを喜ぶ内容となっています。共に楽しい時間を共有できる仲間のいる喜びが表現されています。
「令和」という元号にはどんな言霊が宿っているのでしょうか。梅の花は、寒さが厳しいほど、そのあと、美しく咲く花で、「不屈の精神」という花言葉を持っています。「令和」には、梅の花のように、「不屈の精神」で大きく花開く時代になってほしいという願いが込められていると思います。この言霊に期待をかけたいと思います。

山上憶良は、『万葉集』に八十首近くが収められている重要歌人で、筑前守まで務めた人ですが、出自や経歴は殆どわかっていません。「侍医百済人憶人の子」とする中西進氏の渡来人説が有名ですが、決定的な証拠はなく、結局、不明とするしかありません。
天平二年（七三〇）秋、旅人は帰京し、おそらくその翌年に憶良も任を終えて都へ戻ります。

帰京した憶良は、「貧窮問答歌」（天平四年）を完成させます。貧者とより貧しい者が「貧窮について の問答」を交わすという、古典にはまったく類例を見ない作品です。憶良が、筑前守として管内を巡視するなかで見聞した農民の生活の現状を、中央の心ある高官に訴えるために書いたものと思われます。憶良は志の人だったのです。

しかし、これが中央の政治のいかなる場でも参考にされた気配はなく、天平五年に憶良は世を去り、農民の暮らしを真正面から見つめたこの歌は、『万葉集』にひっそりと収められました。その真価が再発見されるには、近代まで待たねばなりませんでした。

高橋虫麻呂《たかはしのむしまろ》

高橋虫麻呂も生没年・出自等一切不明の下級役人です。わかっているのは、養老三年（七一九）から数年間、常陸の国守をつとめた藤原宇合《ふじわらのうまかい》に仕えたらしいこと、天平四年（七三二）に宇合が節度使として西海道に派遣された際、歌（巻六・九七一～九七二）を献じた、ということくらいです。『万葉集』編纂の資料となった『高橋虫麻呂歌集』の作を含めて、作歌数は三十六首です。

虫麻呂の歌の特徴は、多くが地方に伝えられた伝説や伝承、物語に基づいているということです。代表的な作品は、浦島伝説についてです。しかしこの話に亀は出てきません。亀が出てくる動物報恩譚の浦島は、中世以降のものと思われます。古代の『日本書紀』（雄略紀）所載の浦島子は、釣った亀が女性になり、結婚して蓬莱山に行って、仙境を二人で見て回るという話です。

虫麻呂の浦島子はこんな話です。ある日浦島は、魚がよく釣れるので、夢中になって沖へ沖へと船を漕いで海境も越えてしまいます。そこで出会った海神の娘と結婚し、常世の国で二人は楽しく暮らしますが、三年後故郷へ戻ります。でも自分の家が見当たらないので、妻からもらった箱を開けると、出てきた煙で失神し、肌には皺がより、髪も白くなって、とうとう死んでしまいます。この話につけられた反歌が次の歌です。

常世べに住むべきものを剣刀《つるぎたち》己《な》が心から鈍《おそ》やこの君（巻九・一七四一）

（ずっと常世の国に住むことができたはずなのに、自分の心が原因で住めなくなった。愚か者だよ、浦島太郎さんは）

4 第四期の主な歌人

第四期の主な歌人には、大伴家持、大伴坂上郎女《おおとものさかのうえのいらつめ》、中臣宅守、狭野弟上娘子、笠郎女、田辺福麻呂が挙げられます。笠郎女《かさのいらつめ》は、男性への激しくいちずな恋の思いを斬新な表現でうたいあげました。大伴坂上郎女は、女性で最も多い長短歌あわせて八十四首の歌を『万葉集』に残しました。中臣宅守と狭野弟上娘子は、六十三首もの贈答歌を交わしました。田辺福麻呂は、万葉時代最後の宮廷歌人ともいうべき人です。

しかし、第四期最大の歌人は大伴家持で、この時代はよく「家持の時代」と呼ばれます。

第四期は、家持に絞って見てみたいと思います。

家持の大きな特徴の一つに、いろいろなものに、意識的に耳をすましていたということが挙げられます。そうして聞こえてくる音によって、「物悲しい気分」や「うら悲しさ」を歌で表現した人と言えます。

余談ですが私も甥の結婚式の祝辞で、谷川俊太郎さんの詩「みみをすます」の話をしたことがあります。この詩では、過去・現在・未来の全てにわたって、みみをすますことがうたわれています。たしかに、みみをすます習慣をつければ、聞こえないものが聞こえてきたり、見えないものが見えるようになってくると思います。

例えば、父、母にみみをすませば、何が聞こえてくるでしょうか。生まれてからいままで、慈しみ、育ててくれた、父、母の無償の愛が思い出されるでしょう。親という漢字は、木の上に立って見ていると書きます。いつも、見守ってくれていることが思い出されます。自然にみみをすませば、自然の有難さに思いがゆくでしょう。水、空気、太陽に、私たちが生かされていることが確認できます。お日様に手を合わせる人は、このことがよくわかっている、人生の達人だと思います。妻と夫にみみをすませば、家族のために頑張ってくれている姿が浮かんできて、感謝せずにはいられません。だから私も、できるだけ妻には口答えしないようにしています。

フランスの詩人アポリネールの詩の一節に、わが家にあってほしいものとして、「わかってくれる妻」という言葉が出てきます。妻が夫にみみをすませば、わかってくれる妻が家にいることになりますし、夫が妻にみみをすませば、わかってくれる夫が家にいることになります。といった話をしたことが思い出されます。

脱線が長くなってしまいましたが、家持の話に戻りますと、家持は、旅人の五十代の時の子です。家持は庶子でしたが、長子だったので、名門大伴氏の嫡男として育てられました。旅人に従い、大宰府にも滞在していました。山上憶良と、親代わりとして若い家持の面倒を見た叔母・大伴坂上郎女が、家持の直接の歌の師ということになります

十五、六歳の頃から作歌を始めていた家持ですが、その才能が開花したのは、二十九歳から三十四歳まで（七四六〜七五一）を国守として過ごした越中国においてです。この五年間に作った歌は約二百二十首で、全作歌数約四百七十首の半分近くを占めています

ところで越中時代の家持が、国守としての職務を几帳面にこなし、清新な歌を精力的に作る一方、意欲的に取り組んだ仕事が『万葉集』の編纂です。家持は、歌は、山柿《さんし》（柿本人麻呂、山上憶良または山部赤人）のような先輩を継ぎつつ作ってゆくべきものだと考えていました。

つまり歌とは伝統詩であり、それが価値あるものとなるためには、歴史の中にきちんと位置付けられるものでなければならない、と考えていました。したがって、先人たちの作品を整理して、次代に残してゆくことをめざす『万葉集』という歌集の編纂は、歌人としての家持にとっては、最重要の仕事、使命と言ってよいものだったのです。その点で家持は、「文化の継承者」としての自覚を最初に持った人であった、と言い得ると思います。

その一方で家持は、神話時代以来の軍事貴族の名門大伴氏の宗家嫡流として、大伴の氏の名に強い誇りを持っていました。しかし大伴氏は確実に没落しつつありました。歴史的には、西暦五百年

代に、大連《おおむらじ》として朝廷を取り仕切ったのが最盛期で、その後は物部氏・蘇我氏の後塵を拝し、大化の改新以降は藤原氏の台頭で、ますます影が薄くなりました。祖父・安麻呂、父・旅人は大納言まで進みましたが、家持は従三位中納言で終わります。桓武天皇の長岡京遷都（七八四年）に不満を持っていた大伴氏は、遷都の責任者だった藤原種継を暗殺してしまいます。大伴古麻呂の子・継人が首謀者として処刑されます。

そのとばっちりで、直前に没していた家持も、死後に、一時除名されるなどのことがあった家持の代で、古代豪族としての大伴氏の命脈は事実上尽きてしまいます。

そんな位置に置かれていただけに、大伴の名が公的な場に現れると、よくても悪くても家持は反応しました。よい方の例では、天平二十一年（七四九）、陸奥国から金が産出した際に出された聖武天皇の詔書の中で、大伴氏が「内兵（側近の兵士）」と表現されていることに感涙して、家持はその感激を長歌にしました。その一部には曲がつけられ、かつて軍歌として歌われました。

……海行かば　水漬《みづ》く屍　山行かば　草生《む》す屍　大君の　辺《へ》にこそ死なめ　顧みは　せじと言《こと》立《だ》て　丈夫《ますらを》の　清きその名を　いにしへよ　今の現《をつづ》に　流さへる　祖《おや》の子どもぞ

（巻十八・四〇九四）

（「海を行くなら水漬く屍、山を行くなら草生す屍となっても、大君のお側で死のう、けっして後悔はすまい」と誓って、丈夫としてのけがれなき名を、昔から現在まで伝えてきた祖先の末裔なのだ）

一方、悪い方の例は、聖武太上天皇が崩じた直後の天平勝宝八年（七五六）五月、大伴一族の長老の出雲守大伴古慈斐が、淡海三船の讒言により任を解かれ、流罪になった事件です。真相は、政権奪取を狙う藤原仲麻呂が大伴氏を追い落とすべく仕組んだ讒言だったように思われます。それを察した家持は、強い危機感を持ち、一族に言動を慎むことを求め、軽挙を戒めています。

家持は、独詠歌も多くあります。独詠歌とは、読者や聞き手の存在を前提としない歌のことです。そのなかの最高作とされているのが、「春愁三首」です。

春の野に霞たなびきうらがなしこの夕かげにうぐひす鳴くも（巻十九・四二九〇）

（春の野にかすみがたなびいて、もの悲しい。この夕べの光の中で、うぐいすが鳴いている）

わが屋戸《やど》のいささ群竹ふく風の音のかそけきこの夕べかも（巻一九・四二九一）

（わが庭の、ささやかな群竹を吹く風の音が、かすかに聞こえる。この夕刻よ）

うらうらに照れる春日《はるひ》に雲雀《ひばり》あがり情《こころ》悲しも独りしおもへば（巻十九・四二九二）

（うららかに照る春の日に、ひばりがさえずり、もの悲しい気分だ、ひとり思えば）

音（声）に耳をすますという家持の一大特徴は、この三首にも明らかです。この「かそけき音」への注目は、日本の詩の歴史のなかで画期的な出来事であったと佐佐木氏は述べておられます。

そしてこのように春愁三首を評価するようになったのは、大正時代に入って窪田空穂が評価して以降のことだといいます。空穂は『『万葉集』評釈』のなかで、ここに出ている孤独感は、社会的、文化的孤独感ではなく、人間の本能として持つ孤独感であったろうと言っています。『万葉集』は大伴家持に至って、魂の次元での孤独感まで表現する領域に達したことになります。

『万葉集』の全期を通じて、遣唐使、筑紫派遣の官人、遣新羅使人、伊予温泉行等で、人々は瀬戸内海を渡らなければなりませんでした。それで、海路の不安と望郷の念を歌った歌が多くあります。その一つに、遣新羅使人が歌った次の歌があります。

　家人《いへびと》は　帰り早来《こ》と　祝島《いはひしま》　斎《いは》ひ待つらむ　旅行くわれを（巻十五・三六三六）

（家の者は、早く帰って来いと、祝島の名のように、いはひ待っていることだろう、旅行く私のことを）

古代において「いはふ」は、心身を清め、事のよくなるように祈る、予祝的呪術を行うという意味で、「祝島」の名は、島の付近を通る者が島の神霊に祈って「いはふ」ところから起こったものだと考えられています。それで一行の船が祝島を望見しつつ周防灘に入ろうとするとき、望郷と不安の織り交ざった感慨のこの歌を詠んだものと思われます。

もう一つ、夫の船路に思慕の想いを馳せ、それに応えた遣新羅使人の夫婦の霧を介した歌があります。

君が行く海辺の宿に　霧立たば　吾《あ》が立ち歎く　息と知りませ（巻十五・三五八〇）
わが故に　妹歎くらし　風早の　浦の沖辺に　霧たなびけり　（巻一五・三六一五）

5　東歌《あずまうた》と防人歌

『万葉集』の歌集としての枠組みは、『古今和歌集』に始まる二十一の勅撰和歌集（二十一代集。十～十五世紀に成立）に大きな影響を与えました。しかし『万葉集』には、二十一代集には継承されなかった、まったく独自の歌群があります。東歌と防人歌です。東歌は「東国の歌」のことで、防人歌は、東国から徴集され、九州沿岸の防備についた人たちが作った歌なので、両方とも古代東国の人々の暮らしや喜び、悲しみから生まれてきた歌をいまに伝えるという、まったく類を見ない歌群なのです。

東歌

『万葉集』の巻十四はすべて東歌からなっています。総数は二百三十首で、すべて短歌です。見ていくと、当時は遠江（静岡県西部）と信濃（長野県）以東を東国と考えていたことがわかります。
東歌の最大の特徴は二つあります。作者名のある歌が一つもないことと、歌の中に東国の方言・訛りがかなり含まれていることです。いくつか見てみましょう。

多麻川にさらす手作《てづくり》さらさらに何ぞこの児《こ》のここだ愛《かな》しき（巻十四・三三七三）

（多摩川にさらす手織りの布よ。さらにさらになんでこの子がこんなに可愛いのだろう）

足柄の彼面此面《をてもこのも》に刺すわなのかなる間しづみ児ろ吾紐《あれひも》解く（巻十四・三三六一）

（足柄山のあちら側にもこちら側にも仕掛けた罠が鳴る、そのさわぎのすきをつくようにして、娘と私は紐を解く）

等夜《とや》の野に兎《をさぎ》ねらはりをさをさも寝なへ児ゆゑに母にころはえ（巻十四・三五二九）

（等夜の野で兎を狙うようにそっと狙って、まだろくに寝てもいないあの娘なのに、彼女の母に叱られちゃって）

因みに、東歌の文法の特徴が、八丈島の島言葉にも残っていることをテレビ番組を通して知りました。例えば、形容詞の終わりが「け」で終わることや、形容詞を伸ばして言ったりすることです。「赤い」は「あかーけ」となります。この島言葉は七五〇〇人の島民の誇りで、いつまでも伝えていくために、小学校では島言葉によるカルタをやったり、島の劇団「かぶつ」では、島言葉による演劇を上演しています。

余談ですが、「八丈島」という島の名前の由来ですが、平安時代から作られている特産の黄八丈は、作る長さが八丈と決まっているため、八丈島となったということです。

防人歌

防人は「碕守」の意味で、対馬・壱岐・北九州沿岸の警備にあたった兵のことです。天智三年（六六四）に、「是歳《ことし》、対馬嶋《つしま》・壱岐嶋《いきのしま》・筑紫国《つくしのくにら》等に、防《さきもり》と烽《すすみ》とを置く」（日本書紀「天智紀」）とあるのが最初の配備です。その理由は、前年の白村江《はくすきのえ》の戦いで、唐・新羅連合軍に大敗したことです。勢いに乗る両軍の日本来襲を恐れた天智政権が、あわてて配備したのです。

『万葉集』には九十八首の防人歌が収められています。そのうちの八十四首は、天平勝宝七年（七五五）二月、交替のために筑紫に向かった防人たちが、兵部省に進上した防人歌です。

家持は前年、兵部少輔《ひょうぶしょう》に任じられ、防人に関する事務の総指揮にあたることになったのです。そこで、難波に赴くに先立ち、東国の国府に対して防人歌の上申を命じたのです。その家持の命令にこたえて、東国諸国から防人を引率してきた部領使《ことりづかい》が、それぞれの国の防人たちの歌を記したものを進上したのです。防人歌を読むと、防人に出された人々とその家族の思いが伝わってきます。

水鳥の発《た》ちの急ぎに父母に物言《は》ず来《け》にて今ぞ悔しき
（巻二十・四三三七）駿河国・有度部《うどべ》牛麻呂

（水鳥が飛び立つような、旅立ちの慌ただしさにまぎれ、父母にろくに物も言わないで来てしまっ

て、悔しくてならない）

ふたほがみ悪しけ人なりあたゆまひわがする時に防人にさす

（巻二十・四三八二）下野国・大伴部広成

（フタホの村長は悪い人だ。俺が急病のときに防人に指名して）

色深《ぶか》く夫《せな》が衣は染めましを御坂たばらばまさやかに見む

（巻二十・四四二四）武蔵国・妻《め》物部刀自売《とじめ》

（色濃く夫の服を染めておけばよかった。足柄の坂の神に通していただく時、はっきり見られただろうに）

唐衣裾《すそ》に取りつき泣く子らを置きてぞ来《き》のや母《おも》なしにして

（巻二十・四四〇一）信濃国・他田舎人《おさだのとねり》大島

（大陸風の服の裾にとりすがって泣く子を置き去りにして出征してきた、母親のいないまま）

百隈《ももくま》の道は来にしをまた更に八十島過ぎて別れか行かむ

（巻二十・四三四九）上総国・刑部直《おさかべのあたひ》三野《みの》

（何度も曲がり角を曲がって、長い道のりをやってきたのに、更にまた、たくさんの島々をめぐっ

て別れて行かねばならないのか）

先の戦争に都合がよく、防人歌の代表とされた歌もありました。

今日よりは顧みなくて大君の醜《しこ》の御楯《みたて》と出で立つ吾は

（巻二十・四三七三）下野国・今奉部与曽布《いままつりべのよそふ》

（今日からは、後を振り返ることもなく、大君のつたない楯として、出立してゆくのだ。われは）

『万葉集』最後の歌

天平宝字三年（七五九）正月一日、因幡の国守・大伴家持は、国司郡司らを国庁に招いて、元日の宴を開きました。その折、家持が詠んだ一首が、前にも触れましたが、私が年賀状に使わせていただいた歌でした。

新しき年の始めの初春の今日ふる雪のいや重《し》け吉事《よごと》（巻二十・四五一六）

（新しい年のはじめの元日の今日降る雪のように、いよいよ降り積もれ、吉き事よ）

五穀豊穣を予祝する雄略天皇のめでたい春の歌に始まった『万葉集』は、吉き事が絶えることなく降り積もる未来を予祝する正月の歌で閉じられるのです。

『万葉集』研究は「梨壺の五人」から始まりました。天暦五年（九五一）、村上天皇は、後宮の昭陽舎（梨壺）に和歌所を置き、第二勅撰集『後撰和歌集』の選と並行して、当時読めなくなっていた『万葉集』を訓読するよう命じました。

これにより、源順《したごう》・大中臣能宣《よしのぶ》・清原元輔・紀時文《ときぶみ》・坂上望城《さかのうえのもちき》の五人が、『万葉集』に訓点をつけました。それ以来の解読の努力によって、私たちは『万葉集』を楽しむことができているのです。『万葉集』は、その命名に込められた願い通りに、「万代ののちまでも」生き続けているのですね。『万葉集』は日本人にとって、必須の古典だと思います。

第二章 松本清張と『万葉集』

1 私と松本清張

『砂の器』

私が松本清張の『砂の器』を映画で観たのは、一九七四年、私が県立高校の英語の教師になって二年目の、二十六歳の時でした。

ハンセン病のために故郷を追われた本浦千代吉・秀夫父子が、何年間も一緒に放浪の旅を続けたあとで、親切な巡査三木謙一の世話で千代吉が療養所へ入ることになり、駅のホームで列車を待っている千代吉のところへ、秀夫が走ってきて、千代吉の胸に飛び込む別れのシーンは、音楽の効果もあってとても感動的で、胸があつくなり、涙が流れましたが、涙をぬぐうのは恥ずかしく、流れるままにしていたことが、懐かしく思い出されます。このシーン見たさにその後も何度か見に行きました。

『砂の器』は、一九六〇年五月から一九六一年四月にかけて「読売新聞」（夕刊）に連載され、同年七月に光文社カッパ・ノベルズから刊行されました。都会の駅の操車場で起きた殺人事件の犯人を突き止めるまでの長編推理小説です。一九七四年に松竹で映画化され、テレビでは八回ドラマ化されました。最新のものでは、二〇一九年三月二十八日に放映された、フジテレビ開局六十周年記念ドラマとして、新たな解釈のもと、東山紀之が主演した『砂の器』があります。

『砂の器』は昭和三十年代が舞台で、五月の早朝に国電蒲田操車場内にて男の殺害死体が発見されるところから始まります。そして、前日の深夜に、蒲田駅近くのバーで、被害者と連れの男性が話し込んでいたことが判明し、被害者は東北訛りのズーズー弁で話し、二人はしきりに「カメダ」という言葉を話題にしていたことがわかってきます。東北弁と「カメダ」という言葉を手がかりに捜査が進められますが、なかなか進展せず、行き詰まってしまいますが、被害者の養子の息子からの連絡で、被害者が三木謙一という人であることが判明します。

三木謙一は岡山県在住ですが、昭和三年から十三年まで島根県で巡査をしていたことが判明し、専門家の示唆を受け、島根県出雲地方は東北地方と似た方言を使用する地域であることを知って、今西刑事は、島根県の地図から亀嵩《かめだけ》の駅名を発見します。この地方の人々は、語尾をはっきりさせずに話すので、他の人には「かめだけ」が「かめだ」に聞こえるということを確認した今西は、被害者といた連れの男も亀嵩にいた者と推理し、そこから犯人像を描こうとしますが、被害者は仏さまのような人で、人に恨みを買うような人ではなく、犯人像が浮かんできません。また捜査が暗礁に乗り上げますが、三木巡査と親しくしていた桐原小十郎氏から、三木巡査はハンセン病の親子の面倒を見ていたという情報を得、その子が被害者と一緒にいた連れの男ではないかと直観します。

そして三木殺害動機は、自分の過去を知る者の抹殺だと考えました。それで今西刑事は、それを証明するために、その親子のことを調査します。

調査の結果、親子は本浦千代吉・秀夫父子だとわかります。石川県の寒村で暮らしていた千代吉がハンセン病にかかったため妻は去り、やがて千代吉は村を追われ、秀夫とお遍路姿で放浪の旅を続けていました。秀夫が七歳の時に父子は、島根県の亀嵩にやってきて、当地の善良な巡査・三木謙一に保護されました。三木は千代吉を療養所に入れ、秀夫はとりあえず手元に置き、のちに篤志家の元へ養子縁組させる心づもりでしたが、秀夫はすぐに三木の元を逃げ出し、姿を消しました。それからの行方はわかりませんでした。

また捜査に行き詰まっていた時、朝、寝床の中で、どこかにまだ眠気が残っているような弛緩した意識の中、思わぬ思いつきが今西の頭の中に浮かんできました。三木は、伊勢参宮を済ませたらすぐ帰る予定だったのを、気が変わって東京見物へ来て事件に巻き込まれましたが、単に気が変わったのではなく、伊勢で、予定を変えさせる何かがあったのではないかというひらめきが浮かんできたのです。この「何か」が殺された原因になっているのではないかと考えたのです。そこで伊勢へ行き、調べた結果、三木が入った映画館に掛かっていた写真に前衛音楽で名を馳せている音楽家・和賀英良が一緒に写っていました。これが秀夫で、秀夫の写真を見た三木が、急遽予定を変更し、上京して秀夫に会い、殺されたのだと直観しました。問題は、どのようにして本浦秀夫から和賀英良に変わったかということでした。和賀の大阪の戸籍を調べると、昭和二十年三月十四日の空襲で大阪は焼け野原になり、和賀の戸籍は焼けてしまい、原簿も焼けてしまったので、本人の申し立てで戸籍が再生されたとの役所の説明を受けました。つまり、当時十八歳だった本浦秀夫は、戸籍の焼失に乗じて、空襲で亡くなった和賀英蔵・キミ子夫妻の長男・和賀英良として、年齢も詐称し、新たな戸籍を作成していたのです。作品では他にも殺人事件が発生しましたが、一連の殺人事件は、音楽家として成功し、大臣の娘と婚約までして出世した和賀英良こと本浦秀夫が、自身の過去を知る人間を消すためのものだったことがわかってきます。

映画『砂の器』は原作よりもいいものになっていると思います。それはひとえに橋本忍氏の脚本の力によるものでしょう。橋本氏の脚本のいいところは、原作では和賀英良は前衛作曲家兼電子音響楽器研究家になっていますが、映画では天才ピアニスト兼ロマン派の作風を持つ作曲家に設定変更されていることと、原作ではハンセン病への言及は簡潔な説明に止められていますが、映画では、相当な時間が同病の父子の姿の描写にあてられていることです。

和賀はヌーボーグループのメンバーの一人として登場してきます。ヌーボーグループはあらゆる既成の権威を否定します。既成の制度、モラルを破壊しようとします。原作では、和賀も在来の音楽の破壊を試みています。和賀が曲名「寂滅」のコンサートを開いた時の様子が描かれています。緋色のカーテンの前に白い前衛生け花が置かれ、声はカーテンの後ろから聞こえてきます。観客には、頭の上からも足の下からも音が聞こえてきます。そして、奇怪な音が立体的に聞こえてきます。聴衆は解説書を読み、作曲家の意図を知り、理解に努めます。「寂滅」は、釈迦が入寂する時、あらゆる生物が慟哭し、天地が哭いたという説話がモチーフで、その音色は唸り、震え、喚きでした。聴衆は新しい音楽を理解しようと顔をしかめ、肩をはっていました。聞いていると難解でしたが、たいそう新しさがあるように感じられました。あたかも理解を超えた抽象画の前に立たされたような、当惑と無知と爽快さがどの表情にも交錯していました。みんな頭脳労働に疲労し、しかし、理解できないという表情は表してはなりません。みんな劣等感に陥っていきました。終わると拍手が起こり、右手から和賀が登場しました。楽屋は祝福する人たちで一杯でした。

こんな音楽では映画のような感動を呼び起こすことはできないですよね。やはり変えて成功でした。映画では「宿命」というタイトルで、菅野光亮氏によって作曲されました。二〇一四年には『砂の器』公開四十周年として、ビルボードジャパンにて西本智実指揮による組曲「宿命」が演奏されました。

映画ではこの「宿命」の曲に乗せて、クライマックスの場面が映し出されます。事件の犯人を和賀と断定し、逮捕状を請求する捜査会議のシーン、和賀の指揮によるコンサート会場での演奏のシーン、和賀の脳裏をよぎる過去の回想シーンが展開され、劇的高揚とカタルシスがもたらされます。回想シーンでは、秀夫が父と放浪していた時に、施しを受けられず自炊しながら生活する様子や、子どもたちのいじめにあい、小学校を恨めしそうに見下ろす様子や、命がけで父を助ける秀夫がけがを負う様子などが描写されています。原作者の松本清張も、「小説では絶対に表現できない」とこの映画の構成を高く評価しました。

この映画において、ハンセン病である本浦千代吉と息子の秀夫が放浪するシーンや、ハンセン病の父親の存在を隠蔽するために殺人を犯す場面について、全国ハンセン病患者協議会は、ハンセン病差別を助長したり、ハンセン病患者は現在でも放浪生活を送らざるをえない惨めな存在であると、世間に誤解されるとの懸念から、映画の計画段階で製作中止を要請しました。しかし製作側は、映画を上映することで、偏見を打破する役割をさせてほしいと説明し、最終的には話し合いによって、「ハンセン病は、医学の進歩により、特効薬もあり、現在では完全に回復し、社会復帰が続いている。それを拒むものは、まだ根強く残っている非科学的な偏見と差別のみであり、本浦千代吉のような患者はもうどこにもいない」という字幕を映画のラストに流すことを条件に、製作が続行されました。そして、協議会の要望で、今西刑事が療養所の本浦千代吉と面会するシーンが加えられました。

　ここで思い出されるのが川端康成のことです。川端康成は、ハンセン病に理解を示した作家の一人でした。ハンセン病作家・北條民雄と交流を続けていた川端は、ハンセン病差別の激しかった一九五八年六月に沖縄のハンセン病療養所・愛楽園を訪れ、のちに作家となる十四歳の伊波《いは》敏男少年と面会し、あとで、九十冊以上の本を送ったといいます。

　私は『砂の器』を映画で観て松本清張のファンになり、以来、折に触れて、清張作品を読むようになりました。私の書斎には清張関係の書籍が四十冊以上あります。清張作品は幅広く、内容が濃いのでとても勉強になります。清張を語ることなど、おこがましくて、私にはできませんが、一人の愛好家として、好き勝手に話題にすることはできると思います。そういう観点から、清張作品を読んでいると、よく『万葉集』が出てくるので、「松本清張と『万葉集』」というタイトルで書いてみることを思いつきました。と言っても、清張作品全てを読んでいるわけではないので、視野が狭く、一部のことしか語れませんが、お許し願いたいと思います。

「たづたづし」他

松本清張の短編集『眼の気流』(注②)に掲載されている「たづたづし」という作品は、作品冒頭に「たづたづし」という言葉が織り込まれた『万葉集』の歌から始まります。

夕闇は路たづたづし月待ちて行かせわが背子その間にも見む（巻四・七〇九）
豊前国《とよのみちのくちのくにの》娘子《をとめ》大宅女《おほやけめ》

（月が出るまでの暗がりの路は、たどたどしく、わかりにくいものです。あなた、どうか月が出るまで待って、それからお帰りください。その間にもあなたのお側にいとうございます）

これは、主人公の「わたし」が諏訪の本屋にたまたま入って、『万葉集』の本を開いた時、偶然この歌が眼に入り、頭に残ったものとして触れられています。なぜなら、この歌の感情がついその前まで「わたし」の身にふりかかっていたからです。こうして「わたし」と女との出会いと破局の回想が展開されていきます。官庁の課長の「わたし」は通勤電車で平井良子と知り合い、深い関係になっていきます。良子は結婚を懇願しますが、良子にはもうすぐ仙台刑務所を出所してくる夫がいることがわかり、彼女との未来より現在の地位と家庭を選んだ「わたし」は良子を始末する道を選びます。信州の山で絞殺したはずが、明け方の寒さと露で息を吹き返し、記憶喪失になって喫茶店で働いている記事を地方紙で見つけ、喫茶店までやってきて確かめたあと、隣の本屋へ入って、どうすべきか思案している時に手にした本で眼にしたのが冒頭の『万葉集』の歌だったのです。「わたし」は良子を連れ出し、川崎市内のアパートに住まわせました。これまでとは違う良子の新しい魅力に捉えられたからです。記憶喪失前の彼女とは完全に違っていました。愛情の求め方も、愛撫の反応も、生活態度も、全てが違い、言葉つきも動作も違う、完全によく似た別の女でした。しかし、出張から帰ってみると、良子はいなくなっていました。それから二年ほどして、同僚との派閥争いに負けて、他の部へ左遷され、木曾地方へ出張したとき、そこで、二歳くらいの子どもを背負った良子を見かけたのです。調べてみると、二年前に夫婦で働きに来たといいます。夫は、切りだした木材の運搬をしているといいます。これで、二年前に良子がなぜいなくなったのか、わかりました。亭主に発見されて、連れていかれたのです。あの子は「わたし」の子なのに、それでも彼女を許したのは、彼も「わたし」と同じように、彼女に新鮮さを感じたからだろうと「わたし」は思いました。彼女を「殺した」時に、既に彼女は「わたし」の分身を宿していたことになり、これは「わたし」への痛烈な復讐なのではないかと「わたし」は思わずにはいられません。「わたし」は一生自分の子どものことが心の負担になります。貧乏な生活と酔狂な父親に苦しめられ続けていく子どものことを思うと。

作品を読み終えた時、この歌が作品を照射して魔法がかかり、推理小説が見事な文学作品になっているという感動を覚えました。この作品は、一九六三年に『小説新潮』に掲載され、『愛の絆』というタイトルで一九六九年に映画化され、テレビでも三度ドラマ化されました。

他にも、『花実のない森』(注③)や『火の路』(注④)など、いろいろな作品に『万葉集』の歌が効果的に使われていますが、その中のいくつかの作品を少し詳しく紹介して、「松本清張と『万葉集』」

の世界を垣間見てみたいと思います。

2　松本清張の「私の万葉発掘」

清張は文藝春秋増刊号『『万葉集』の旅』に「私の万葉発掘」（注⑤）という文章を寄せています。これを読むと、清張は『万葉集』にも造詣が深いことがよくわかります。専門家ではないのでと前置きしてから、清張が感じたことをいくつか述べてあります。最初に、末永雅雄氏の挿話が書いてあります。末永氏が、文芸評論家の某氏と話をした時、飛鳥の板蓋宮《いたぶきのみや》跡に小石が敷き詰められていることから、某氏が、当時はあのへんは泥濘《ぬかるみ》だったので小石を敷いたんだろうな、と何げなく洩らすのを聞いて、小石のバラスと湿地帯の関係に初めて末永氏は気づいたそうです。

大君は神にし坐《ま》せば赤駒の匍匐《はらば》ふ田井《たゐ》を都となしつ（巻十九・四二六〇）　大伴御行

という歌は末永氏も何度か読んで知っていたのに、某氏に言われるまで、飛鳥地方が馬の匍匐《ほふく》するくらいに深い泥田だったことと、小石の敷き詰めとが結びつかなかったということです。素人の言うことも、たまには専門学者の盲点をつくことがあることがわかります。

このひそみに倣ったわけではありませんでしたが、清張は自分が日頃思っている『万葉集』の疑問のいくつかを語っていきます。まずは難訓の例を挙げます。額田王の次の歌です。

莫囂円隣之大相七兄爪湯気わが背子がい立たせりけむ厳橿《いつかし》が本　（巻一・九）

この歌は、斉明女帝が紀の温泉（今の白浜温泉）へ行幸された時の歌です。上の十二の漢字をどう訓むかは諸説あって、『万葉集』の中で一番難解な歌と言われています。訓み方は三十以上あって、詳しく知りたい人は沢瀉《おもだか》久孝氏の『万葉集注釈』を見られるとよいと清張は勧めています。諸説の一つで、わが背子を有間皇子と考えて解釈する説を見てみましょう。

有間皇子に関しては、佐佐木幸綱氏の『１００分de名著　万葉集』で触れましたが、有間皇子の謀反事件は斉明女帝の紀の温泉行幸の時に起きました。斉明女帝のこの行幸は、斉明四年（六五八年）十月十五日から翌年の一月三日までの長い旅でした。この間の十一月三日から十一日に有間皇子の謀反事件がありました。留守官蘇我赤兄の手の者によって捕らえられて、紀の温泉へ連行された有間皇子は、中大兄皇子の訊問をうけてからの大和への帰途、紀伊の国の藤白坂で絞殺されました。十九歳でした。歌が、有間皇子事件のあった折りのものであるので、わが背子が有間皇子である可能性もあるわけです。

有間皇子は、斉明女帝の同母弟の子です。政治的にはわが子中大兄のライバルであっても、肉親の情としては、複雑な思いがあったはずです。そうした状況から推察して、この歌は、斉明女帝に成り代わって歌を詠む額田王が、女帝の心底を察して詠んだ歌である可能性も出てくるのです。厳橿は、紀の温泉から藤白坂に至る、有間皇子がたどった大和への道筋にあった霊木で、厳橿に寄り立って、その霊力の感染を願い、身の安全を祈ったという思いが伝わってきます。『万葉集』には土地や樹木に宿った精霊の力を授かって、長寿や旅の無事を祈る呪術歌が多く見られますが、この歌からもそうした思いがくみ取れるのではないでしょうか。かいなく終わった薄倖の皇子に思いを寄せることは、同時に、通過する地の荒魂を慰撫して、みずからの無事なる還幸を祈ることにもつながったと思われます。こうしたことを総合して考え、沢瀉久孝氏は次のように訓まれました。

静まりし浦波見さけ我が背子がい立たせりけむ厳橿が本

(静まった浦波をはるか遠くに見やって私の愛しい甥がお立ちになったであろう、この聖なる橿の木の根元よ)

こうした、何通りもあるこの歌の解釈を踏まえた上で、清張は自分の解釈を述べていきます。清張の自説の展開を読んでいくと、彼が資料としている文献の膨大さに圧倒されます。詳細は清張の「私の万葉発掘」を読んでいただくことにして、結論を言えば、清張は「わが背子」を有間皇子とはとらず、行幸に同行した中大兄皇子か大海人皇子を指しているととっています。そして、「官人《みやびと》に　かこまれ遠し　紀伊に行く　わが背子立ちけむ　厳橿が本」と訓んでいます。意味は、行幸を見送る官人たちに隣やまわりを囲まれて、ここからはよく見えないけれど、遠い紀の国に行かれるわが背子はあの橿の木の下に立っておられるらしいということになります。行幸を見送る側の額田王の気持ちになって、もう少し説明を加えると、紀の温泉に行かれる天皇のお供をされるわが背子のおそばに近づきたいが、人々がたくさん隣を囲んでいるので、そうもできないし、私のいるここからはよく見えないが、たぶんあの樫の下に立っておられるらしい、なんとじれったいことであろうよ、ということになります。

次に清張は、訓みは諸説一致している歌でも、従来の解釈では納得のいかない例を挙げています。伊勢の国の伊良湖の島に流された麻績《をみ》王《のおおきみ》の歌の解釈です。

うつせみの命を惜しみ浪にぬれ伊良湖の島の玉藻刈りをす　（巻一・二四）

古典大系本は、「この世の命が惜しさに、浪にぬれていらごの島の玉藻を刈って食べています」となっています。武田祐吉の『全注釈』も沢瀉久孝の『注釈』もそうなっていると清張は言います。しかし藻は、塩をとるためのものであり、食べることはないと清張は主張します。奈良期の記録に、昆布、海苔、鹿尾菜《ひじき》などは食用にした記録はあるが、藻を食べた記録はないことを清張は証拠として挙げています。麻績王が藻を刈ったのは、藻を拾って、それを製塩するところに売って生計を立てていたという意味に清張は解しています。

次に清張は、「たま」というのを『万葉集』では「玉」と書いているので、珠の意にとられているが、「珠」だけではなく、美称としても使われるし、「魂《たま》」（心）のこととして使われることもあることを詳しく例証し、最後に「玉」が実際の「玉」として出てくる歌を挙げ、しかもその歌に関する新しい見方を提示します。それが次の歌です。

淳名川《ぬなかは》の底なる玉　求めて　得し玉かも　拾《ひり》ひて　得し玉かも　惜《あたら》しき　君が　老ゆらく惜《を》しも（巻十三・三二四七）

大意─淳名川の底にある立派な玉。私がやっと探し求めて手に入れた玉。やっと見つけて拾った玉。この素晴らしい玉のようなあなたが年をとっていかれるのがほんとに惜しい。

この玉は、女性の首飾りにしていた勾玉《まがたま》や管玉《くだたま》のことと思われます。

清張は淳名川の解釈を巡って新しい考えを提示します。通説では淳名川は実在の川ではなく、空想上の川であると考えられていますが、清張は『古事記』の沼河比売《ぬなかわひめ》求婚の条《くだり》に注目します。大国主命《おおくにぬしのみこと》は高志国《こしのくに》へ沼河比売に求婚するために来ます。高志国は越の国で、そこを流れる淳名川にあやかって沼河比売という名前になったと着想すべきだと清張は言います。従って、歌の淳名川は空想上の川ではなく、実在の川ということになります。

戦前に地質学者によって新潟県西頸城《くびき》郡青海《おおみ》町の姫川（糸魚川《いといがわ》の南方）の上流中に硬玉（翡翠）の原石が発見され、考古学会の大きな注意を引きました。それまでは、硬玉の原材料は中国（四川省や雲南省）からの輸入石だとばかり思われていたのです。戦後は早くからこれについての考古学的な報告書も書かれています。つまり、「玉」の出る淳名川は、歌の通りに高志の国なる新潟県下に存在していたのです。昭和四十五年に至って、青海町寺地《てらじ》遺跡で縄文時代中期に属する硬玉の工房址も発見されています。

『全註釈』『注釈』『日本古典大系本』で解釈を行った国文学者が、戦前の硬玉発見報告、ならびに終戦後に出た調査報告書に気がつかなかったのは、怠慢ではないでしょうか。『記・紀』ばかり読んで、あれこれと付会するだけでは、知見の狭さを語るだけで、それでは契沖や真淵や宣長の時代と少しも変わらないと、清張は手厳しく批判しています。

勾玉は古代の交易によって大和や諸国に行き渡りました。石鏃の材料である黒曜石が交易によって全国に広がったのと同じです。従って、清張の解釈で読むと、歌の意味は、渟名川の底で拾われ、交易によって手に入った素晴らしい玉のようなあなたが年をとっていかれるのはほんとに惜しい、ということになります。

清張はこの歌を題材にして、「万葉翡翠」という短編小説を書いていますので、それを紹介したいと思います。

3「万葉翡翠」

【あらすじ】

S大学の若い考古学助教授・八木修蔵は、彼の研究室へ出入りする考古学が趣味の三人の学生、今岡三郎、杉原忠良、岡村忠夫と雑談をしていて、八木が、「ぼくはね、万葉考古学をやりたいと思っていた時期があったよ」と言うと、今岡が、「神社考古学というのがありますね」と応じ、彼らは考古学の話題の中へ入っていきます。八木は宮地直一が唱えた神社考古学の説明をします。これは、神社の祭器、遺跡、神籬《ひもろぎ》、磐境《いわさか》である神籠石《こうごいし》などから古代生活を探究する学問です。杉原が、『万葉集』の字句から古代生活を探求する万葉考古学は面白そうだと言うと、岡村は、万葉の歌は情緒を主にした形而上学的なものだから、そこから考古学のような唯物的方法をどういう手がかりでひき出すのかと、疑問を呈しました。八木はそれに対する答えを持っていて、それを用いて万葉考古学というものを考えたのですが、八木は岡村の疑問に即答はせず、教育者でもある八木は、三人に考えてもらおうと思いました。そこで八木は、『万葉集』巻十三・三二四七の次の歌を見せて、この歌の解釈を聞きます。

淳名河《ぬなは》の　底なる玉　求めて　得し玉かも　拾《ひり》ひて　得し玉かも　惜《あたら》しき　君が
老ゆらく惜《を》しも

今岡は、淳名河の底にある玉は、求めて得た玉か、拾って得た玉かわからないが、とにかく、そういう玉があるが、その玉のように代え難い君が、年老いてゆくのが惜しい、残念だ、という意味でしょうかと答えました。他の二人も同じ意見だと言います。八木も、その解釈でまちがいはないと思うが、ぼくにはぼくだけの考えがあると言って、さらに、玉とは何か、求めて得し、とか、拾いて得し、とかいうのはどういう意味かとか訊いていきます。そして、自分の万葉考古学の出発点はこの言葉にあると言います。三人は早く先生の考えを聞きたかったのですが、ここですらすら答えを言ってもつまらないので、三人それぞれ先学のこの歌に関する解釈を調べて報告するように言います。

翌日三人は、早くも本やノートを持ち寄って、助教授のところへ集まりました。三人とも、よほど興味を持ったようでした。集められた資料は、契沖の『万葉集代匠記』、鹿持雅澄の『万葉集古義』、橘千蔭の『万葉集略解《りゃくげ》』、佐佐木信綱の『万葉辞典』、武田祐吉の『万葉集全註釈』、折口信夫の『口訳万葉集』でした。めぼしいところが出揃ったので、八木は、これらの資料に書かれていることと比較しながら、自分の考えを述べていきます。最初に八木はこの玉は何だと思うかと訊きます。「勾玉のことでしょう?」と杉原が答えました。その通りだが、勾玉にもその材料の種類がいろいろある。金銀のような貴金属から、貝とか、動物の骨、牙などもある。しかし、一番多いのは、硬玉、碧玉、瑪瑙《めのう》、水晶、蝋石、滑石のような石類と、それにガラスのようなものがある。このなかのどれだと思うかと八木は訊きました。学生たちは少し考えてから、「川の底にあるから、水晶や滑石みたいなものではないでしょうか」と岡村が答えました。今岡と杉原も同感のようでした。助教授は違うと言いました。歌の意味を考えるとこの玉は青春を意味している。それを聞くと今岡は「翡翠ですね」と答えました。「その通り」と言って八木は解説していきます。

あの翡翠の透き通った碧《みどり》に古代人は若さと青春を感じたにちがいない。しかしこの翡翠は当時日本にはなく、中国から輸入されたものだと考えられていました。しかし八木がこの考えを覆すヒントになったのが「求めて得し玉かも、拾ひて得し玉かも」という言葉にあると言います。

この言葉を契沖はひどく貴重で手に入らないという意味にとっているが、鹿持は拾い求めて手に入れた玉かという意味にとっている。折口は探し回って手に入れた玉というのか、偶然得た玉というのかという意味にとっている。八木の考えは折口に近いが、「求め」に対して八木独自の解釈があると言います。八木は「求め」を「買う」という意味に解釈したいと言います。「拾う」は「貰う」と解釈したいと八木は言います。

そして八木の主張の独自性は翡翠の産地は日本だということです。それに対して杉原は異議を唱えます。必ずしも、原産地は内地とは限らないと言います。杉原のような意見に対して意味を持ってくるのが淳名河だと八木は言います。先学の諸説では、淳名河は実在の名前ではなく、天上の河の名としている。橘千蔭だけが実在の地名と考えていて、場所は摂津国住吉郡だろうと言っているが、八木は違うところを想定していると言います。「では、それはどの地方ですか？」と岡村が訊きます。「それを考えるには、まず淳名河という字を解釈する必要があるね」と言って八木は説明にかかります。

淳名河の地名については、千蔭は神功記《じんぐうき》を引いているので、八木はそのひそみに倣って古事記の記事から解釈に入ります。八木は、古事記で大国主命が浮気をして回るくだりで、高志国の沼河比売を訪ねるくだりの沼河比売と淳名河が関係あると考えます。つまり、沼河比売が高志の人だから、淳名河も高志の国にあったという想定をつけたのです。高志国はずいぶん広く、今の新潟県から富山県にかけての、裏日本一帯にあたります。ところが、幸いなことに、倭名抄に沼川郷というのが出ていて、奴奈川《ぬなかわ》神社という式内神社まであります。倭名抄には、頸城《くびき》郡沼川郷、訓奴乃加波《ぬなかわとよむ》とあります。そして八木は、吉田東伍の大日本地名辞書の一節を読んで、さらに細かく説明します。

西頸城郡に沼川庄があって、この辺一帯は、川が無数に溪谷から流れていて、この地域の川がいわゆる淳名河だろうと思われる。ところが東頸城郡にも奴奈川という村が残っている。この地域も、同じように川が溪谷となって無数に流れている。いずれにしても、新潟県のこの一帯が、昔の勾玉の原石だった翡翠の産地だったことは争えないと八木は言いました。

これを聞いて今岡が、「学会に発表なさってはいかがですか？」と言いました。しかしこれは学会では認められていないと八木は言います。現在の万葉学の権威は、みんな先学の説を引いていて、淳名河はあくまでも想像上の架空名ということになっているし、歌の意味も決してそんな現実的な意味があるわけではなく、そんな歌にまでいちいち即物的な考えを持つのは邪道だと叱られるんだと八木は言います。

それでも先生の説は大変面白いので、それを実証するために、現在のヌナカワに行き、探検してみてはどうでしょうかと学生たちは言いました。君たちがやってみたいならやってみるんだね、ぼくにはもうそんな元気はないので、そういう探検は君たちにお願いするよ、と八木は言います。先生は西頸城郡と東頸城郡のどちらをお採りになりますか、と今岡が訊くと、それはよくわからないので、君たちで仲良く研究してみてくれますかと、八木はヌナカワの現在地の推定を学生三人に任せました。

夏休みでしたので、三人はその休暇を利用してヌナカワの探査を行うことにしました。今岡と岡村は吉田東伍説の西頸城郡を、杉原は東頸城郡の奴奈川村を選んで探すことにしました。五万分の一の地図で調べると、両方ともに無数の川が毛細血管のように走っています。

西頸城郡の旧「沼川庄」は、現在の糸魚川を中心に白馬、乗鞍の山嶺が北に流れたところにあります。東頸城郡の奴奈川も、上信越高原国立公園の山塊が西北に伸びたところにあります。いずれにしても、細い川が深山幽谷の間を流れているのです。翡翠は、冷たい温度の渓流にあるので、この二つの地域は、ともに適格で、区別がつきませんでした。

今岡が西頸城郡説を採ったのは、許婚者《いいなずけ》の芝垣多美子の意見にも動かされたからでした。西頸城郡は倭名抄にもあるし、糸魚川市のすぐ横を流れている割と大きな川である姫川が、沼河比売という名前を連想させるからだという多美子の意見も一理あると思ったからでした。

同じ西頸城郡説の岡村は、もっと小さな渓流を探すと言います。杉原はヌナカワの地名がはっきり残っている東頸城郡を探すことにしました。三人は各自の考え通りに行動し、一週間後に東京で落ち合うことにしました。

一週間後、三人は東京で落ち合いましたが、三人とも成果はありませんでした。危険が伴い、死ぬことだってありえると話していたことが本当になります。再び出発する駅の待ち時間に便所に立った杉原が、十五、六歳の少年と立ち話をしています。少年は杉原に白い紙包を渡しています。多美子はこれを見ていました。汽車の中の会話から、今岡は天然の山葵《わさび》がある姫川の上流を探すと言っています。杉原は長野方面への列車に乗らず、こっそりと今岡と岡村のあとを追って一電車遅れて糸魚川方面へ向かいます。

杉原はその日ある場所である行為をしました。杉原が東頸城郡松之山温泉の旅館に来たのは日の暮れ時でした。落ち着きがなく、顔色悪く、シャツの汚点をナイフで切り、その布を燃やします。

女中が去ったあと、少年から貰った黒い粒をポケットから取り出し、紙に包んで庭で燃やしました。リュックから翡翠の原石を取り出し眺めていました。

それから一週間後、東京での待ち合わせの場所へ今岡だけが来ません。それから十日経っても来ません。大学で救援隊が作られ、捜索しますが見つかりませんでした。翌年の春休みに再び捜索隊が捜索しましたが、この時も手がかりがありませんでした。夏休みに再び捜索しましたが、手がかりがありませんでした。捜索隊が解散されました。

行方不明になって一年以上経った秋に、短歌をやっている多美子のもとに雑誌『花影』が届きました。各地の会員の短歌が載っているものです。その中に、「越の山はろか来にけり谷川に　のぞきて咲けるフジアザミの花」というのがありました。選者の評は次のように出ていました。

「作者は、越後の山を歩いて、はしなくもそこに咲いているフジアザミの花を見つけ、思わず眼を瞠《みは》ったのであろう。フジアザミは、主として富士周辺を中心とし、中部一帯に分布しているキク科の植物である。花は普通のアザミよりも大きく、六センチから九センチまである。色は濃い紫で、目が覚めるような鮮やかさを持つと植物図鑑に書いてある。富士周辺に多生する花が新潟県の奥地に咲いているのは不自然だが、多分、これは作者の虚構であろう。蕭条《しょうじょう》とした深山の谷川と、そこに咲いた濃い紫の大輪のフジアザミとの対照が、この作者の心に泛《うか》んだ情景美であり、詠嘆なのである」

芝垣多美子は、これを何気なく読み過ごしました。

それからひと月して、作者のその評への反駁が載りました。虚構ではなく、確かに小滝川の河原で見たということでした。多美子はこれを読んで、はっと思いました。小滝川は、姫川の中流から岐《わか》れた支流の名前で、今岡はこのあたりを回っていました。杉原が駅で少年から貰ったものは、フジアザミの種子ではなかったかと思ったのです。少年も杉原も植物好きでした。

八木助教授をはじめ、四度目の捜索隊が、新潟県西頸城郡小滝川渓谷へ向かいました。

あの歌の作者も加わり、警察も同行しました。枯れたフジアザミの周辺を捜すと、埋められた今岡の死体が出てきました。杉原は、多美子が想像した通りのことを自供しました。

杉原は東頸城郡の奴奈川に絶望していて、今岡の姫川の線が有望に見え、今岡の翡翠発見の手柄を独り占めしたかったというのが殺害の動機でした。逮捕された時、彼はこの山一帯を買い占めるための金策中でした。

新潟県西頸城郡小滝川渓谷は、古代の翡翠の産地として、それ以降、新しい発見地となりました。もはや、古代翡翠が中国南部やミャンマー北部などからの輸入品のみでないことは、考古学者の間でも異論は少なくなりました。

翡翠発見の火付け役は相馬御風

松本清張の「万葉翡翠」はフィクションなので、あのような形で翡翠が発見されたのではなく、発見の真相は相馬御風から話が始まることになります。

御風は、よく知られているように、「春よ来い」「カチューシャの唄」「都の西北」の作詞者として有名です。彼は糸魚川市出身で、御風の家の近くにある海望公園には、古事記に登場する奴奈川姫像が立っています。奴奈川姫は、糸魚川市付近を治めていた豪族の娘で、この地の翡翠を支配する祭祀女王であったと考えられています。出雲からやって来た大国主命が奴奈川姫に求婚した際に、大国主命に翡翠を贈ったという神話が残されています。大国主命を奉った出雲大社の真名井遺跡からは、糸魚川産と見られる大きな勾玉が出土しています。

地元には、奴奈川姫が翡翠の首飾りをしていたという伝説があり、御風は翡翠が地元産かもしれないと考えていました。ある時、その考えを糸魚川警察署の元署長に話したのがきっかけで翡翠探しが始まり、始めて二日目で発見されました。昭和十三年八月のことでした。発見者は農業を営む伊藤栄蔵という人でした。発見場所は、今ヒスイ峡と呼ばれている、糸魚川市街から十キロほど内陸に入ったところにある明星山でした。その麓を流れる小滝川の支流に、千貫（約三七五キログラム）ほどの「見たこともない青いきれいな石」が転がっていたといいます。

これをきっかけに、奈良時代以降衰退し、忘れられていた翡翠の歴史が再び動き出しました。なぜ衰退し、忘れ去られたかは、翡翠の歴史を辿らなければ見えてこないと思います。

翡翠の歴史

翡翠というと、主に女性を対象とした半透明濃緑色の宝石をイメージしますが、翡翠には様々な色があります。基本色は白ですが、極微の結晶が集まった岩石状の構造をしていて、いろいろな異種鉱物が混ざりこみやすく、各種の色味となります。

翡翠は五億年前にできた石であると言われています。東洋、中南米では古くから人気が高い宝石であり、金以上に珍重され、古くは玉《ぎょく》と呼ばれました。鉱物学的には翡翠と呼ばれる石は化学組成の違いから「硬玉（ヒスイ輝石）」と「軟玉（ネフライト）」に分かれ、両者は全く別の鉱物ですが、見た目では区別がつきにくく、どちらも「翡翠」と呼ばれています。

翡翠は非常に壊れにくいことから、先史時代には石器武器の材料でもありました。ヨーロッパでは、翡翠で作られた石斧が出土しています。中国では、他の宝石よりも価値が高いとされ、古くから腕輪などの装飾品や器、精細な彫刻を施した置物などに加工されました。

不老不死及び生命の再生をもたらす力を持つと信じられており、古代においては遺体全体を玉で覆うことが行われました。秦の始皇帝の遺体も玉で覆われていたとされています。中南米の王族の墓でも同様の処置が確認されています。

翡翠（赤と緑）の語源は、古語でカワセミを指していました。カワセミは古代中国では半ば伝説の霊鳥で、雄は緑、雌は赤色をしていると想像されていて、とろ味のある緑色の翡翠は霊鳥の羽根の色ににつかわしいと思われていました。しかし、翡翠は中国では産出しません。高価な宝石の扱いを受けているのはミャンマー産のみで、中国の人たちが翡翠を知ったのは十八世紀になってからでした。それまで古代中国の宝石文明を席巻し、「玉」と呼ばれてきたのはネフライトという、翡翠とは別の鉱物でした。

それに対して日本の翡翠加工は世界最古で、新潟・富山の県境地方では、五千年以上も前から既に翡翠が採集されていて、産地で製作された大珠《たいしゅ》などの翡翠製品は、北海道から九州まで、古代の交易路を運ばれていったことが、日本各地の縄文遺跡からの出土品によって明らかになっています。

日本列島には縄文時代から翡翠を宝玉と仰ぐ翡翠文明が栄えていて、翡翠は至高のパワーストーン、霊力を秘めた魔法の石として珍重されていたのです。

縄文時代が最も繁栄したのは中期で、後期になると寒冷化の影響で衰退し、晩期にはさらにひどくなりました。しかし、海面が後退して平野が広がったことで、大陸からの水田稲作民を誘致できるようになり、時代は弥生時代へと移っていきます。弥生時代は近隣の村々が、耕地と食糧と労働力を巡って戦争し合い、平和な時代ではありませんでした。殺人のための武器はこの時代に登場し、村は柵や堀で囲って要塞化しました。やがて争いをなくそうと、村の代表が集まって、首長を選ぶようになりました。

こういう時代の推移のなかで、大珠は忘れられ、翡翠製の勾玉が台頭してきます。縄文時代の勾玉は何を模しているのか意味不明のものが多かったのですが、弥生時代以降になると定型化し、現代に受け継がれているC字型ないしコの字型になっていきます。勾玉の由来に関しては諸説ありま す。動物の牙を模したもの、月神信仰のもと三日月を模したもの、魚の形を模したもの、胎児の形を模したもの、等です。このなかでは胎児説が多く支持されています。胎児に魂が宿って赤子となるように、硬くて美しい天然石で祖霊の宿りとなる形を作れば、そこに祖霊や神が宿って人間を守護してくれる、あるいは、災いを未然に防ぎ、幸運をもたらしてくれる、そう考えたのではないでしょうか。

『魏志倭人伝』には、倭からの朝貢の品に青大勾玉二枚が含まれていたと記載されています。当時翡翠は青丹《あおに》と名づけられていたようで、青は緑を含んだ色合いで、丹は漢方薬にその名残が見られるように、「気・パワー」を意味していました。青大勾玉は、緑色をしたパワフルな翡翠勾玉だったのです。

古墳時代には、多数の翡翠勾玉が墳墓に副葬されたり、主として鉄との交易品として朝鮮半島に輸出されたりしました。翡翠勾玉は品薄となり、国内需要を補うために、出雲地方で碧玉（ジャスパー）や瑪瑙、水晶製の勾玉が製作されるようになりました。

古墳時代後期になって、継体天皇（四五〇―五三一年）という、それまでとは異質で大陸や朝鮮半島の影響色が強い天皇の時代になると、古代からの伝統は急速に廃《すた》れていきました。仏教の伝来が旧来の日本文化の衰退に拍車をかけ、聖徳太子以降の時代には勾玉は忘れられ、翡翠も必要とされなくなりました。こうして見てくると、翡翠が衰退し、なぜ忘れられたのかという疑問の答えは、思想が変わったためということができます。

こうして奈良時代以降、翡翠は見向きもされなくなり、国内産地もわからなくなり、研究者たちは、国内で出土する勾玉等は国外から持ち込まれたものと考えてきましたが、既に見たように、昭和十三年に糸魚川で翡翠が発見され、国内産地があることが再発見されました。その後日本に翡翠ブームが起こりますが、それに貢献したのが、松本清張の「万葉翡翠」でした。

小滝川ヒスイ峡は昭和三十一年に、青海川ヒスイ峡は昭和三十二年に国の天然記念物に指定されました。新潟県糸魚川市から姫川上流に上った場所、明星山の切り立った岩壁が姫川の支流・小滝川の清流に落ち込んでいる一帯が小滝川ヒスイ峡です。青海川の上流黒姫山の麓が青海川ヒスイ峡です。どちらもヒスイの採掘は禁止されていますが、新潟県の親不知海岸から朝日ヒスイ海岸までの一帯は、ヒスイの原石が拾える海岸として、鉱物マニア、翡翠マニアの憧れの地です。

4『点と線』

いざ児ども香椎の潟に白妙の袖さへぬれて朝菜摘みてむ（巻六・九五七）大伴旅人
（さあみんな、香椎の干潟に白妙の袖さえも濡らして朝菜を摘もうではないか）

この歌は、大宰府の官人たちが香椎宮に詣でた帰り道に馬を香椎の浦に留めて、それぞれに詠んだ歌のうちの一つです。これは実際に海藻を摘もうとしたというよりは、仲哀天皇や神功皇后を祀る神聖な香椎宮のある香椎の浦の海藻を体内に取り入れることでその霊力を取り入れたいとの思いを詠った、呪術的な歌と解釈されています。

鹿児島本線で門司方面から行くと、博多に着く三つ手前に香椎駅があります。この駅でおりて山の方に行くと香椎宮、海の方に行くと博多湾を見わたす海岸に出ます。前面には「海の中道」が帯のように伸びて、その端に志賀島《しかのしま》の山が海に浮かび、その左の方には能古島《のこのしま》がかすむ、眺望のきれいなところです。この海岸を香椎潟といいました。昔の「橿日《かしい》の浦」です。大宰帥であった大伴旅人はここに遊んで、さきほどの歌を詠んだのです。

しかし、現代の乾いた現実は、この王朝の抒情趣味を解さず、ここで情死体が発見されます。ここから警察の捜査が始まります。検死の結果、青酸カリの服毒による心中だろうというのが大方の見方でした。男は名刺から、××省××局××課　課長補佐　佐山憲一で、女も名刺から、東京赤

坂　割烹料亭小雪・時とありました。しかし、福岡署の古参刑事鳥飼重太郎は、佐山が持っていた一人だけの食堂の受取証に疑問を持ちます。そして聞き込みの結果、佐山は丹波屋という旅館に一人で五日間宿泊していた事実を知って、一人で捜査を続ける決心をします。鳥飼の捜査に、警視庁捜査二課（知能犯の捜査）の警部補三原紀一が加わります。三原が言うには、佐山の死は汚職捜査に大打撃で、強制されて死んだ疑いがある上に、調べてもお時との関係の線が出てこないと言います。

香椎での捜査を済ませて東京へ帰る三原を博多駅へ見送った鳥飼が、列車が来るまでの待ち時間に、東京駅もホームが汽車で混雑していることでしょうね、と言ったので、そりゃ、たいへんです。ホームは列車の発着がひっきりなしですよ、と何げなしに言いましたが、そう言ってから三原ははっとしました。ある重大な事実に思い当たったからです。東京駅では、博多行き特急「あさかぜ」に乗る佐山とお時の姿を見た者がありましたが、目撃者は十三番線ホームから十五番線の「あさかぜ」に乗る二人を見たということでした。

この時三原には、ひっきりなしに発着する東京駅で、そんなことが可能だろうかという疑問が生じたのです。

それで東京へ帰ってから、東京駅の助役にそんなことが可能かを訊くと、調べてくれて、四分間だけ十三番線から十五番線を見通せる時間帯があるということでした。そして、目撃者が見たのはこの時間帯だったことがわかってきます。この偶然はまったくの偶然なのだろうかという疑惑が三原の中で大きく広がりました。目撃者はわかっていました。「小雪」の女中二人と、そこに来る客でした。その客が鎌倉へ行くというので、女中二人が十三番線のホームに見送りに行って、「あさかぜ」に乗る佐山とお時の姿を見たのでした。それは三原が福岡へ出張する前に、その女中の一人、八重子という女から聞いて知っていました。その時は深く考えませんでしたが、これはもう一度、念を入れて訊き直さなければならないと思い、八重子に会いに行きました。そして、その客の名前は安田辰郎《たつお》という人で、十五番線にお時さんがいるのを最初に見つけたのは安田さんだということを聞き出しました。やがて三原の頭には、安田は目撃者を作るために四分間の工作をしたのではないかという考えが浮かんできました。

この推理を突破口にして、三原は安田をマークして捜査を進めていきます。捜査が進むと、安田は相当××省に食い入っていて、特に××部長の石田芳男にかわいがられていることがわかってきます。石田には汚職の疑惑があり、情死した佐山はその部下の課長補佐であり、事務方を一手に引き受けていた人物です。情死体が見つかったのは一月二十一日の朝六時半頃で、発見者は名島の工場へ向かう労働者でした。この日の安田のアリバイを調べると、二十日から出張で北海道へ行っていて、帰ってきたのは二十五日ということでした。次に、本当に病気の妻が鎌倉にいるのかを確かめるために、身分を隠して安田の妻亮子《りょうこ》に会い、いろいろ調べました。かかりつけの医者にも会い、彼女は結核の療養中で、全治の見込みはないということもわかりました。彼女は文学趣味があり、仲間で雑誌も出し、彼女が書いた随筆「数字のある風景」を見せてくれました。時刻表を使っていろいろ空想したもので、夫が忘れていった時刻表から偶然そういうことを思いついたと言います。

安田のアリバイが崩れず、懊悩していた三原のもとへ、鳥飼から手紙が届き、三原が鳥飼に送った経過報告の手紙へのお礼と、今までの自分の刑事生活を振り返って、未解決事件も多く経験したが、その原因は、粘り強い捜査が足りなかったことにあるという、反省が綴られてありました。そして、一月二十日の夜、香椎駅で下車した男女の二人組は二組目撃されていたが、一組は佐山とお時だったが、もう一組は安田ともう一人誰か婦人が一緒で、その連れの女性が佐山を呼び出したのではないかという推理が書かれてありました。

こうした、三原や鳥飼のいくつかのひらめきが積み重なって捜査が進展し、真相が明らかになっていきます。真相は次のようなものでした。

石田芳男に汚職の容疑が向けられ、そのことを一番よく知っている課長補佐の佐山が逮捕されることを恐れた石田のために、安田は佐山を殺して恩を売ることを考えました。その殺害方法が偽装心中だったのです。そして、佐山の偽装心中の相手がお時だったのです。

お時は安田の妻亮子の公認の二号でした。亮子は肺結核で、医者から夜の夫婦生活を禁止されていましたので、お時はそういうことになっていました。お時が心中相手に選ばれたのは、安田もお時に少し飽きてきていましたし、亮子も公認しているとはいえ、意識の底では嫉妬があったために、自然にそうなったのです。というより、この計画を立てたのは亮子の方だったのです。

亮子は列車の時刻表に精通していて、例の四分間の目撃者作りはそのたまものでした。事件当日、博多から来た亮子と佐山は博多から国鉄香椎駅で降り、安田とお時は西鉄香椎駅で降りました。そして同じ香椎の海岸で亮子は佐山を殺し、安田はお時を殺したのです。その後死体を移動させ、情死に見せかけました。香椎の海岸が選ばれたのは、人けがなく、岩場だらけの海岸なので、死体を運んでも足跡が残らないからでした。このことを安田は前もって確かめておいたのです。

この事件を一言で言えば、夫婦合作の情死に見せかけた殺人ということになります。佐山とお時は別々に殺されました。この時点ではバラバラな二つの点だったのです。その点が二つ並んだ状態になっているのを見て、間違った情死という線が引かれてしまったのです。タイトルの『点と線』はこういう意味だったのですね。

もちろんこの他にも、三原や鳥飼のひらめきが点であり、それを結んだ線の先に犯人がいるという意味にもなりますね。

『点と線』について

『点と線』は、昭和三十二年から昭和三十三年にかけて、雑誌『旅』に連載されたもので、推理小説としては、松本清張の処女長編作です。同年四月からは『眼の壁』を『週刊読売』に連載し、十月からは雑誌『太陽』に『ゼロの焦点』を連載するなど、著者はこの三十二年度に推理小説の長編三本の連載に着手し、あるいは完結させています。長編だけではなく、「地方紙を買う女」「鬼畜」「一年半待て」「捜査圏外の条件」「カルネアデスの舟板」「白い闇」などの短編を精力的に書いています。清張の社会派推理小説はこの昭和三十二年度から開始されたと言えます。その劈頭《へきとう》を飾る傑作が『点と線』なのです。

『点と線』は推理小説のなかの「アリバイ破り」というジャンルに属します。このジャンルの秀作を多数書いているのがイギリスのフリーマン・ウィルス・クロフツです。松本清張も鮎川哲也も、クロフツの影響のもとに「アリバイ破り」の推理小説を書きだしました。鮎川は清張の『点と線』

を意識して、『人それを情死と呼ぶ』（一九六一年）を書いています。これは、鬼貫警部を探偵役とする本格推理小説で、鮎川は鬼貫警部ものを多数書いています。これらは、テレビドラマの火曜サスペンス劇場で、「刑事・鬼貫八郎」シリーズとして、一九九三年から全十八回で放映されました。私もこのシリーズは大好きで、全て見ていますし、何度か再放送されるたびに、飽きずに見ています。テレビドラマが原作と違うところは、鬼貫に八郎という名前が付けられていることや、警視庁の警部ではなく、東中野署の平刑事で、糖尿病を患っていて、家族（妻と娘）がいるという設定になっていることです。そしてこのシリーズを面白くしているのは、夫の糖尿病を気づかい、糖尿食作りに情熱を傾ける妻と、その妻の目を盗んで、好きなものを飲み食いする鬼貫との攻防を描いた場面です。毎回お約束のシーンなのですが、胸が熱くなる要素も織り込まれていて、つい涙してしまいます。私自身が糖尿病患者なので、より一層この場面に惹かれるのだと思います。このようなシーンがあるので鬼貫シリーズは面白くて人気があり、原作に手を加えて成功した例の一つだと思います。

また脱線が長くなってしまいましたが、清張の話に戻ります。クロフツはフレンチ警部という試行錯誤を繰り返しながらも、粘り強く足で捜査することによって、一歩一歩真相に近づいていく探偵を創造し、作品にリアリズムの新風をもたらしました。同じことが松本清張や鮎川哲也にも言えます。松本清張は、犯行の動機づけにリアリスティックな状況設定を行って、日本の推理小説界に文学的な新風をもたらしました。クロフツとの違いは、犯行の動機づけをクロフツが常に個人悪に限定しているのに対して、松本清張は個人悪に組織悪を加えていることです。松本清張の推理小説以来、社会派推理小説という新造語が広がったのもこのことに由来しています。

5『波の塔』

【あらすじ】

R省の局長田沢隆義の娘輪香子は、女子大を卒業後、念願の中央沿線へ一人旅に出かけます。そして、諏訪湖が見える高台にある、復元された竪穴遺跡で一人の青年と出会います。旅行から帰ると、親友の呉服屋の娘佐々木和子に誘われて深大寺へ遊びに行きます。名物の深大寺そばや虹鱒を食べて過ごしますが、偶然、諏訪で出会った青年を見かけます。和服の女性が一緒でした。青年は輪香子に気づき、挨拶をしてくれました。再び出会った偶然に二人とも驚きます。

青年の名は小野木喬夫《たかお》といい、諏訪の竪穴で出会った輪香子のことを連れの女性結城頼子に話しました。二人は、人けのないところでキスをしました。頼子は、あんなお嬢さんと結婚なさるとよろしいわ、と言います。二人は三鷹の天文台のところまで歩き、その後タクシーに乗って多摩川へ行きますが、運転手は間違えて行き止まりになっている堤防を走り、それに気づいて戻っていきます。その時頼子は、どこへも行けない道ってあるのね、と言います。この言葉はこの物語の結末の一つの伏線になっています。

頼子は小野木に電話番号も家も教えず、会いたい時は、検事になったばかりの小野木の職場へ電話をしてきます。小野木は日記をつけていて、頼子と出会った時のことも書いてあります。モスクワ芸術座の『どん底』を演舞場へ見に行った時のことです。小野木の左隣りの洋装の婦人が苦しみだし、医務室へ付き添いました。すらりとした背の高い、ほりの深い顔立ちの人でした。胃痙攣という診断で、医者は注射を打ちました。

小野木は渋谷までタクシーで送りました。

小野木が検事になったのは、強い正義感からではなく、叔父に地方検事を務めたものがおり、田舎の実家の者がこの叔父を尊敬していて、同じ職業に就くことを勧めたからでした。人間の地獄を六法全書で解決していくことの頼りなさから自信を失うことがあり、やりきれなくなると古代遺跡を歩いて回っていました。中学の先生に考古学に熱心な人がいて、その影響もあって古代遺跡を回るようになったのかもしれません。人間関係のあまりに複雑な業苦ばかり見続けていると、古代人の単純な生活の跡が逃げ場所になってきていました。

女性を介護してから一週間くらいすると、その女性から電話があり、夕食に誘われました。この時初めて彼女は結城頼子と名乗りました。小野木には恋愛経験が一度ありましたが、二人ともに事情があって実りませんでした。

食事の時、頼子は小野木が検事であることを知ります。頼子は自分と同じ二十七、八歳だと小野木は思いました。知性が高く、贅沢な環境にいる人だとわかりました。

二度目の食事は最初の食事の時から十五日くらい後で、赤坂の日本料理店でした。小野木が頼子を愛する意識が生じたのは、この時からかもしれません。

小野木の赴任地が東京に決まり、頼子はとても喜びます。耶馬溪の裏側にある小さな村が小野木の故郷で、頼子は赴任までの数日を故郷で過ごして帰って来た小野木を誘って横浜へ行きます。外人墓地を見て、波止場の近くの公園で二人は初めてのキスをします。

R省局長田沢隆義の部下の結婚式で、輪香子と小野木は再び出会います。輪香子は新婦の友人であり、両親は媒酌人です。佐々木和子も新婦の友人として出席しています。小野木は新郎の友人です。ここで輪香子と小野木は名乗り合います。父と小野木の会話から小野木が検事であることを知り、輪香子は驚きます。

小野木と頼子は土・日に山梨の温泉へ行きます。大月駅で河口湖方面へ行く列車に乗り換える人が多かったので、頼子が、あの人たちはどこへ行くのかと小野木に訊き、富士登山や河口湖へ行くのだと話しました。そのついでに、青木ケ原樹海の話もすると、いつかそこへ連れて行ってほしいと頼子は言います。これも物語の結末の伏線になっています。甲府で降り、身延線に乗り換え、S温泉で降ります。

宿へ着くと、頼子は自分には夫がいると告白します。それは小野木が感じとっていたことでした。台風がひどくなり、夜が明けてわかったことは、列車が二、三日不通になることでした。二人は線路伝いに列車が動いているところまで歩くことにします。その途中、山の中の小屋で一夜を過ごすことになりますが、そこで二人は、どんなことがあっても決して別れないことを確かめ合います。

小野木は、以前は、自分の仕事に耐えられなくなると、旅に出ていましたが、今では、頼子への思いの苦しさを救うために旅に出たくなっています。それで今度は佐渡へ行ってみようと思い、頼子も誘いますが、今度は我慢して行かないという手紙をもらっていました。

何もかも破壊して突き進みたい心とそれを抑える心が闘っているという手紙でした。頼子から宿へ、帰りは、上野駅へ出迎えに行くという電報が来ました。

朝五時半に着いた列車を頼子は出迎えますが、中年男がそれを目撃し、二人が入った喫茶店にも入り、二人の様子をうかがっていました。

朝早く帰宅した頼子の夫結城庸夫《つねお》は、朝早く出かけている妻に疑惑を感じます。小野木との気持ちが深まり、気持ちが定まった頼子は、帰宅すると夫に別れ話をします。性格が合わないことを理由にしました。前にも別れ話は何度かしていましたがとりあいませんでした。頼子は庸夫の生き方を嫌っていました。頼子が夫を拒絶して二年になります。頼子は京都も奈良も近い故郷の山を思い出しました。庸夫はその県の県会議長の息子でした。

頼子とは見合い結婚でした。死んだ父が彼の父と親しく、話を進めたのでした。一年も経たぬうちに父は後悔しました。男は屑でした。頼子はもっと早くに夫に失望していました。

地味な職業に就く気はさらさらなく、努力することが嫌いで、ギャンブル好きで、政治ブローカーの才能で世を渡っている男でした。夫は頼子の父の悪口をずっと言っていました。

もっと早くに別れるべきでした。結城庸夫は表向きは朝陽商事社長ということですが、実態は汚職の仲介者でした。

佐渡から帰った小野木を出迎えに行った頼子を目撃した中年の男は吉岡という結城の仲間で、吉岡の情報から、庸夫は頼子が男を出迎えに行ったことを知ります。妻が以前一泊旅行したことを思い出し、それが実際は二泊旅行だったことを女中から聞き出します。

自分がしていることを頼子が嫌っていることはわかっていました。結婚当初から、頼子が結婚の失敗に気づいていたことも庸夫にはわかっていました。庸夫が意地になったのはその時からで、妻に愛されもせず、尊敬もされていないとわかると、自分の気持ちの方向を失い、勝手なことをしようと思い立ったのか、わざわざ妻が嫌うことばかりをするようになりました。性根は頼子を愛していただけにこれは空虚でした。それを埋めているのが意地みたいなものと、刹那的な愉楽でした。別れ話を無視し続けたのは頼子を放さないためでした。

吉岡からの情報や妻が二泊旅行したことから、好きな男ができたことを確信した庸夫は、それを確かめる行動をとります。妻が旅行から帰って来た時服が汚れていたことが、一泊の予定が二泊になったことと関係があるのではないかと思い、台風のことが頭に浮かびました。洋服の襟に梨の葉がついていたという女中の情報から、女中の郷里の梨の産地に場所を絞り込み、S温泉が行き先だったと推理します。庸夫の女の一人とS温泉へ行き、当地の人間から情報を聞き出して、頼子が男とここへ来て台風がひどくなり、列車の動くところまで歩いて行ったことを確認しました。帰宅した庸夫は、S温泉のタオルの入ったスーツケースを頼子に片付けさせます。

R省の汚職を追っていた東京地検は、結城庸夫を任意出頭させ、結城の家へ捜査のメスを入れます。担当の小野木が結城の家へ捜査に行き、ここで初めて頼子が結城の妻であることを知ります。その驚きのせいで捜査が手につきません。そして頼子が夫のことを教えなかった理由がやっとわかりました。結城庸夫の役割は業者とR省の役人の間を斡旋することでした。輪香子の父田沢隆義局長も絡んでいました。

庸夫は東京地検で小野木の顔を見て、頼子の男が小野木だったことを知り、弁護士に、妻と小野木の関係を伝えます。

頼子と小野木は再び深大寺を訪れ、どんなことがあっても離れないと誓い合います。しかしその場面が写真に撮られてしまいます。

弁護士はその写真をもとに検察側と取り引きしようとし、小野木は担当をはずされます。小野木と頼子のスキャンダルが新聞に出ます。そして田沢局長が逮捕されます。

二人で逃避行するはずが、頼子は待ち合わせの時間になっても駅へ来ません。頼子は小野木を裏切って、一人で青木ケ原樹海へ行きます。頼子には、自分の死が最良な結末に思われたのです。

大月駅から河口湖を通り、西湖へ行き、西湖のそばのユースホステルでコーヒーを飲みました。コーヒーのあと、丸い粒を三つ飲むと、西湖の静かな湖面が急に波立ったように思われました。それは塔の先に似たものに見えました。湖底に、白い塔が建っているようでした。まだ彼女の体の中には変化はありませんでした。樹海の案内書にはこう書いてあります。樹海には、ブナ、ケヤキ、イチイなどの木々が、散乱する溶岩の裂け目に鋭く根をおろし、立ち枯れの木は白い木肌をむきだし、ヘビのように横たわる倒木は、千古の苔を宿した人跡未踏の原始樹林である。この中に迷い込むと、死体も発見できない。……

頼子はユースホステルの建物を出て、樹海へ続く坂道を登っていきました。まだ足取りもしっかりしていて、変化が起こるのにはまだ時間がありました。畑仕事をしている老人に道が間違っていることを指摘されましたが、彼女の決心は変わりませんでした。

『波の塔』に出てくる『万葉集』

R省の局長田沢隆義の娘輪香子は、女子大卒業後、一人旅に出て帰ったあと、親友の呉服屋の娘佐々木和子に誘われて深大寺へ遊びに行き、そこで、驚いたことに、旅先で知り合った小野木喬夫が女性と一緒にそこを訪れている姿を目にします。挨拶を交わして別れたあと、小野木は連れの女性結城頼子と深大寺を散策し、頼子は茶店で藁でできた馬を買い求めます。二人でここへ来た記念にすると言います。そして、「どうしてここで藁の馬を売っているのかご存知？」と訊ねます。小野木が知らないと言うと、『万葉集』の、

赤駒を　山野《やまぬ》に放《はか》し　捕りかにて　多摩の横山　歩《かし》ゆかやらむ

が由来であると言います。ガイドブックの受け売りだと言いますが、『波の塔』を読んでいると、頼子は『万葉集』が好きで、結構詳しいことがわかってきます。それは、茶店でムラサキ草のあるところを訊いていたことからもわかります。

ムラサキ草は『万葉集』で有名で、花のついたところを見たかったと言っています。

ムラサキ草は根が紫色なのでこの名があります。上代染色の重要なもので、そのために栽培もされました。『万葉集』にはムラサキ草を詠んだ歌が十五首ありますが、これらの歌はどれも衣に関係させた歌です。一例に、笠女郎《かさのいらつめ》が大伴家持に贈った恋歌を見てみましょう。

託馬野《つくまの》に生《お》ふる紫草衣《むらさききぬ》に染めいまだ着ずして色に出でにけり　（巻三・三九五）

（託馬野に生えるという紫草で衣を染めるように染まり、まだ着てもいないのに人に知られてしまいました）

託馬野は滋賀県坂田郡米原町筑摩や熊本県長嶺町付近などいくつか候補地はありますが、はっきりとは確定されていません。歌の内容はわかりにくいのですが、家持という紫草で女郎の心が染まり、まだ想いが成就してもいないのに人に知られてしまった、ということのようです。女郎は自分の想いを隠しておくことのできない情熱的な人だったのですね。

また、これも頼子の万葉通のエピソードの一つになると思うのですが、輪香子の名前の由来が語られる場面があります。輪香子と和子がセーターを買いに行った店で偶然頼子と出会い、頼子は二人をレストランへ誘います。ここで彼女たちは名乗り合うのですが、「わかこ」と聞いて、頼子は二文字を訊ねます。この時輪香子は三輪山の輪に香久山の香と答えます。これを聞いて頼子は「万葉にゆかりのあるお名前ね、すてきだわ」と言います。父親が奈良で役人をしていた時に輪香子が生まれたのでつけられた名前でした。

多摩の横山

深大寺で頼子が触れた『万葉集』の歌を、少し詳しく見てみたいと思います。

赤駒を　山野《やまぬ》に放《はが》し　捕りかにて　多摩の横山　徒歩《かし》ゆか遣《や》らむ　（巻二十・四四一七）

（赤駒を放し飼いにしているため、夫が防人になって出かける今、捕らえることができないので、馬にも乗せられず、多摩の延々と続いているこの横山を徒歩で行かせることか。気の毒でなりません）

防人の命令が下ると、すぐに出発しなければなりませんでした。それで放し飼いにしていた馬を連れてくるひまもなく、あわただしく出発し、いったん国府（府中市）に集結し、軍団となって難波へ向かいました。そこから船で筑紫へ行ったのです。

この歌を詠んだのは豊嶋郡《としまのこほり》上丁《かみつよぼろ》椋椅部荒蟲《くらはしべのあらむし》の妻、宇遅部黒女《うじべのくろめ》でした。上丁は一般の防人よりも高い階級なので、馬で行けたのですが、間に合いませんでした。この頃は妻問婚だったため、夫婦でも別姓だったことがわかります。因みに、日本は長い間夫婦別姓でしたが、明治になって家父長制強化のために夫婦同姓になりました。夫婦同姓の歴史は浅いのですね。

多摩の横山は今の稲城市と多摩市にまたがる丘陵地帯のことで、その尾根筋に遊歩道ができています。また、多摩の横山の歌碑は東京都内に三か所あります。多摩市南野一本杉公園、八王子散田、府中市郷土の森です。東京都内には万葉歌碑が多くあり、有名な、「多摩川に　さらす手作さらさらに　何そこの児の　ここだ愛しき」の歌碑は四か所にあります。

深大寺

『波の塔』の舞台の一つ深大寺は東京都調布市にあります。新宿から調布駅まで電車で二十分くらいで行き、そこからバスで十五分くらいです。調布市は、市域の南部は多摩川沿いの沖積低地で、北半部は武蔵野台地が占めています。開発の歴史は古く、大化改新（六四五）後の律令制度で租庸調の税制がしかれると、このあたりからは調（土地の特産物）として布が献上されました。これが地名の起こりと言われています。江戸時代まで多摩川で布をさらしていました。『万葉集』には有名な歌があります。

多摩川にさらす手作さらさらに何ぞこの児《こ》のここだ愛《かな》しき　（巻十四・三三七四）

（多摩川にさらしている手作りの布よ。さらにさらになんでこの子はこんなにも愛しいのだろうか）

どうしてこの子がこんなにも愛しいのかわからないというこの歌は、恋の本質をうたっています。恋に理由があるうちはまだ本当の恋ではなく、理由はわからないけれど愛しさが増していくのが本当の恋。そういう意味ではこの歌は恋の原点をうたっていて、今も変わらぬ恋の真理、普遍的で、現代性のある歌であることがわかります。小野木と頼子の恋もこのように深まっていったのでしょう。

調布市は映画の町としても有名です。映画のフィルムを洗うには、良質の水が大量に必要です。調布市には国分寺崖線と府中崖線があり、地下水と湧き水が豊富にあります。多摩川の景色と豊富な水が映画作りに最適なのですね。

『波の塔』の、頼子と小野木が深大寺を散策する場面にも湧き水の描写があります。

深大寺付近はいたるところが湧き水である。それは、土と落葉の中から滲みでるものであり、草の間を流れ、狭い傾斜では小さな落ち水となり、人家のそばでは筧《かけひ》の水となり、溜め水となり、粗い石でたたんだ水門から出たりする。歩いていて、林の中では、絶えずどこかで、ごぼごぼという水のこぼれる音が聞こえてくるのである。

こうした豊かな水源が太古の昔からあったので、自然に水神信仰がここで始まりました。それが深大寺です。深大寺縁起を見てみましょう。

昔このあたりに右近長者と呼ばれる里長がいました。長者には妻の虎女との間に一人娘がいて、その娘が福満という名の素性の知れぬ若者と恋仲になってしまいます。これを知った長者は怒り、娘を池の中の島におしこめ、福満と会わせないようにしました。福満は嘆き悲しみ、水神の深沙大《じんじゃ》王に祈ると、一匹の大亀が現れ、福満を背中に乗せて中の島へ渡してくれました。この奇跡に驚いた長者は二人を許し、娘と福満との間に生まれた子が満功《まんくう》で、満功はのちに出家して中国に渡り、法相宗を学んで帰朝し、深沙大王を祀って建てた一宇が深大寺の起こりといいます。深沙大王の深と大をとって深大寺としたのです。

深沙大王は仏教の守護神の一人で、玄奘三蔵がインドへ行く途中、砂漠で困っていると、砂の中から現れ、玄奘を守護したことで有名です。深大寺の深沙大王堂には鎌倉時代に作られた深沙大王立像がありますが、秘仏で見ることはできません。髑髏の胸飾りをつけ、象皮の袴をはいて、忿怒の形相をしているということです。

天平五年（七三三）に満功上人が開創し、法相宗に属していましたが、貞観年間（八五九―七七）に恵亮が入山して天台宗に改めたといいます。都内では浅草寺に次ぐ古さを持っています。平安中期の正暦二年（九九一）に天台宗中興の祖とされる元三《がんざん》大師良源（慈恵大師）の自刻像が、恵心僧都源信らによって祀られ、以来東国武士の信仰を集め、関東第一の密教道場として栄えたといわれています。三月三日・四日の厄除元三大師祭は、深大寺最大の行事で、朝から十万人の人出があるそうです。これに合わせてだるま市が開催されます。

『波の塔』で、小野木が結城庸夫の家へ家宅捜索で行き、頼子が庸夫の妻であることを知った後、しばらくしてから小野木と頼子は再び深大寺へ行きますが、その時にタクシーの運転手がだるま市のことを話題にする場面が出てきます。二人は深大寺で、どんなことがあっても離れないことを誓い合いました。福満と長者の娘のラブストーリーがある深大寺は、頼子と小野木が愛を深めるのに相応しい場所ではあるのですが、福満と長者の娘のようにはいかなかったことは残念に思います。

『波の塔』は、一九五九年五月号から翌年の六月号まで『女性自身』に連載されましたが、連載中、『女性自身』の部数は急上昇し、深大寺は休日に加えて平日の行楽客、それも若いカップルが増加し、頼子と小野木になった気分で散策する姿が多く見られたということです。「早く女を描けるようになってください」の言葉に応えて生まれたのが『波の塔』であると、当時の編集者の桜井秀勲氏が、「『波の塔』の思い出」（注⑥）に書いておられるように、女性の心を摑んだのですね。

余談ですが調布市は水木しげる氏の第二の故郷でもあります。昭和三十四年からずっと住まれて名誉市民でもありました。今では『波の塔』の聖地というより、水木しげるの聖地として、人を集めています。門前には鬼太郎茶屋があり、目玉おやじのくりぜんざいやぬりかべのみそでんがくなど、鬼太郎に因んだ食べ物がありますし、妖怪フィギュア等、鬼太郎グッズがあります。深大寺は、二〇一〇年に放送されたＮＨＫ朝の連続小説『ゲゲゲの女房』のロケ地の一つにもなっています。

『波の塔』の結末について

『波の塔』の終わり方についてはいろいろな反響がありました。頼子の自己満足だとか、小野木は社会的な指弾も受け、職も投げ打ったのに、生きながらのムクロではないかとか、それに対して著者は、非情に描かなければだめなんだと答えました。

青木ケ原樹海は、富士山の北西にあって、山頂から見ると、木々が風になびく様子が海原でうねる波のように見えるので、樹海と名づけられましたが、『波の塔』以降、自殺の名所となりました。一九七四年に、青木ケ原樹海で、『波の塔』を枕にした女性の白骨死体が発見されました。同樹海内での自殺者はその後も相次ぎ、一九八五年には再び本作と関連づけた報道がなされました。

私もこの作品の結末を残念に思う者の一人で、なぜ頼子は小野木と逃避行をし、生まれ変わった気持ちで二人の新たな人生を送ってくれなかったのかと、今でも思っています。そんなことを思っていたら、ふと『波の塔』の続編の構想が頭に浮かんできました。

頼子が飲んだ薬は本当は五錠飲まなければいけなかったのに、三錠しか飲まなかったことと寒さのために頼子は生き返る。しかし、薬のせいで記憶を失っていて、道に辿り着いたところを通りかかった車の男性との縁が生じ、人生をともにすることになる。一方、小野木は失踪した頼子を何年か探して待ち続けますが、輪香子の思いにこたえ、輪香子と結婚する。頼子のおなかには小野木との子ができていて、その子が大きくなって、運命の導きで、小野木と輪香子との間にできた娘と恋仲になる……。

これはあまりに「たづたづし」的な面があるし、これではまた頼子と小野木を苦しめることになるので、もっとハッピーエンドになる続編がいいですね。例えば、『波の塔』では頼子が樹海に入って行くところで終わっていて、死体が発見されたとは書かれていませんので、展開を工夫して、小野木が助けに来て蘇生させ、どこかで二人の新しい人生を始める。そしてその人生を感動的な物語に仕上げる。『万葉集』を愛する頼子と縄文を愛する小野木を、あんな終わり方のままにしておきたくはないですね。私には小説を書く筆力はありませんので、誰か書いてくれませんかね。

6 三島由紀夫と松本清張

二〇一九年一月二十九日に七十歳で亡くなられた作家の橋本治氏が、三島由紀夫と松本清張の共通点と相違点について語っておられることを、文芸評論家の安藤礼二氏が、二〇一九年二月十五日の「中日新聞」（夕刊）で紹介されていました。

二人には共通点がないように思われていますが、「現実の事件」に取材して独自の表現世界を築き上げている点が共通点であり、その過程と結果が正反対であるのが相違点であるということを述べておられます。

松本は三島よりずっと事件に近寄って、しかし、事件とは遠いところで再構築をする、一方三島は事件から遥かに遠いところにいて、そのくせ、事件のど真ん中に乗り込んで、そこで再構築を始めてしまう、と橋本治氏が分析しているということを安藤氏は紹介しておられます。

そして、晩年の三島が最も意識し、最も嫉妬していたのは松本清張だった、と橋本氏は断言されたということです。

こうして、松本清張の深さを知ると、私が清張に惹かれ、ずっと読み続けてきた理由が少しわかったような気がします。

これからも読み続けていきたいと思います。

◎注

①佐佐木幸綱『100分de名著　『万葉集』』NHK出版、二〇一四年
②松本清張『眼の気流』新潮社、一九七六年
③松本清張『花実のない森』は、一九六二―三年にかけて『黄色い杜』というタイトルで『婦人画報』に連載され、一九六四年に光文社から刊行されました。一九六五年に映画化され、二〇一七年にテレビドラマ化されました。
④松本清張『火の路』は、朝日新聞紙上で『火の回路』というタイトルで連載され、『火の路』と改題され、一九七五年に文藝春秋から刊行され、一九七六年にテレビドラマ化されました。
⑤『松本清張全集33』文藝春秋、一九七四年
⑥『松本清張全集18』文藝春秋、一九七二年

あとがき

「人が旅をするのは到着するためではない。旅をするためである」というゲーテの言葉があります。この言葉に触発されて、私も、なぜ私が物語を巡るのかを改めて考えてみますと、物語を巡る中で出会う様々な言葉によって、世界のことや人生のことに思いを馳せ、世界のこと、人生のことを再考するためであるという思いに至ります。例えば、国際結婚をした人たちの人生を辿った時、愛に国境はなく、「愛はすべてを超える」ことを実感しました。また、井原西鶴が、同性愛を、打算を超えた最も純粋な愛のかたちとして描いていることを知り、同性愛は、「愛はすべてを超える」という愛の本質を示す多様な愛のかたちの一つであるという認識に至りました。宮沢賢治が心の友保坂嘉内に抱いた感情も、すべてを超えた同性愛的思慕だったことが思い出されます。

この他にも、私が巡った物語の中で、いろいろな言葉や人生、世界観と出会いましたが、いちばん心に残ったのは、赤毛のアンが言った、「私は自分以外の誰にもなりたくないわ」という言葉です。これは、第三十三章「ホテルの演芸会」の中で、ジェーンがお金持ちになりたい！と言った時、私たちだってお金持ちだとアンが言った文脈の中に出てきます。
「この十六年間を立派に生きてきて、女王様みたいに幸福だし、想像力も持ち合わせている。何百万ドル持っていても、ダイヤがいくつあっても、海の美しさを愉しめるかはわからないわ。私は自分以外の誰にもなりたくないわ」という場面です。この気持ちがあれば、人を羨《うらや》んだり、妬《ねた》んだりしなくて済みそうです。

私も私の歩んできた道を後悔していません。私は家が貧しく、働きながら定時制高校で学びました。そしてそこで、教育に情熱を傾ける先生方と出会い、私も教育に携わることを夢みました。「すべては夢みることから始まる」とウォルト・ディズニーが言ったように、私もこの夢に向かって進み、上杉鷹山の「為せば成る為さねば成らぬ何事も成らぬは人の為さぬなりけり」の言葉を励みに勉強し、新聞配達で学費を捻出して大学へ行き、高校の英語教師になり、のちに大学での英語教育に携わり、高校で十六年、大学で二十七年の合わせて四十三年間の教師人生を送りました。今は定年退職し、三歳の孫の尊晴《たかはる》と楽しく過ごしながら、こうして執筆活動にいそしんでおります。

それでも、ふと人生を振り返り、自分には別の人生があったのではないかと思うことがあります。そんな時いつも思い出すのが、アメリカの詩人ロバート・フロストの詩「歩まなかった道」（The Road Not Taken）です。

フロスト（一八七四—一九六三）は、ニューイングランドの農村生活を題材とし、複雑な社会的テーマや哲学的テーマを対象とするものを多く書き、大衆的人気も高く、ピューリッツァー賞を四度も受賞しています。川本皓嗣氏は、「フロストのようにテーマが多種多様で面白い詩人、独創的な詩人は珍しい」と高く評価されています（注①）。ケネディ、オバマという二人の大統領が彼の詩に感銘を受け、美智子上皇后様も少女時代から彼の詩を深く愛してこられました。晩年のフロストは、ケネディ大統領の就任式で自作の詩を朗読するという初の名誉を与えられ、世俗的な栄光の絶頂に達しました。フロストの詩の特徴の一つは、誰にも読めそうなやさしい単語で書いてあることです。基本一〇〇〇語以内の英単語が使われていて、小学生でも楽に読めます。深い内容がやさしい言葉で書かれていて、いくつになっても再発見ができる味わい深い作品ばかりですね。私も大学生と大学院生時代によくフロストを読みました。

歩まなかった道

黄色に染まった森のなかに、二手《ふたて》に分かれた道があった。
一人で旅をする身の私にとって、両方の道へ進むことはできないので、
私は長い間立ち止まって、片方の道が折れ曲がって、
下生えの中へ消えていくのを目をこらして見つめていた。

それからもう一つの道は、さっき見た道と美しさは変わらないし、
草が深く生い茂り、もっと踏み均《なら》す必要があって、
こっちの方がより選びがいがあると思われたので、
私はこっちの道を進んだ。しかし、その点では、
どちらの道もほぼ同じ程度に踏み均されていたのだが。

そしてその朝は、どちらの道にも同じくらい、
まだ黒く踏み汚されていない枯葉が散り積もっていた。
最初に目をやった道はまたこんどにしよう！
でも、私には、道は次々に別の道に続いていくのだから、
二度とここへ戻ってくることはないとわかっていた。

いつの日か、今からずっとずっとあとになって、
私はため息をつきながら、この話をすることだろう。
森の中で道が二手に分かれていた。
そして私は……そして私は人があまり通っていない道を選んだ。
そして、それが大きな違いを生んだのだと。　（佐藤義隆訳）

誰でもそうだと思いますが、私も歩まなかった道に憧れのまなざしが向くことがあります。ビジネスの世界に進んでいたらどんな人生だったろうか、スポーツや音楽や芸能の道もあったのに、といろいろな妄想が浮かんでくることがあります。

しかし、自分の四十二年間の教師人生を振り返ると、この道でよかったのだと再び思い、映画『陽のあたる教室』の主人公のように、教職こそが自分の天職だったのだという思いになります。

これからは、孫に教え、教えられる日々を過ごしながら、勉強を続けていこうと思っています。

最後に、私をずっと支えてくれている家族に、感謝の言葉を贈りたいと思います。
みんな、ありがとう。

また、あさ出版編集部・宝田淳子氏には、編集の段階で大変お世話になりました。厚く御礼申し上げます。

二〇一九年九月

佐藤義隆

◎注

①川本皓嗣『対訳フロスト詩集―アメリカ詩人選（４）』岩波書店、二〇一八年

参考文献

ユヴァル・ノア・ハラリ『サピエンス全史』上・下、河出書房新社、二〇一六年
佐藤義隆『物語を旅する―夢物語と妖怪物語―』あさ出版パートナーズ、二〇一八年
『筑摩現代文学大系4　森　鷗外集』筑摩書房、一九七六年
田亀源五郎『弟の夫』全四巻、双葉社、二〇一五年
『日本国語大辞典』第二版、第四巻、小学館、二〇〇一年
渡部昇一『日本語のこころ』講談社、一九七四年
泉久恵『国際結婚　イスラームの花嫁』海象社、二〇〇〇年
大橋久利、バクスター・ブレイク共著、*The Changing Face of Marriage and Family*、成美堂、二〇〇八年
よしだみどり『睫毛の虹』JULA出版局、二〇〇二年
詩と詩論研究会編『金子みすゞ作品鑑賞事典』勉誠出版、二〇一四年
矢崎節夫監修『没後80年　金子みすゞ～みんなちがって、みんないい。』JULA出版局、二〇一〇年
ジャスティン・リチャードソン『タンタンタンゴはパパふたり』ポット出版、二〇〇八年
リンダ・ハーン、スターン・ナイランド『王さまと王さま』ポット出版、二〇一五年
ジェシカ・ウォルトン『くまのトーマスはおんなのこ』ポット出版、二〇一六年
マイケル・ホール『レッド』子どもの未来社、二〇一七年
『中島潔作品集　みすゞ憧憬』二玄社、二〇〇五年
別冊太陽『中島潔の世界』平凡社、二〇〇四年
KAWADE夢ムック文藝別冊『金子みすゞ』河出書房新社、二〇〇〇年

二〇一八年七月二十四日の中日新聞朝刊、「人生のページ」に掲載された、中村圭志氏の記事、「宗教回帰？グローバル時代の信仰の行方」
矢崎節夫『童謡詩人　金子みすゞの生涯』ＪＵＬＡ出版局、一九九三年
『金子みすゞ全集』ＪＵＬＡ出版局、一九八四年
矢崎節夫選　ＪＵＬＡ出版局編『わたしと小鳥とすずと』山口県教育委員会、一九八四年
矢崎節夫『金子みすゞ　こころの宇宙』ニュートンプレス、一九九九年
『GINGER［ジンジャー］』五月号、六月号、幻冬舎、二〇一三年
山本史郎訳『完全版・赤毛のアン』原書房、一九九九年
村岡恵理編集『村岡花子と赤毛のアンの世界』河出書房、二〇一三年
The Annotated Anne of Green Gables, Oxford University Press, Inc. New York, 1997
松本侑子『赤毛のアンへの旅―秘められた愛と謎』ＮＨＫ出版、二〇〇八年
松本侑子『誰も知らない「赤毛のアン」』集英社、二〇〇〇年
松本侑子『赤毛のアンに隠されたシェイクスピア』集英社、二〇〇一年
黒川伊保子『怪獣の名はなぜガギグゲゴなのか』新潮社、二〇〇四年
和田忠彦『１００分de名著　ウンベルト・エーコ　薔薇の名前』ＮＨＫ出版、二〇一八年
小倉千加子『「赤毛のアン」の秘密』岩波書店、二〇〇四年
佐佐木幸綱『１００分de名著　万葉集』ＮＨＫ出版、二〇一四年
松本清張『眼の気流』新潮社、一九七六年
松本清張『火の路』上・下巻、文藝春秋、一九七五年
『松本清張全集18』文藝春秋、一九七二年
『松本清張全集33』文藝春秋、一九七四年
川本皓嗣『対訳フロスト詩集―アメリカ詩人選（４）』岩波書店、二〇一八年

著者紹介

佐藤義隆（さとう・よしたか）

1948年、父光儀、母タツの次男として、長崎県大村市に生まれる。

南山大学大学院文学研究科英文学専攻博士課程修了。

元岐阜女子大学文化創造学部教授。

著書『物語が伝えるもの―『ドラえもん』と『アンデルセン童話』他―』（近代文藝社、2017年）、『物語を旅する―夢物語と妖怪物語―』（あさ出版、2018年）

論文「英語と日本語の語彙の比較」「ダフネの末裔」「暗号の世界」他多数

物語《ものがたり》を巡《めぐ》る
「『弟《おとうと》の夫《おっと》』と金子《かねこ》みすゞの詩《し》」他《ほか》

〈検印省略〉

2019年 10 月 10 日 第 1 刷発行

著　者――佐藤 義隆（さとう・よしたか）
発行者――佐藤 和夫

発行所――あさ出版パートナーズ
〒168-0082 東京都杉並区久我山 5-29-6
電　話 03 (3983) 3227

発行所――株式会社あさ出版
〒171-0022 東京都豊島区南池袋 2-9-9 第一池袋ホワイトビル 6F
電　話 03 (3983) 3225（販売）
03 (3983) 3227（編集）
F A X 03 (3983) 3226
U R L http://www.asa21.com/
E-mail info@asa21.com
振　替 00160-1-720619

印刷・製本 (株) シナノ

facebook http://www.facebook.com/asapublishing
twitter http://twitter.com/asapublishing

ISBN978-4-86667-167-3 C0095